西南政法大学荣休教授文库

# 编辑委员会

西南政法大学荣休教授文库

# 王道政治

## ——儒学政治智慧与治国之术（重订本）

俞荣根／著

法律出版社
LAW PRESS·CHINA

# 作者简介

**俞荣根** 1943年1月生于浙江诸暨。二级教授，西南政法大学博士生导师。享受国务院特殊津贴专家（1993年）、国家有突出贡献中青年专家（1994年），入选首批“当代中国法学名家”（2004年）。历任西南政法大学副校长、重庆社会科学院院长、九届全国政协委员、重庆市人大常委会委员(驻会)和法制委主任委员。兼任或曾兼任一些国际性和全国性学术团体理事、常务理事、副会长、会长、名誉会长。独著《儒家法思想通论》等10种，合著《羌族习惯法》《地方立法质量评介指标体系研究》等12种，在《中国社会科学·未定稿》《法学研究》《中国法学》等刊物发表学术论文200多篇，主持并主编主撰《中国法律思想史》（司法部法学教材编辑部审定教材）、《中华大典·法律典·法律理论分典》（国家重大古籍整理出版工程项目）和多种法学丛书与系列书。获全国高校二等奖1项，省部级政府一等奖3项、二等奖3项、三等奖若干项，获九届全国政协优秀提案奖1项。

# 出版说明

群山逶迤，两江回环，巍巍学府，屹立西南。值此西南政法大学70华诞之际，法律出版社与西南政法大学合作隆重推出“西南政法大学荣休教授文库”，以兹呈现西南政法大学的学术履程与薪火传递，为校庆献礼。

推出本文库旨趣有二：

一是辑录法学研究文献。改革开放初期，法治彰显，学术重振，西南政法大学的教授们推出了一系列研究成果，以学者特有的担当作为为中国法学学科建设作出了应有的贡献，展示了时代的学术光华，呈现了时代的法治理想。时光荏苒，岁月如梭，其中不少优秀著作现已成珍稀版本。为了发掘记录这些教授们为中国法学所作的历史贡献，并为当今法学研究提供难得的源流文献，我们携手西南政法大学一致决定，将这些珍贵作品再版推出，并在再版时以原貌重现。我们认为，存其真璞，乃愈加凸显其历史价值与现实意义。

二是学术溯源中重新发现。学史以明智，鉴往而知来。当代人读当代，具有鲜活的现实价值；当代人读历史，亦有积极的现实意义。回顾来时的路，我们倍加珍视当今。从学术史中我们可以发现新的学术亮点、找寻新的发展脉络、解读新的学术底蕴。本文库的出版，即可视为对西南政法大学学术发展史进行梳理的一次有意义的尝试。

70年，在人类历史长河中只是短暂的一瞬间，但在这不平凡的70年里,法学前辈们筚路蓝缕、以启山林,披荆斩棘、铸就辉煌。倡行中国特色社会主义法治,建设社会主义法治国家,是推进法治中国建设的目标,也是中国法学学者的使命。希望本文库的出版能在实现法治中国的征途中激励继往者开启新时代中国法治建设的新篇章。

最后,谨向本文库的作者和西南政法大学致以崇高敬意和真诚谢意。

法律出版社学术·对外出版分社

2020年7月7日

# 总　序

“群山逶迤，两江回环；巍巍学府，屹立西南……”

2020年9月，西南政法大学（简称西政）将迎来建校70华诞。孕育于烟雨山城的西政一路爬坡过坎，拾级而上，演绎出而今的枝繁叶茂、欣欣向荣。

“西南政法大学荣休教授文库”以集中出版的方式体现了我校学术的传承与创新。它既展示了西政从原来的法学单科性院校转型为“以法学为主，多学科协调发展”的大学后所积累的多元化学科成果，又反映了学有所成的西政校友心系天下、回馈母校的拳拳之心，还表达了承前启后、学以成人的年轻西政人对国家发展、社会进步、人民福祉的关切与探寻。

我们衷心地希望，“西南政法大学荣休教授文库”的出版能够获得学术界对于西政学术研究的检视与指引，能够获得教育界对于西政人才培养的考评与建言，能够获得社会各界对于西政长期发展的关注与支持。

70年前，在重庆红岩村的一个大操场，西南人民革命大学的开学典礼隆重举行。西南人民革命大学是西政的前身，1950年在重庆红岩村八路军办事处旧址挂牌并开始招生，出生于重庆开州的西南军政委员会主席刘伯承兼任校长。1953年，以西南人民革命大学政法系为基础，在合并当时的四川大学法学院、贵州大学法律系、云南大学法律系、重庆大学法学院和重庆财经学院法律系的基础上，西南政法学院正式成立。中央任命抗日民族英雄、东北抗日联军第二路军总指挥、西南军政委员会政法委员会主任周保中将军为西南政法学院首任院长。1958年,中央公安学院重庆分院并入西南政法学院,使西政既汇聚了法学名流,又吸纳了实务精英;既秉承了法学传统,又融入了公安特色。由此,学校获誉为新中国法学教育的“西南联大”。

20世纪60年代后期至70年代,西南政法学院于“文革”期间一度停办,老一辈西政人奔走呼号,反对撤校,为保留西政家园不屈斗争并终获胜利,为后来的“西政现象”奠定了基础。

20世纪70年代末,面对“文革”等带来的种种冲击与波折,西南政法学院全体师生和衷共济,逆境奋发。1977年,经中央批准,西南政法学院率先恢复招生。1978年,经国务院批准,西南政法学院成为全国重点大学,是司法部部属政法院校中唯一的重点大学。也是在70年代末,刚从“牛棚”返归讲坛不久的老师们,怀着对国家命运的忧患意识和对学术事业的执着虔诚,将只争朝夕的激情转化为传道授业的热心,学生们则为了弥补失去的青春,与时间赛跑,共同创造了“西政现象”。

20世纪80年代,中国的法制建设速度明显加快。在此背景下,满怀着憧憬和理想的西政师生励精图治,奋力推进第二次创业。学成于80年代的西政毕业生们,成为今日我国法治建设的重要力量。

20世纪90年代,西南政法学院于1995年更名为西南政法大学,这标志着西政开始由单科性的政法院校逐步转型为“以法学为主,多学科协调发展”的大学。

21世纪的第一个十年,西政师生以渝北校区建设的第三次创业为契机,克服各种困难和不利因素,凝心聚力,与时俱进。2003年,西政获得全国首批法学一级学科博士学位授予权;同年,我校法学以外的所有学科全部获得硕士学位授予权。2004年,我校在西部地区首先设立法学博士后科研流动站。2005年,我校获得国家社科基金重大项目(A级)“改革发展成果分享法律机制研究”,成为重庆市第一所承担此类项目的高校。2007年,我校在教育部本科教学工作水平评估中获得“优秀”的成绩,办学成就和办学特色受到教育部专家的高度评价。2008年,学校成为教育部和重庆市重点建设高校。2010年,学校在“转型升格”中喜迎60周年校庆,全面开启创建研究型高水平大学的新征程。

21 世纪的第二个十年，西政人恪守“博学、笃行、厚德、重法”的西政校训，弘扬“心系天下，自强不息，和衷共济，严谨求实”的西政精神，坚持“教学立校，人才兴校，科研强校，依法治校”的办学理念，推进学校发展取得新成绩：学校成为重庆市第一所教育部和重庆市共建高校，入选首批卓越法律人才教育培养基地（2012 年）；获批与英国考文垂大学合作举办法学专业本科教育项目，6 门课程获评“国家级精品资源共享课”，两门课程获评“国家级精品视频公开课”（2014 年）；入选国家“中西部高校基础能力建设工程”院校，与美国凯斯西储大学合作举办法律硕士研究生教育项目（2016 年）；法学学科在全国第四轮学科评估中获评 A 级，新闻传播学一级学科喜获博士学位授权点，法律专业硕士学位授权点在全国首次专业学位水平评估中获评 A 级，经济法教师团队入选教育部“全国高校黄大年式教师团队”（2018 年）；喜获第九届世界华语辩论锦标赛总冠军（2019 年）……

不断变迁的西政发展历程，既是一部披荆斩棘、攻坚克难的拓荒史，也是一部百折不回、逆境崛起的励志片。历代西政人薪火相传，以昂扬的浩然正气和强烈的家国情怀，共同书写着中国高等教育史上的传奇篇章。

如果对西政发展至今的历史加以挖掘和梳理，不难发现，学校在教学、科研上的成绩源自西政精神。“心系天下，自强不息，和衷共济，严谨求实”的西政精神，是西政的文化内核，是西政的镇校之宝，是西政的核心竞争力；是西政人特有的文化品格，是西政人共同的价值选择，也是西政人分享的心灵密码！

西政精神，首重“心系天下”。所谓“天下”者，不仅是六合八荒、四海九州，更是一种情怀、一种气质、一种境界、一种使命、一种梦想。“心系天下”的西政人始终以有大担当、大眼界、大格局作为自己的人生坐标。在西南人民革命大学的开学典礼上，刘伯承校长曾对学子们寄予厚望，他说：“我们打破旧世界之目的，就是要建设一个人民的新世界……”而后，从化龙桥披荆斩棘，到歌乐山破土开荒，再到渝北校区新建校园，几代西政人为推进国家的民主法治进程矢志前行。正是在不断的成长和发展过程中，西政见证了新中国法学教育的涅槃，有人因此称西政为“法学黄埔军校”。其实，这并不仅仅是一个称号，西政人之于共和国的法治建设,好比黄埔军人之于那场轰轰烈烈的北伐革命,这个美称更在于它恰如其分地描绘了西政为共和国的法治建设贡献了自己应尽的力量。岁月经年,西政人无论是位居“庙堂”,还是远遁“江湖”,无论是身在海外华都,还是立足塞外边关,都在用自己的豪气、勇气、锐气,立心修德,奋进争先。及至当下,正有愈来愈多的西政人,凭借家国情怀和全球视野,在国外高校的讲堂上,在外交事务的斡旋中,在国际经贸的商场上,在海外维和的军营里,实现着西政人胸怀世界的美好愿景,在各自的人生舞台上诠释着“心系天下”的西政精神。

西政精神,秉持“自强不息”。“自强不息”乃是西政精神的核心。西政师生从来不缺乏自强传统。在20世纪七八十年代,面对“文革”等带来的发展阻碍,西政人同心协力,战胜各种艰难困苦,玉汝于成,打造了响当当的“西政品牌”,这正是自强精神的展现。随着时代的变迁,西政精神中“自强不息”的内涵不断丰富:修身乃自强之本——尽管地处西南,偏于一隅,西政人仍然脚踏实地,以埋头苦读、静心治学来消解地域因素对学校人才培养和科学研究带来的限制。西政人相信,“自强不息”会涵养我们的品性,锻造我们的风骨,是西政人安身立命、修身养德之本。坚持乃自强之基——在西政,常常可以遇见在校园里晨读的同学,也常常可以在学术报告厅里看到因没有座位而坐在地上或站在过道中专心听讲的学子,他们的身影折射出西政学子内心的坚守。西政人相信,“自强不息”是坚持的力量,任凭时光的冲刷,依然能聚合成巨大动能,所向披靡。担当乃自强之道——当今中国正处于一个深刻变革和快速转型的大时代,无论是在校期间的志愿扶贫,还是步入社会后的承担重任,西政人都以强烈的责任感和实际的行动力一次次证明自身无愧于时代的期盼。西政人相信,“自强不息”是坚韧的种子,即使在坚硬贫瘠的岩石上,依然能生根发芽,绽放出倔强的花朵。

西政精神,倡导“和衷共济”。中国司法史上第一人,“上古四圣”之一的皋陶,最早提倡“和衷”,即有才者团结如钢;春秋时期以正直和才识见称于世的晋国大夫叔向,倾心砥砺“共济”,即有德者不离不弃。“和衷共济”的西政精神,指引我们与家人美美与共:西政人深知,大事业从小家起步,修身齐家,方可治国平天下。“和衷共济”的西政精神指引我们与团队甘苦与共:在身处困境时,西政举师生、校友之力,攻坚克难。“和衷共济”的西政精神指引我们与母校荣辱与共：沙坪坝校区历史厚重的壮志路、继业岛、东山大楼、七十二家，渝北校区郁郁葱葱的“七九香樟”“八零花园”“八一桂苑”，竞相争艳的“岭红樱”“齐鲁丹若”“豫园”月季，无不见证着西政的人和、心齐。“和衷共济”的西政精神指引我们与天下忧乐与共：西政人为实现中华民族伟大复兴的“中国梦”而万众一心；西政人身在大国，胸有大爱，遵循大道；西政人心系天下，志存高远，对国家、对社会、对民族始终怀着强烈的责任感和使命感。西政人将始终牢记：以“和衷共济”的人生态度，以人类命运共同体的思维高度，为民族复兴，为人类进步贡献西政人的智慧和力量。这是西政人应有的大格局。

西政精神，着力“严谨求实”。一切伟大的理想和高远的志向，都需要务实严谨、艰苦奋斗才能最终实现。东汉王符在《潜夫论》中写道：“大人不华，君子务实。”就是说，卓越的人不追求虚有其表，有修养、有名望的人致力于实际。所谓“务实”，简而言之就是讲究实际，实事求是。它排斥虚妄，鄙视浮华。西政人历来保持着精思睿智、严谨求实的优良学风、教风。“严谨求实”的西政精神激励着西政人穷学术之浩瀚，致力于诚实、扎实的学术训练，致力于对知识弄通弄懂，致力于对学习、对生活的精益求精。“严谨求实”的西政精神提醒西政人在任何岗位上都秉持认真负责的耐劳态度，一丝不苟的耐烦性格，把每一件事都做精做细，在处理各种小事中练就干大事的本领，于精细之处见高水平，见大境界。“严谨求实”的西政精神，要求西政人厚爱、厚道、厚德、厚善，以严谨求实的生活态度助推严谨求实的生活实践。“严谨求实”的西政人以学业上的刻苦勤奋、学问中的厚积薄发、工作中的恪尽职守赢得了教育界、学术界和实务界的广泛好评。正是“严谨求实”的西政精神，感召着一代又一代西政人举大体不忘积微，务实效不图虚名，博学笃行，厚德重法，历经创业之艰辛，终成西政之美誉！

“心系天下，自强不息，和衷共济，严谨求实”的西政精神，乃是西政人文历史的积淀和凝练，见证着西政的春华秋实。西政精神，在西政人的血液里流淌，在西政人的骨子里生长，激励着一代代西政学子无问西东，勇敢前行。

“西南政法大学荣休教授文库”的推出，寓意着对既往办学印记的总结,寓意着对可贵西政精神的阐释,而即将到来的下一个十年更蕴含着新的机遇、挑战和希望。当前,学校正处在改革发展的关键时期,学校将坚定不移地以教学为中心,以学科建设为龙头,以师资队伍建设为抓手,以“双一流”建设为契机,全面深化改革,促进学校内涵式发展。

世纪之交,中国法律法学界产生了一个特别的溢美之词——“西政现象”。应当讲,随着“西政精神”不断深入人心,这一现象的内涵正在不断得到丰富和完善;一代代西政校友,不断弘扬西政精神,传承西政文化,为经济社会发展,为法治中国建设,贡献出西政智慧。

是为序。

西南政法大学校长、教授、博士生导师

教育部高等学校法学类专业教学指导委员会副主任委员

2020 年 6 月 1 日

# 重订前言

这本小册子原名《儒言治世——儒学治国之术》，是四川人民出版社组编的“中华儒学文化系列”的一册，1995年2月出版。当年电脑还不曾普及，昂贵得让我们这些中年教师用不起。这本书稿仍然是“爬格子”爬出来的。记得写得还挺顺利的，只用了不到一个月的时间，其中还要扣除每周二、周五两个半天的会务和处理其他乱七八糟杂事的耽搁。当时，我挂有西南政法大学法学研究所所长之名，这些会务和杂务是躲不开、赖不掉的。格子爬完后，复印一份备存，将手稿原件寄往出版社，结果很顺利地通过了。我是1994年11月底交的稿，第二年2月，书就印出来了。那时的出书速度真快，大概程序也没那么复杂。

2018年，西南政法大学在筹备70周年校庆时，启动“西南政法大学荣休教授文库”，小书有幸列入。时隔25年，世变境迁，真是“日新又新”。重版旧作，必须加以修删增补。其时，我与老伴移居海南多年，老而自养，生活简单，倒也安静闲适，只是信息不灵，不晓得这个项目的进展情形。直到2019年9月，传来消息，要求10月底交稿。于是，不得不重新打起精神，调整状态，逐章逐节加以修订。原以为能按时完成，不料高估了自己一个奔八老朽的能力，又低估了修改补写的难度。幸得学校负责此项目的部门通情达理，批准我延后1个月完成。说来也奇，修定稿与初稿在交稿时间上竟如此吻合,都是11月底。

这次修订,其荦荦大者有,增写了“礼法与律令”一章,在第八章补写“孝的权利:‘亲亲相隐’”“孝道与国法:复仇是非”两节,在第十六章加了“关于儒学的复兴”一节。至于各处的文字修改、整段的删节或重写等,以及字斟句酌的打磨、文字标点的校正等,在所多多,难以一一赘述。初版不重注释,采用文中夹注,这次修订改为页底脚注,并依注释规范加以完善。

儒学蕴含丰富的正面文化价值,具有积极的借鉴意义。这已为越来越多的国人所接受。现代新儒家对儒学抱有美好的愿景。我国在文化与哲学研究上卓有成就的学者,如季羡林先生、张岱年先生、汤一介先生等也认为,中国传统文化在21世纪将对世界产生较大的影响。他们强调儒学的人际和谐以及天人合一(人与自然的统一)将吸引越来越多的人产生浓厚的研究兴趣。

在我撰写这本小书初稿的时候,汤因比与池田大作的对话录《展望二十一世纪》正风靡中华大地。“中国文明将统一世界!”书中的这一预言让多少华夏赤子激动不已！当年曾有一个个振奋人心的口号吸引人们眼球,“21世纪将是儒家文化的世纪”便是其中之一。对此,怀疑者不少,持冷静态度者更多。幸好,我的小书没有失去理性。诚然,有一点是可以相信的:儒学将在世界多元文化的格局中占有一席之地！儒学可以也应当为现代文明贡献自己的智慧。

当时,人们所讨论的儒学积极层面,大多集中于“己所不欲,勿施于人”的“道德金律”、“刚健有为”的人生价值论、“天人调谐”的生态伦理学、“日新又新”的人格完善理论、“有教无类”的社会教育论、“学而时习”的学习论、“富贵不淫”的人格气节论、“取之以义”的富民经济理论等,而对于儒家的政治智慧,对于儒家的治国之术方面似乎研究不多,对其积极价值也发掘不够,肯定得更少。一谈到儒家的治国之道,总离不开“三纲五常”“君主专制”“反对法治”之类的否定性评价和词汇,似乎儒家在政治方面没有什么正面的智慧可以继承和弘扬。

这本小书的写作就是想作这样一种尝试:发掘儒学的治国之术,整理其可以启迪今人的政治智慧。这是当年我写作初稿时的小小期许,现在仍然是重版这个修订本的一点愿景！

西南政法大学将举办七十周年校庆。本人得以躬逢其盛,与有荣焉!不胜幸焉!借校方推出“西南政法大学荣休教授文库”的机遇,小书得以修订重版。此书为母校七十寿庆而作!

谨以此书敬献母校!祝愿母校继续振“法学界黄埔”之雄风,为祖国培育更多更优秀的法学和法务精英!为法治国家建设作出更大贡献!

俞荣根

于海口市海西岸盈滨双栖居

2019年11月29日

# 目　录

# 引　言

赵匡胤陈桥兵变，从后周孤儿寡母手中夺了政权，黄袍加身，做起了大宋天子。当时，中华大地经五代十国之乱，人民饱尝了流离失所之苦，人心思定。赵匡胤顺应历史潮流，以其雄才大略，逐个剪灭割据势力，使神州大地重归统一。

可是，中原历经半个多世纪的大分裂、大混乱，暴力蹂躏了正义，屠刀压倒了公道，政权的更迭像走马灯一样迅捷，士大夫们今日臣晋，明日降汉，更有甚者如石敬瑭之流，则甘当契丹的儿皇帝，三纲五常荡然无存，礼义廉耻付诸东流，忠孝节义弃之以尽，社会出现了真正的信仰危机，人们的精神生活空虚到了极点。

马上得天下难，马下治天下更难。靠什么来收拾人心，重建精神信仰？北宋第二代皇帝赵光义谋取大位后，重新起用他的挚友和智囊赵普为相。赵普学问不多，平日只读《论语》。太宗问他，他拱手对曰：臣以半部《论语》辅太祖定天下，还有半部《论语》可辅殿下治天下。①

《论语》是孔子的第二代或第三代学生编辑的孔子

---

① “半部论语治天下”典出宋·罗大经《鹤林玉露》卷七：宋初宰相赵普，人言所读仅只《论语》而已。太宗赵光义因此问他，对曰：“臣平生所知，诚不出此，昔以其半辅太祖定天下，今欲以其半辅陛下致太平。”据史家考证，罗大经此说无据。当时社会上流传这种说法，是那些儒生们借以提高儒学地位，以吸引人们重视学习儒家经典的缘故。

及其个别弟子的言论集,是一部语录体的学术著作。后人研究孔子和儒家思想,《论语》便是依凭的主要资料。《论语》言简意赅,思想底蕴深邃,给它的继承者和解释者以很大的发挥余地和游刃空间。《论语》自汉代起就被奉为儒家经典,唐代编入《十三经》,南宋朱熹将其与《大学》《中庸》《孟子》一起编定为《四书》,并作《四书章句集注》,成为士子必读教科书和科举考试的根据。

相比之下,赵宋王朝提倡儒学、尊重士人算是比较好的。从历史记载上看,宋太祖赵匡胤没有杀过功臣,还形成了一个"不杀士人"的祖宗家法。史学界一个公认的看法是,有宋一代,是中国历史上最少荼毒大臣的朝代。士人触犯龙颜,大多流放了事,韩愈、黄庭坚、苏氏兄弟都经受过这一处罚。宋代儒学有了高度的发展,先后出现了"北宋五子"周敦颐、邵雍、张载、程颢、程颐和南宋的朱熹、陆九渊等儒学大师,成就了"宋代理学"这样一种新的儒学形态,形成了儒学史上的第二次发展高潮。这与宋代比较开明宽松的思想文化政策有一定关系。

其实,对儒学的治世功能前人早有论述。汉高祖刘邦做皇帝后,洋洋自得,谋士陆贾在刘邦面前时常称道《诗》《书》,刘邦骂道:我的天下是骑在马背上杀出来的,为什么要用《诗》《书》!陆贾不慌不忙地反问他:你马上得来的天下固然不错,但难道能在马背上把天下治理好吗?!如果秦并六国后,"行仁义,法先圣",这天下还能轮得到你的头上吗?!陆贾指出,治天下应当"文武并用",才是"长久之术也"。刘邦被说得哑口无言,面有惭色,于是命陆贾把他所以得天下、秦所以失天下的道理写出来,陆贾由是著《新语》十二篇,每成一篇,即在大殿上当着刘邦和群臣宣读,读毕,群臣高呼"万岁"。

刘邦的部下大多出身低微,并非知书达礼之辈。刘邦当皇帝后,宴饮群臣,他们仍像当年战争年代那样毫无尊卑礼节,喝得兴起,甩掉衣服,拔剑乱砍乱舞。刘邦当皇帝却无万岁之尊,心中不悦。儒生叔孙通自告奋勇地奏请"定朝仪"。他广搜先秦礼仪,拼凑出整套朝仪规范,称《傍章》,计有十八篇。演习成熟后让刘邦颁行。群臣有了朝仪的约束,再也不敢胡闹。刘邦临朝,群臣竦然,震恐肃敬,鱼贯而进,山呼万岁。刘邦心中大喜,说:我今天才知道当皇帝的尊贵呀!后儒认为,叔孙通搞的这套朝仪制度,驳杂不纯,于是另辟蹊径,此是后话。在古代礼法制度史上,《傍章》毕竟是秦以后帝制制度在《九章律》之类的刑事法律典之外制定王朝礼仪法典的第一次尝试,也是试图用儒家提倡的“导之以德,齐之以礼”作为治国理政大法的一种探索。

叔孙通对儒术的一个评价常常为人们所引用。这就是“夫儒者难与进取,可与守成。”[①]历史的经验告诉我们,每当群雄割据,逐鹿中原,天下大乱时,儒学也随之遭殃,被弃之一旁;而当天下初定,人心思治的时候,儒术又被重视,尊为统治思想,以统一人心,起到精神支柱的作用。中华民族自秦汉以来两千多年的历史,总是统一的时间长,分裂的时间短,所以,儒学也是得势的时间多,失势的时间少。在古代中国以农业为主的自然经济条件下,历史不可能提供别的更为高明的指导思想,人们只能盘桓于儒学之下,以其为精神力量和信仰所归。这样,儒学在一代代的积累中,形成一套复杂的思想体系,其中含有丰富的治国之术。作为中华民族的文化和智慧的遗产,它们仍能给当代人们以宝贵的启迪和有价值的借鉴。

---

① 《史记·刘敬叔孙通列传》。

# 第一章 “三纲八目”

## ——王道政治总纲

儒家的政治理想，说来说去无非“王道”二字。孔子说“为政以德”，孟子说“保民而王”，王道的真谛也就是这两条。《大学》是《礼记》中的一篇，朱熹将其编为《四书》之首。其中提出了一条王道政治的总纲——“三纲八目”。

所谓“三纲”，指“明明德”“亲民”“止于至善”。第一纲，“明明德”，即显明和发扬人们内在的美德；第三纲，“止于至善”，是鼓励人们不断修身养性以达到善的最高境界。第二纲，“亲民”，程朱理学与阳明心学在理解上有所不同。程颐和朱熹认为，“亲民”应作“新民”，说的是要教导天下之人革除自己身上的旧习而作新民；王阳明则认为，“亲民”就是孟子“亲亲仁民”“如保赤子”“民之所好好之，民之所恶恶之，此之谓民之父母”之意，就是孔子的“修己以安百姓”，是为政者对百姓养之教之、既教兼养，而“新民”则有重教轻养之偏颇。[1]王学的“亲民”说，似乎更接近孔子“富之教之”之说，含有“先富后教”“先养后教”的意思。“仓廪实而知礼节，衣食足而知荣辱。”衣食住行是人之为人的基本生活需要，饮食男女是人之为人的基本生命需求。这是“天

---

① (明)王守仁撰：《王阳明全集》(上)，吴光等编校，上海古籍出版社2011年版，第2页。

理”，而非“人欲”。对啼饥号寒中的百姓空谈礼节、荣辱，不只是一种空洞之政、画饼之政、欺诈之政，本质上还是一种衰政、一种虐政。“为政以德”，为政者“明德”行德政而后“明”民之德，富之养之兼而导之教之，有至善之心、至善之政，民心才能向善，社会才能和善。这是儒家民本思想的真谛。

无论是程朱之学还是阳明之学，从儒学发展史上说，皆归入宋明理学；从儒学形态上讲，都是心性之学。心学之学有别于制度之学，重在内在修身养性以成人成君子、成德成圣，走的是内圣而外王的路子。只不过阳明之学更强调内圣与外王的同一性与统一性，倡导“知行合一”，知而不行不得为知，无外王事业何以表明其有内圣功夫?! 王阳明成为帝制社会儒家大师中“立德、立功、立言第一人”，与他所秉持的这种理论原则与思想格局有着必然的联系。从这个意义上说，王学存在揉合心性与制度的内在趋向。

其实，“三纲八目”所彰显的不外乎“内圣外王”四个字。这一点在“八目”中展现得更具体详尽。

所谓“八目”，指“格物”“致知”“诚意”“正心”“修身”“齐家”“治国”“平天下”。这是一条通过道德践履，把握万事万物的规律，端正自己的心智，使自身达到崇高的道德境界，正己而后正人，进而治国平天下的途径，即成德成圣而成王成天子，内圣而外王。“格致诚正”是内圣功夫，通过“修齐”的转接，达到煌煌的“治平”外王事业。

“三纲”和“八目”的中心都是讲如何提高人们的道德境界。不过“三纲”着重是讲为政者应怎样做，“八目”重点是讲自身、每个个体应怎样做。诚然，照《大学》作者的原意，这个体包括君主、天子以及他的统治集团中的人。其实，在帝制时代，治国平天下之事还是“肉食者谋之”，众庶百姓“不在其位，不谋其政”。《大学》说：“自天子以至于庶人，壹是皆以修身为本。”把“庶人”拉进来，以彰显其普适性。其实带有一点玩说理艺术的花样。信服“八目”路线的后儒有着自己的解释：内圣功夫人人都是一样的，“外王”事业则按身份地位不同各有各的标准。其实，谋求为帝师的儒士们还是明白的，“格致”“诚正”“修齐”固然讲出了一般人立身、创业、兴家的正确路径，但重心仍然是讲给可以“一言而兴邦”的天子或准天子听的。在儒家看来，治国平天下的根本在成德,而根本的根本在天子的成德,端正天子的道德则在于修身。然而,现实政治中,让天子自觉修身,“克己复礼”,谈何容易!西汉初期年轻的政治理论家贾谊就已明白了这一点。他在《治安策》中提出“正太子”的主张,大概是发现正君不易,冀望从“胎教”开始对可能接班的太子进行意诚、心正、身修的德性教育。可见,《大学》“三纲八目”“修齐治平”的王道政治愿景主要是写给帝制最高统治者看的。它是儒家作“帝师”的一部重要教材。

## 第一节　王道与霸道

儒家的王道政治理论中有“三纲”,有“八目”,还有“三辨”。所谓“三辨”,一是王霸之辨,二是义利之辨,三是夷夏之辨。如果说“三纲八目”是王道政治之总纲,那么,“三辨”则是区分王道政治与非王道政治的“楚河汉界”,是为王道政治定下的价值标准和理论根基。

这里先讨论王霸之辨。义利之辨和夷夏之辨留待其他章节中细说。儒家,尤其是孟子与荀子,都好作王霸之辨。

孟子旗帜鲜明,尊王黜霸,只讲王道,反对霸道。他声称:“仲尼之徒无道桓、文之事者。”①“桓”,指齐桓公;“文”,指晋文公。他们是春秋时代“五霸”之首。孟子却对他们取得的赫赫霸业表示藐视,说是孔夫子的学生不屑于提到他们的霸业。他所推崇的是仁政和王道。他对自己的学生公孙丑说:管仲如果以齐国为基础去行王道,统一天下是易如反掌的事。并引用曾皙的话批评管仲:齐桓公如此专一地信赖他,行使国家的政权又是那么地长久,而功绩却是如此地卑小(指管仲只辅助齐桓公成就了霸业而未逮及王道)。言下之意,管仲是不足道的,霸道是不足道的。

荀子于王道、霸道的二分之外,又分出了一个“强道”,说是“王夺之人,霸夺之与,强夺之地”。②“夺之人”,是争取人心,靠的是仁义,为王

---

① 《孟子·梁惠王上》。

② 《荀子·王制》。

道政治;“夺之与”,是结好诸侯,人家甘心情愿地拥立你为盟主,靠的是信誉,为霸道政治;“夺之地”,是攻城略地,吞并邻国,靠的是权谋和气力,为强道政治。荀子认为,强道政治是亡国之道,万不可取。故他说:“义立而王,信立而霸,权谋立而亡。”①

荀子曾赞扬齐桓公“有天下之大节”。② 又赞扬管仲说:“管仲之于桓公,可谓次忠矣。”他认为,霸道政治固然是“德虽未至也、义虽未济也”,但也有它的成功之处,“然而天下之理略奏矣,刑赏已诺信乎天下矣,臣下晓然皆知其可要也”。③ 所以,荀子对于霸道,在有条件的肯定之中还略带一点称许。

其实,孔子也并不一概否定霸道,从他对管仲的称赞中可以见之。当孔子的两位高足子路和子贡都认为管仲“未仁”时,孔子却称赞管仲“相桓公,霸诸侯,一匡天下,民到于今受其赐”,连声说:“如其仁!如其仁!”④

从上文追述和分析可以知道:

其一,儒家崇尚王道政治,以王道政治为理想的政治模式,但除孟子外,不一概否定霸道。承认霸道在王道的条件不成熟时具有一定的积极作用。然而他们都绝对地排斥强道,即以攻城略地为能事的权谋之术。孟子反对霸道,可能是未将强道从霸道中分离出来,误将霸道笼统视为强道的缘故。从当时的时代环境来看,所谓强道,实际上是指法家政治。儒法两家在王道政治上产生了严重的分歧。荀子认为“权谋立而亡”,秦王朝的迅速成功和急剧败亡在某种程度上不幸被他言中。

其二,儒家的王道、霸道和强道之分,不在于搞不搞大统一。这三种政治都是主张中央集权统一,而反对分裂割据的。霸道虽然只能做到“挟天子以令诸侯”,但还是承认一些天子的权威,不赞成列国各自为政。它们三者的分歧只是在实行统一的方法上的不同,而这些方法的不同又归结为道德的有无和高下之分,集中起来说是三个词:“义”

① 《荀子·王霸》。
② 《荀子·仲尼》。
③ 《荀子·王霸》。
④ 《论语·宪问》。

"信""权谋"。"义",即仁义,代表王道。"信",即信誉,代表霸道。这两者只是道德高下的区别。"权谋",即无仁义,也无信誉,是热衷于阴谋诡计,玩弄政治、军事权术而不讲什么道德的,代表强道。法家韩非公开宣称"不务德而务法",认为"威势之可以禁暴,而德厚之不足以止乱"。[①] 汉代班固称法家"无教化,去仁爱,专任刑法"。[②] 说明法家确实是非道德主义的强道政治。所以,传统的王霸分类中将法家归并于霸政是不够确切的。确切地说,法家当属于强道。

其三,儒家的王道理论也存在极大的弊端。他们错误地把目标当手段,以为只要讲仁义,就可以化干戈为玉帛,"可使制梃,以挞秦楚之坚甲利兵矣",[③]从而陷入了道德万能论的泥潭。尽管孔子也说过"一张一弛,文武之道"的话,但他总的倾向还是泛道德主义的。如果说,法家是把以"力"得天下的手段,而且只是武力、暴力的一种手段错误地运用到了治天下上;那么,儒家刚好相反,是把治天下的手段错误地用到了得天下上。所以,儒家的王道大一统理想虽不可谓不至大至高、至善至美,然而在中华民族每次由大分裂走向大一统的历史转折关头,却往往又无所作为,就不是奇怪的现象了。

## 第二节　王道要诀:修齐治平

辨明了王道、霸道和强道的含义,我们就可以转过来进一步讨论儒家的王道政治了。

前面说过,"三纲八目"是王道之纲。这个"三纲八目"之中,最要紧的还是四个字:修、齐、治、平。

"修",即"修身"。修身,指提高自身的道德修养。《大学》的作者认为,修身之要,在正其心;正心之要,在诚其意。而"格物致知",又是诚意的前提。这样,格物、致知、诚意、正心四目,便是以修身为归宿,为统领。而修身的目的,在齐家、在治国、在平天下。所以,齐家、治国、平

---

① 《韩非子·显学》。
② 《汉书·艺文志》。
③ 《孟子·梁惠王上》。

天下三目又以修身为基础。故而,“三纲八目”之中,皆以修身为本。修身之本不立,前四目无归统,后三目无基础,儒家的王道便悬空无着落了。

“齐”,是“治”或“理”的意思。“齐家”,即治理好自己的家庭。有人说,这个“家”,指西周时代或春秋时代卿大夫那种“家”。其实也不那么绝对。卿大夫的“家”有封地、有家臣、有农奴,是封建领主之“家”。这种“家”,俨然一个小国。战国初期,晋国的韩、赵、魏三家瓜分晋国,就由“家”而“国”了。治这样的家,已相当于治国了。这里的“齐家”,还是指治理血亲家庭比较确切些。相传尧治天下,先要“刑于寡妻”。“刑”,即“型”,是典范的意思。意为:先给自己的妻子作出榜样。有的人身居高位,在外彬彬有礼,道貌岸然,回到家就不是那么回事了,专横跋扈,搞得众叛亲离。所以,“齐家”,还是很有难度,也很重要的。《大学》云:“其家不可教而能教人者无之。”以下“治国”“平天下”就很好理解了。

这里把“国”与“天下”相分,是由于古人的地理知识和当时的政治制度所导致的。古代交通不发达,信息也不灵通,以为这“天下”就是中原加上四夷而已。所以,当时西周的君主和后来的皇帝,都称“天子”,以为自己就是天下之主,上天的唯一长子。这“天下”并不同于今天所谓的七大洲四大洋。另外,西周采用的是封邦建国制,周王朝之下有许多诸侯国,所以拿“国”与“天下”对比着说。后来,秦灭六国,搞中央集权,不再分封了,汉以后即使有所分封,但封国的地位已今非昔比。但出于习惯,仍以“天下”称中国,如刘邦就有“马上得天下”之说,还有那句杜撰为赵普名下的“半部《论语》治天下”。

不过,“天下”也不纯粹是个地理概念。荀子说:“天下归之之谓王,天下去之之谓亡。”①顾炎武说:

有亡国,有亡天下。亡国与亡天下岂辨?曰:易姓改号,谓之亡国;仁人充塞而至于率兽食人,人将相食,谓之亡天下。②

---

① 《荀子·正论》。

② 《日知录·正始》。

这里的“天下”显然与“人民”、“百姓”或“民心”同义。可见,儒家眼中的“天下”,不仅是个地理概念,同时具有“人民”“民心”等人文和道德上的含义。因而,“平天下”不仅是指治理好全中国,而是还包含了使民心归服、四方之民归化等意义。

“修齐治平”对不同的人有不同的要求。对于已经在位的统治者来说,儒家劝说他们以修身为本,欲治国平天下,首先得修身、齐家。希望他们懂得正人先正己,上梁不正下梁歪的道理。正如《大学》所说:“一家仁,一国兴仁;一家让,一国兴让;一人贪戾,一国作乱;其机如此。此谓一言偾事,一人定国。”说一言可以败事(“偾”者,败也),一人能够定国,无疑过分夸大了个人的历史作用。但古今中外的历史也证明,最高统治者的贪廉昏明,对历史的进程和面貌也不是没有影响的。所以,儒家强调治国先正君,《大学》强调“君子求诸己而后求诸人”“其为父子兄弟足法,而后民法之也”,不是没有道理的。这些话是说,国君自己有了善的品德而后才能要求别人为善;国君应首先使自己家中的人做到为父者慈、为子者孝、为兄者友、为弟者恭,使他们的言行足以成为全国人民的准则,然后天下百姓才会效法。

然而,儒家的这些说教也仅仅是口头的说教,对手握生杀大权的君主起不到什么约束作用。试看,唐太宗李世民“玄武门之变”,杀兄逼父;明成祖朱棣搞所谓“靖难之役”,以叔凌侄,夺取帝位,如此等等。哪一个皇帝能做得到先齐其家而后治其国?!哪一个是听从了儒家的教诲的?!《大学》说:“其家不可教而能教人者无之。故君子不出家而成教于国。”这前一句话是完全对的,但“其家不可教”者固然不能教人,却是照样君临天下,操生杀予夺之权,区区儒生又奈其何?!至于第二句话,则是万难做到的。要“成教于国”不但非出家门不可,而且非花一番大力气不可。以为有了道德表率人们就会闻风归化,是不出门就可以收大治之功,完全是一种不切实际的想法。

“修齐治平”对于一般人确有一种激发人们心系天下、建功立业的积极作用。《大学》“八目”的前五目——“格物”“致知”“诚意”“正心”“修身”,主要是个人的一种道德践履和自身修养功夫,是一般人不必借助外界条件也可以做得到的。“齐家”也是涉及自己的家庭,能够办到。但“治国”“平天下”则不但要有德,而且要有位,不是人人都有条件和机会的。儒家教育知识分子“穷则独善其身,达则兼济天下”,即在时运不佳、身处逆境时要坚持正心修身,一旦显达时则造福于民。儒家提倡“身无分文,心怀天下”、“人生不满百,常怀千岁忧”和“位卑未敢忘忧国”的精神境界,这在人民中,尤其是知识分子中起到了弘扬积极向上的阳刚之气的作用。历史上,“修齐治平”一直是有责任心有良心的士子百般追求的宏伟目标和人生理想。

# 第二章 “法先王”

——王道政治样式

孔子“祖述尧舜，宪章文武”；孟子“言必称尧舜”，明确打出“法先王”的旗帜。荀子虽自称“法后王”，可他的“后王”主要是指夏禹、商汤、周文周武这些“三代”帝王，他们相对于上古的帝王便成了“后王”，上古的帝王则为“先王”。但“三代”帝王对于荀子时代的人来说却仍然是先王。所以，荀子有时连自己也弄不清了。《荀子》书中称“后王”的有12处，称“先王”的却有14处。故而，荀子的“法后王”，其实就是“法先王”。

儒家向人们描绘道，“先王之道”至大至美，先王之世是太平盛世，先王本人惟忠惟孝、德配天地。“先王”，是他们向世人提供的一个王道政治的典范。“法”，意为效法、遵照。实行王道政治，应当效法先王、遵循先王之道。

## 第一节 理想人格、理想政治、理想法

让我们先来看看儒家是怎么描述“先王之道”和先王之世的。

孔子歌颂唐尧：

大哉尧之为君也！巍巍乎，唯天为大，唯尧则之。

荡荡乎,民无能名焉。巍巍乎其有成功也,焕乎其有文章![1]

尧做天下君主真是高大完美得很呀!只有天是最高最大的,只有尧能够效法天!他的恩惠无比得广博!老百姓简直不知道怎样称赞他。他的功绩实在太崇高了,他的礼仪制度也真是够美好的了!

孔子这样赞美虞舜和夏禹:

巍巍乎,舜、禹之有天下也,而不与焉![2]

舜和禹真是崇高得很呀!贵为天子,富有四海,却整年地为百姓劳碌,一点也不为自己打算。又说:

禹,吾无间然矣。菲饮食而致孝乎鬼神,恶衣服而致美乎黼冕,卑宫室而尽力乎沟洫。禹,吾无间然矣。[3]

禹自己吃得很不好,却把祭品办得极为丰盛;自己穿得很粗糙,却把祭服做得极为华美;自己住得很简陋,却把力量完全用于治理沟渠水利上。

孔子还向弟子讲述了周初的仁德政治;周天子大封诸侯,使善良的人都富贵起来。周武王对众诸侯说:“我虽有不少至亲,却不如有仁德之人。百姓如有罪过,应该由我一人来担承。”周王朝制定统一的度量衡,严格审核尺寸等量器,修复瘫痪了的官吏机关,使政令通行于全国;恢复过去灭亡了的国家,寻找断绝了祭祀的后代来继续他们的世代;选拔遗落和隐居民间的人才。这样,天下的百姓就心悦诚服了。

孟子游说诸侯,几乎每有发言必提尧舜之道。他说:尧的时候,天下还不安定,洪水泛滥,杂草丛生,鸟兽成群,谷物却没有收成;鸟兽到处危害人类。尧一个人为此忧虑,把舜选拔出来总领治理工作。又命

---

① 《论语·泰伯》。
② 《论语·泰伯》。
③ 《论语·泰伯》。

禹疏浚九河,……禹在外八年,三次经过自己的家门都不进去。[①]

荀子则把尧、舜、禹描绘成实行大一统王道政治的圣王:一统天下,富民利民,怀柔四夷,德化生民。

一天下,财万物,长养人民,兼利天下,通达之属,莫不从服……舜、禹是也。[②]

尧舜者,至天下之善教化者也,南面而听天下,生民之属莫不振动从服以化顺之。[③]

总之,孔、孟、荀都将尧、舜、禹以及商汤王、周文王、周武王等作了理想化的描写。这种描写归纳起来主要有三个方面:

第一,先王是理想人格的象征。

他们都说,先王是至孝至悌的典范,又是教民孝悌的圣人。孟子说:“尧舜之道,孝弟而已矣。”[④]又引孔子的话说:“舜其至孝矣,五十而慕。”[⑤]意为:舜到了五十岁还依恋着父母,真是最孝的人。儒家还讲述了一个舜如何委曲求全,与昏愚的父亲、凶嚣的继母、顽劣的异母弟相处的故事。

舜的父母打发舜去修缮谷仓,等舜上到屋顶,他父亲瞽瞍便抽去梯子,还放火焚烧那谷仓,企图烧死舜。幸而舜设法逃了下来。于是,他父母又打发舜去淘井,他下井后便用土填塞井眼。幸好舜早有准备,从井壁的旁洞中出来了。舜的弟弟象并不知道,对父母说:“谋害舜都是我的功劳,牛羊分给父母,仓廪分给父母,干戈归我,琴归我,砥弓归我,两位嫂嫂要她们替我铺床叠被。”象便向舜的住房走去,舜却坐在床边弹琴,象很不好意思,假惺惺地说:“哎呀! 我好想念您呀!”舜说:“我想念着这些臣下和百姓,你替我管理管理吧!”[⑥]

---

① 《孟子·滕文公上》。
② 《荀子·非十二子》。
③ 《荀子·正沦》。
④ 《孟子·告子下》。
⑤ 《孟子·告子下》。
⑥ 《孟子·万章上》。

通过诸如此类的故事,儒家塑造了先王心存百姓、宽容大度、修身齐家的高大形象,为世人树起了人格的榜样。

第二,先王是理想政治的化身。

儒家的理想政治就是王道政治。这些先王都不是靠力统一天下,而是凭德使天下百姓归心的。舜教民开垦、种田、制陶,禹为民治河,三过家门而不入。他们吃苦在前,享受在后,“为民父母”“与民偕乐”,所以,“民归之,由水之就下”。儒家还大肆宣扬尧、舜、禹禅让的故事。

禅让的故事在《论语》中已作了讲述:尧让位给舜的时候说道:“啧啧!舜呀!上天的大命已经落到你的身上了,请诚实地保持着那不偏不倚的中正之道吧!假若天下的百姓都陷于困苦贫穷,上天给你的禄位也会永远地终止了。”后来舜禅让帝位给禹的时候,也同样说了这一番话。①

在《孟子》中,禅让的故事更具体系统了。孟子认为,行禅让要有三个条件。其一,受禅者本人有贤德。其二,要得到“天”和“民”的同意。征求“天”“民”同意的具体做法是:让其“主祭”,如果“百神享之”,则是“天受之”;让其“主事”,如果事情办好了,“百姓安之”,则是“民受之也”。② 其三,要有天子的推荐,如尧荐舜,舜荐禹。

荀子不同意提“禅让”,他把“禅”叫作“继”。但实际上,他仍是讴歌禅让的。“尧、舜尚贤身辞让”“尧授能,舜遇时,尚贤推德天下治”“舜授禹,以天下,尚德推贤不失序”。这是他的晚年之作《成相》篇的唱词。

儒家似乎也意识到,“禅让”只是上古社会才可能实行的制度,在近世的夏、商、周“三代”,有的只是汤放桀、武王伐纣,连“禅让”的影子也见不到。于是,他们又指出,汤、文王、武王等“先王”行使的是“征诛”论。

当齐宣王把“汤放桀,武王伐纣”说成“臣弑其君”时,孟子勃然而起,反驳道:

---

① 参见《论语·尧曰》。

② 《孟子·万章上》。

贼仁者谓之“贼”,贼义者谓之“残”。残贼之人谓之“一夫”。闻诛一夫纣矣,未闻弑君也。①

这番话义正辞严。他指出,像夏桀王、殷纣王这样的君主已堕落为残害人民的“残贼之人”、独夫民贼,汤、武放逐或讨伐他们是伸张正义,诛杀他们只是处死一个独夫,根本说不上什么“弑君”。汤、武兴的是“仁义之师”。这无异于公开宣称:凡是背离尧舜之道以残害人民为能事的君主都是独夫民贼,都是可放可伐可诛的。孟子的这一“暴君放伐论”客观上为人民起义提供了思想武器。所以,后来的朱元璋当上皇帝,读《孟子》至此,大惊失色,要把孟子赶出文庙,夺去其配享孔子的亚圣地位。幸而有人说情,朱元璋才罢此举,但下令必须将《孟子》删改后再作为儒学的教科书。

第三,先王是理想法的立法者,也是理想法的标志。

任何一个法律系统都有自己的理想法。西方的古典自然法、中世纪宗教的神法、近代自然法等,都是理想法的不同存在方式。儒家的理想法不是别的,就是煌煌的“先王之法”。孟子说:“遵先王之法而过者,未之有也。”②

“先王之法”的立法者便是先王。先王创制了一整套“礼义法度”,其基本原则,如“亲亲”、“尊尊”、“一天下,财万物”、行“什一之税”,以及前文说到的“禅让”和“征诛”等,都是垂法后世的。其中,在刑事法原则方面,儒家提出了以“明德慎罚”③为总要的“先王之法”体系,主要内容包括:“明刑弼教”;反对“不教而杀”;主张“与其杀不辜,宁失不经”“刑罚世轻世重”;要求“刑称罪”或“刑当罪”,即罪刑相应;反对株连,主张“罪人不孥”;重惩不孝,以不孝不悌为“元恶大憝”;断罪应当“哀矜折狱”;反对客观归罪,重视犯罪的动机,主张“眚灾肆赦,怙终贼刑”,即过失犯罪从轻,故意和累教不改者从重;反对健讼,提倡息讼;司法官不应以“听讼”为能,应当以“无讼”为职志,如此等等。这些刑事法思想对中国古代法产生了深远的影响。

---

① 《孟子·梁惠王下》。
② 《孟子·离娄上》。
③ 《荀子·成相》。

儒家还认为,先王不仅为后世创制立法,而且他们本人的言行便是法的化身、法的标志。荀子称:“圣人备道全美者也,是县天下之权称也。”[①]“权称”,指标准、典范。这句话的意思是:圣人是道德完备至美的人,他们本身便是衡量万事万物的标准。所以,圣人的言行举措,就是后世的法式仪表。

因此,按儒家的观点,先王和先王创制之法,就是至大至美的理想法。

## 第二节 复古乎?! 开新乎?!

有一种曾经流传甚广的观点,说儒家的“法先王”是一种复古倒退思想,他们把历史看成一代不如一代,一切都今不如昔,这是引导人们向后看,是没落阶级的复古情调,等等。这样看问题,可能浮于表面了。

其实,荀子已一言道破了他们“法先王”的真实意图:“善言古者必有节于今。”[②]言古是为了鉴今。

历史教育是人们最简便易行也最常用的一种说理教育形式。人们为论述一种理论,说明一个道理,往往会请出已故的先辈的亡灵,依傍社会业已认可的至上的权威,从中找到这种理论或道理的最终根据。这大概是古今中外共通的现象。欧洲大陆的早期资产阶级曾经祭起“文艺复兴”的大旗,到古希腊先哲那里寻找自己设计的原则和根据;我国戊戌变法的领袖康有为、梁启超曾经打着“公羊三世说”的招牌来“托古改制”。儒家的“法先王”未尝没有托古改制的深意在其中。

“周虽旧邦,其命维新。”这是《诗经》揭示的一条政治原则。《诗经》是儒家尊奉的六经之一。“维新”思想在中国古代政治中影响深远。阐旧邦、辅新命是儒家的一种政治智慧。“法先王”从表面上看确有怀旧的情调,但其中蕴含的开新意义岂是“复古”两字概括得了的?!

实际上,这些“先王”“圣人”都是儒家思想家按自己的理想塑铸

---

① 《荀子·正论》。

② 《荀子·性恶》。

的。他们不过是借“先王”之口来表达自己的道德设计、政治设计和法制设计。所以从孔子、孟子到荀子,这些“先王”便变得越来越丰满、鲜活和高大完美。“先王之道”,实为儒家之道;先王之人格实为孔孟之人格;先王之政和“先王之法”实为儒家的理想政治和理想法。

不过,仅仅了解这一点还不足以揭示儒家“法先王”的深蕴。西方学者日尔内在《中国文化史》中写道:

如果某人认为儒学仅仅是为政府服务的官方意识形态,那就错了。它恰巧经常是在官方对立面手中的一个武器。

我们不得不承认这位西方学者的眼光之锐利。他身在“庐山”之外比我们身在“庐山”的人更知“庐山”的真面目。事情确实如此,孟子的“暴君放伐论”就是一个最典型的例子,它不但经常是对立面手中的思想武器,而且在一定程度上为“犯上作乱”的人民起义提供了合理的解释。事实上,儒家的“法先王”具有强烈的批判功能,是对现实社会的一种深刻的道德批判、政治批判和法批判。

首先,儒家通过“法先王”确立了先王的最高创制权,将先王置于时君世主之上,时君世主应当遵“先王之道”,法“先王之法”,学习先王的道德人格。北宋的大儒张载说,儒者应当“为天地立心,为生民立命,为往圣继绝学,为万世开太平”。儒家提出“法先王”或“法圣人”,就是“为天地立心”。有此心,天下人心便有安顿,道德不致散乱,信仰得以维系,精神不会崩解。

其次,儒家的“法先王”,为天下树起了一面正义、公道的旗帜。“先王”是理想人格、理想政治、理想法的化身和标志,是“天下之权称”。于是,人们心中就有了一个标准,有了一杆秤,用它可以很容易地评判现实社会的时君世主,以及现实的政治和法制,可以很容易地辨别是非好坏。也就是说,儒家的“法先王”成了人们批判现实社会的思想武器。尤其是在古代专制社会中,言路未开,政治高压,思想罪、言论罪钳制着人们,人们现实政治的不满和批判,往往只好通过“法先王”的复古形式表现出来。如果我们对“法先王”的现实批判主义精神还有什么怀疑的话,那么秦始皇却比一般人更敏锐地觉察到了其中的批判意义,所以他立刻制定“以古非今者族”的法令,严禁人们对“先王”歌功颂德,并在渭河边上坑杀了四百六十个“是古非今”的儒生。秦始皇的行为使大谈“法先王”的孔孟之徒们付出了血的代价。“莫谓书生空议论,头颅掷处血斑斑。”儒家的“法先王”绝非一群书生吃饱了没事干的空议论,而是一种对现实社会暴君污吏及其政治、法制的强烈批判和反抗。

最后,孔、孟、荀都认为,他们所处的社会是个乱世,人心不古,道德江河日下,礼崩乐坏,时君世主们“争地以战,杀人盈野;争城以战,杀人盈城”,人民在严刑重罚之下,“无所措手足”,处于水深火热之中,由于被刑砍去脚的人太多,以至于市场上“踊贵屦贱”,即假肢昂贵而鞋子便宜,士大夫们或者尸位素餐,或者贿赂公行,毫无廉耻之心。因此,他们认为,现实的政治,是与人民为敌的“虐政”“苛政”;现实的法,是专以残害百姓、钳制人民为能事的苛法、恶法;当今的官吏、诸侯,也都是道德人格低下的“斗筲之人”,即所谓“五霸者,三王之罪人也”。所以,从孔、孟、荀提出“法先王”之时,就是针对现实社会的,已经蕴含了批判和改造现实社会、现实政治、现实法制的深意在里边,也就是说,这是一种“托古改制”的济世救世之术。

后来的儒家大师们,也都继承了这种传统。例如,汉代的董仲舒,生当“文景之治”之后期。后世的人,包括今人,说起“文景之治”都无不赞美有加。但董仲舒生逢其时,却似乎视而不见、听而不闻。岂止视而不见,还相当不满。他在上汉武帝的策问中大胆陈辞,说秦代的“遗毒余烈”,“至今未灭”,“汉得天下以来,常欲善治而至今不可善治者,失之于当更化而不更化也”。[①] 言下之意,汉兴七十余年来,政治上一直未达到大治的程度,必须继续彻底地更除暴秦弊政。在他的名著《春秋繁露》中,董仲舒更把孟子的“暴君放伐论”大加发挥:

王者,天之所予也,其所代皆天之所夺也。……故夏无道而殷伐之,殷无道而周伐之,周无道而秦伐之,秦无道而汉伐之。有道伐无道,此天理也,所以从来久矣,宁能至汤、武而然耶?[②]

---

① 《汉书·董仲舒传》。

② 《春秋繁露·尧舜不擅移汤武不专杀》。

他把“暴君放伐论”直接运用来解读他当下的现代史——汉伐秦。最后一句尤其寓意深刻:“宁能至汤、武而然耶?”这一反问,只要不是白痴,都能读出其中的含义:汤、武以后有秦伐周、汉伐秦,那么,如果汉无道呢?董仲舒没有明说,但答案已如同白昼:必将有新王应天命顺人心,起而伐汉之无道!惊世骇俗之论啊!无怪乎这位头顶“汉代孔子”光环的老夫子始终得不到重用了。

综上所述,儒家的“法先王”不是复古,而是旨在开新。

## 第三节 “圣王”与“王圣”

儒家的“先王”都是道德完美的“圣王”。但正如法家韩非所批评的,尧、舜那样的圣人,“千世而一出”,所以要等到圣王出来才治国是不可能的,平常的君主只是“上不及尧、舜”,“下亦不为桀、纣”的中主。[1]可是儒家以为“性相近,习相远”,人人都可以通过学习成为圣人。所以,孟子说,“人皆可以为尧舜”[2];荀子说,“涂之人可以为禹”[3];孟子还说,尧、舜是天生的圣人,汤、武是通过后天学习才成为圣人的。问题又回到了前面说的儒家王道政治的要诀——“修齐治平”上。儒家劝时君世主通过修身养性成为圣王。

不管是先天达到的,还是通过后天学习而达到的,总之,儒家坚持认为治国者应当是有“修齐”功夫的德性之人、圣人。

儒家的这个设计中带有极大的理想主义成分。一个个觊觎皇位、垂涎最高权力的赳赳武夫、世家贵胄、政治投机商一旦黄袍加身,有几个能真心向善,把工夫用在“正心诚意”“修身养性”上?!再说,那些企求为国相或帝师的儒家大师们,即便真当上了国相或帝师,又有什么办法能制约得了大权在握的君主,让其学做圣人?!所以,儒家的“法先王”理想只好一个一个地被无情的现实所击破。

春秋之世,孔子栖栖惶惶,周游列国而都不能相容,只好长叹一声:

① 参见《韩非子·难势》。
② 《孟子·告子下》。
③ 《荀子·性恶》。

“道不行!”战国之时,孟子游说诸侯,推行仁政,可他看到的遇到的不是暴君污吏,就是表示无能为力。他是相信“五百年必有王者兴”的,而且自己颇有“舍我其谁”的大丈夫气概,但到最后也只好感叹:从尧舜到汤,经历了五百多年,从汤到文王,又有五百多年,从文王到孔子,又有五百多年,从孔子一直到今天,一百多年了。离开圣人的年代像这样的不远,距离圣人的家乡像这样的近,但是没有承继的人!也竟然没有承继的人了啊![①]

后儒认为孔子有圣人之德却无圣王之位。他老人家一生没能发达,只是个布衣,于是尊称其为“素王”。这是一个崇高美好又略带苦涩且不无讽刺意味的词汇。照孟子的说法,五百年出一个圣王,孔子又不能算数,这样,从周文王、周武王、周公(他们是两辈人,在五百年计算的时轮上是同属一轮的)到孟子之时,少说也是七百多年不见圣王了。这期间,孔子不遇时,孟子不遇时,稍后的荀子也不遇时。所以荀子的学生说,孙卿(荀子)“德若尧禹,世少知之;方术不用,为人所疑”,又说,“天下不治,孙卿不遇时也”。[②] 总之,凡有圣心圣德者都无缘当圣王,而像嬴政那样发育不良有鸡胸、道德不好极凶残的狂徒,却吞并八荒、剪灭六国,一统天下,当上了秦始皇。秦亡以后,又是一个被自己的父亲骂为无赖之徒的流氓头子刘邦,扫灭群雄,得了天下。儒家的学说真是时运不济,他们企望的圣人始终没有出来。

秦始皇是公开宣布不“法先王”的,他焚毁《诗》《书》,坑杀儒生,严令“以法为教”“以吏为师”。秦的夭亡,使汉代统治者不得不感到天命可畏,民心可畏。这样,刘氏王朝又战战兢兢地迸出了先王的亡灵。

相传商汤王曾向上天祷告:我本人若有罪,就不要牵连天下万方;天下万方若有罪,都归我一人承担。[③] 汉代相信天人感应,一旦发生地震或火山喷发,日食或彗星出现,皇帝就学商汤王的样子向天祷告,下罪己诏。

汉文帝二年(公元前 178 年)十一月三十日发生日食,紧接着在十二月二十五日再次发生日食,刘恒对于连续两次日食,感到很忧心,于

---

① 参见《孟子·尽心下》。

② 《荀子·尧问》。

③ 参见《论语·尧曰》。

是下罪己诏道:

朕闻之,天生民,为之置君以养治之。人主不德,布政不均,则天示之灾以戒不治。乃十一月晦,日有食之,適见于天,灾孰大焉!朕获保宗庙,以微眇之身托于士民君王之上,天下治乱,在予一人,唯二三执政犹吾股肱也。朕下不能治育群生,上以累三光之明,其不德大矣。令至,其悉思朕之过失,及知见之所不及,匄以启告朕。及举贤良方正能直言极谏者,以匡朕之不逮。[1]

这道罪己诏的大意是:天生了百姓,又为之立君来养育管理他们;如果这个君的德行不修,或政治不明,违背了立君的本意,天就要用灾象来警戒他。现在天下的治和乱,都在我一个人的身上。不幸我不能尽我的教养人民的责任,以致掩蔽了日月的光明,我的过失真大极了!你们应当把我的错处都说给我听,并举出贤良方正和能直言极谏的人来匡正我才是!

这是一道颇有真情的罪己诏。汉文帝不愧为开创“文景之治”的有为之君。然而,汉王朝这么大一个国家,天灾和怪异何时何地不会发生?!慢慢地,皇帝们也就不怎么怕天人感应了,而且想出了一个对付的办法,就是把所谓引起天变的责任推给丞相。于是,就有了“天子圣明,臣罪当诛”,一切功劳归于皇上,一切罪过归于臣民,无论国家如何昏乱,天子总归是“圣明”的,是“圣王”。汉文帝的子孙们再也没有遵循下“罪己诏”这一“祖制”的勇气与担当了。

据史书记载,汉元帝永光元年(公元前43年),春霜夏寒,日青无光,丞相于定国就只好缴上大印,自劾而去。汉成帝永始二年(公元前15年),薛宣为丞相,恰逢陨星和日食,成帝就给他下一道册书:“灾异数见,秋收又不好,这都是你做了丞相的缘故。快些把印绶解了罢!”薛宣也只好乖乖地缴印而去。继任的翟方进更惨。翟为相九年,没有出什么岔子。不料绥和二年(公元前7年),荧惑星守住了心星,其凶应在皇帝。成帝听信了别人的意见,让丞相去担当罪责。他下了一道诏书,

---

① 《汉书·文帝本纪》。

把翟方进重重地责骂一通，并赐给他酒十石，牛一匹，作为他最后的晚餐。第二天，翟方进便自杀了。翟成了皇帝的替死鬼，却并没有使成帝变得长寿。翟方进二月自杀，汉成帝也于三月寿终正寝了。

可恶的是，汉代竟把汉成帝令翟方进自杀这件极不合理的事件当成了“故事”，也就是先例。这样，《汉仪注》里就多了这样一条残酷的法条：当天地有大变时，皇帝派侍中持了使节，乘四匹白马，带着尊酒十斛，牛一头，到丞相家，把这灾象告知丞相。侍中回到半路，丞相即上书告病。侍中回朝，还没有复命时，尚书就把丞相的死讯报与皇帝。这条法律虽然没有用过几回，但此后碰到天灾把丞相免官却是常事。汉文帝还认真地“法先王”，他的不肖子孙们哪一个有他那样引咎自责的气度呢?！“罪己诏”这一祖宗成法就此名存实亡。

于是，儒家关于圣者才能德配上天、万民归心、立为天子的观念就完全变味了。“实然”代替了“应然”。也就是说，圣人才能王天下，变成了王天下者就是圣人。简言之，“圣王”观变成了“王圣”观。于是乎，无论是暴君、虐待狂，还是白痴、低能儿，只要登上皇帝宝座，就一概成了“圣君”，就一概是“天子圣明，臣罪当诛”。东汉初期的思想家王充是个敢于反潮流的人，他著《论衡》的宗旨是“疾虚妄”，可在“天子圣明”这一点上，他自己却陷入了虚妄。他非说东汉光武帝刘秀登基的时候，“天晏然无云”“气和人安，物瑞等至”，是“太平之应也”。又说汉宣帝的时候，“凤皇集于太山，后又集于新平”，如此等等，祥瑞毕至。东汉明帝时，“麒麟、甘露、醴泉、神雀、白雉、紫芝、嘉禾”纷纷出现，还发生了“金出鼎见，离木复合”这样的瑞象，所以，“孝宣、孝明可谓太平矣”。[①]其实，汉明帝以及王充所说“今上”——汉章帝，不过是平庸之辈，王充却说他们在位时，祥瑞纷至沓来，说他们是“小尧舜”。总之，王者就是圣者的“王圣”观代替了“圣王”观，这是儒家的无奈和悲哀。

① 参见《论衡·宣汉篇》。

# 第三章 “大一统”

## ——王道政治目标

“大一统”三字最早出现于《春秋公羊传》的传文中。《公羊传·隐公元年》:“何言乎王正月?大一统也。”何休注解传文时,把“统”解释为开始的“始”。他说:王者受命改制,向天下宣布政令施行教化,必须一一系之于正月,因此正月是政教之始。徐彦的疏继续强化何休的这一注解:“王者受命,制正月以统天下,令万物无不一一皆奉之以为始,故言大一统也。”[①]这个解释与现在常见到的对“大一统”的理解是有所不同的。常见的理解,是把“大一统”说成要建立起一个地域宽广、民族众多、君主专制、中央集权的庞大帝国。这样,“大一统”的“大”被理解为“大小”的“大”,是个形容词。若按何休等人的解释,则“大一统”的“大”是“推崇”“重视”的意思,即“尊大”之“大”,如荀子的“大天而思之”之“大”,这里的“大”是个动词。故而,“大一统”就是“推崇一统”“重视一统”。“大一统”的“一”是“元”,“统”是“始”。“一统”就是“元始”,“元始”即根基、基础。这个根基、基础不是别的,只是王道。这里的“大”“一统”,指天下诸侯皆重视、尊重、统系于周天子,四夷皆宾服于周天子的礼法、政教、文德。所谓“王者受命改制”,“受命”即受天命为天下王,这当然是统一的天

① 《春秋公羊传注疏·隐公元年》,徐彦疏。

下,不是分裂的天下。所以,统一是儒家“大一统”思想的应有之义,但不是其所要强调的本质含义,更不是全部含义。儒家所要强调的是受命改制的根基,即重建政统和法统必须以道统为根本。在儒家看来,受命改制必须推崇元始,布政施教应在正月进行,正月是一年之元始,万象之肇基,只有这样,政教才名正言顺,才畅通无阻。总体来说,“大一统”指的是重视、推崇统一的礼法政治社会,建立起一个秩序化、合法化的基础,即这种统一必须是符合道统的王道统一,而不是霸道或强道的统一。

把王道“大一统”理解为霸道或强道“大统一”由来已久。秦建立中央集权、君主专制的大统一帝制王朝后,后世所谓的“大一统”,吸取了法家政治“主尊臣卑,上威下敬,令行人服”的“大统一”思想。秦亡汉兴,董仲舒诠解的“春秋大一统”开揉合法家的“大统一”思想之先河。他说:

《春秋》大一统者,天地之常经,古今之通谊也。①

在他看来,大一统的根本特征是思想的统一。在“贤良对策”中,董仲舒向汉武帝提出“推明孔氏,抑黜百家”的建议:

诸不在六艺之科、孔子之术者,皆绝其道,勿使并进。②

他认为,有了大一统的国家,必须具有与之相适应的统一思想,才能保证法制号令规章制度的畅行。与秦政“大统一”唯法家思想马首是瞻有所不同的是,董仲舒把法家学说吸纳消融在儒家思想框架之中,创建了一套以春秋公羊经学为外壳的新儒学体系。

“《春秋》所以大一统者,六合同风,九州共贯也。”③这是班固在《汉书》中向人们描述的“大一统”,也是后世政治生活中所宣扬的“大一统”。它正是现在常见的“大一统”说法:仍然打着“王道”的旗号,其特

---

① 《汉书·董仲舒传》。
② 《汉书·董仲舒传》。
③ 《汉书·王吉传》。

点是国家地域上高度统一、政治上整齐划一、经济上高度集中、思想文化和意识形态上高度一致。“大一统”,成为国家在政治和文化上高度统一的代名词。

## 第一节　“大同”与“小康”

中华民族自古以来就怀有天下为公、世界大同的崇高的社会理想。儒家的经典《礼记》一书中的《礼运》篇对此作了第一次完整的、生动的描述。

大道之行也,天下为公,选贤与能,讲信修睦。故人不独亲其亲,不独子其子。使老有所终,壮有所用,幼有所长。鳏寡孤独废疾者,皆有所养,男有方,女有归。货恶其弃于地也,不必藏于己;力恶其不出于身也,不必为己。是故谋闭而不兴,盗窃乱贼而不作,故外户而不闭。是谓大同。

这样的大同世界实际上是原始共产主义公有制社会的写照。古人不懂科学的社会发展史,无法理解凌驾于社会之上的以暴力为特征的国家权力产生的历史必然性和合理性,更不可能预见未来。出于对专制君主的淫威和官吏特权滥用的反感,往往引起他们对传说中的自由、平等、公产的原始社会的美好回忆。思想家在编造改造现实社会的计划和未来社会的幻想时,也不可避免地把它当作可资借鉴的模式。正如恩格斯所指出的,在他们看来,“这种十分单纯质朴的氏族制度是一种多么美妙的制度呵!没有军队、宪兵和警察,没有贵族、国王、总督、地方官和法官,没有监狱,没有诉讼,而一切都是有条有理的”。[①] 是的,人们对往古的合理和美好一面的回忆和颂扬,正意味着对现实社会的不公平和丑恶一面的不满和诅咒,“以古讽今”常常是人们进行思想斗争和政治斗争的策略。天下为公、大同世界的描绘,绝不是为了发思古

① 《马克思恩格斯选集》(第4卷),人民出版社1995年版,第92页。

之幽情，也绝不是要求复辟原始野蛮状态，而是设计一种理想的社会制度，表达了对美好未来的强烈向往和不懈追求。事实正是这样，包括著名的民主革命家和思想家孙中山先生在内，一直是把《礼运》篇中的大同世界作为自己民族的社会理想的最高形式的。在儒家那里，大同是王道政治大一统所追求的最高目标。

与大同等而下之的社会便是小康。《礼运》篇是这样阐述小康社会的：

今大道既隐，天下为家，各亲其亲，各子其子，货力为己，大人世及以为礼，城郭沟池以为固，礼义以为纪。以正君臣，以笃父子，以睦兄弟，以和夫妇，以设制度，以立田里，以贤勇知，以功为己。故谋用是作，而兵由此起。禹、汤、文、武、成王、周公，由此其选也。此六君子者，未有不谨于礼者也。以著其义，以考其信，著有过，刑仁讲让，示民有常。如有不由此者，在执者去，众以为殃。是谓小康。

这是讲夏、商、周“三代”的家天下制度。其时，家庭、私有制产生了，国家亦由此起始，于是需要严密的礼法制度，军队、警察、监狱、法庭等系统的暴力亦随之而生。“刑仁讲让”的“刑”，即“型”，典型、范式的意思，“刑仁”就是以仁为行为规范，“讲让”，即讲礼让。

照儒家的看法，尧舜之世谓之大同，行禅让制度，“三代”则是用“征诛”；尧舜是生而为圣人，禹、汤、文、武、成、周公是学而为圣人，是修身而后齐家，家齐而后国治天下平。“三代”虽未逮及大同，但其礼义法纪仍然完美，人们仍是讲信修睦、“刑仁讲让”。所以，大同和小康都还是王道大一统，区别只在于前者用禅让，而后者讲征诛，但都是受命改制，有合理合法的根基的。他们认为，由大同而小康是时势所然，当时之世则连小康也不可企及，完全是个乱世，道统失遂、礼义废弛，诸侯互相攻伐，人民妻离子散，转于沟壑，这绝不是王道大一统的方式。他们不赞成秦的完全“以力胜”的统一办法，荀子就告诫秦统治者应“节威反文”，使“力术止，义术行”，把当务之急由“益地”改为“益信”。秦的二世而亡证明荀子的劝诫确是远见卓识。所以，儒家认为，当世诸侯，包括秦在内，谁都未受有天命，也无权改制，他们的一切制度法纪都不是

"大一统"的制度法纪,都是既不合理,也不合法的,世道处于无序状态。

我们与其斤斤于批评儒家的倒退的历史观,不如多做些拨冗求真的工作。儒家关于"大同""小康"的描述,不仅是对人类公平、正义和美好未来的追求,而且也是对政治社会合理性、合法性的企求。

戊戌变法前,康有为著《新学伪经考》《孔子改制考》,重新解释"公羊三世说",以为其变法维新提供理论根据。他说,人类社会是依"据乱世—小康世—大同世"的顺序循序渐进的;一人专制是据乱世,君主立宪是小康世,民主共和是大同世;现在的中国只能搞君主立宪,由据乱世而递进到小康,而不能跃等,直接实行大同,搞民主共和制。他宣称,这是孔子的真经,是孔子早已用"公羊三世"的方式创制好的宪法。康有为企图用经他改塑的"托古改制"的孔子以及打上"康记商标"的"公羊三世说",将它举在左手上打倒反对变法的顽固派,举在右手上打倒主张通过起义推翻清王朝的革命派。

我们现在仍然借用"大同""小康"这些生动活泼且老百姓耳熟能详的传统概念,来表达中华民族的理想追求。如20世纪80年代,曾提出通过改革开放,发展经济,改善民生,力争在20世纪内达到"小康"水平。我们所说的大同和小康,只是关于社会经济和文明发展程度的一种形象化说法,一种人民喜闻乐见的表述方式,不同于《礼运》篇中主要是作为人类社会制度理解的大同和小康,也不同于康有为所说的大同和小康,因为康有为主要是把它们作为不同的政体制度来运用的。

## 第二节　中央与地方、天子与诸侯

中国历史上有着统一的传统。在统一的版图内,中央与地方的关系显得十分复杂和微妙,有时候两者的关系又表现得相当尖锐。

先秦儒家中,孔、孟比较因循周制,是倾向于封邦建国的,其制度设计近似于当代的联邦制:在统一的中央政府之下,各邦国有相对的独立性,享有有限的主权。这种制度,在中央政府权威比较高的时候,尚可正常运行,且有利于发挥地方的积极性。但一旦王权式微,诸侯国便各行其是,甚至互相兼并。于是,不是大国挟天子以令诸侯,便是群雄并立，你攻我杀。结果导致了春秋战国四五百年的大分裂、大动乱、大兼并。

荀子因时而变，取赞成郡县制的态度，自己还当上了楚国的兰陵县令，做过几年疆吏。但他继承孔、孟的思想，反对秦国这样以暴力为唯一武器的统一方式。

秦取天下以后，彻底地变分封为郡县，郡守县令均由皇帝派遣，对皇帝负责，由皇帝任免，皇族及其子弟一概不给封国和食禄。这是一个高度统一和集权于中央的大帝国。可历史似乎是故意跟秦王朝的高度中央集权制度作对。这种制度建立后仅仅十四年，秦王朝便夭折了。

汉兴以后，总结亡秦教训，以为废分封而行郡县也是其中的一条。但像西周那样分封诸侯的制度毕竟与时不合，于是兼采周秦之制，即半分封半郡县。先是分封了一些异姓王，如韩信、彭越等，不久就把他们一一剪除。继而分封了一批同姓王，并立誓言："非刘氏而王者，天下共击之。"[①]诸侯王在封国内享有行政权、财政权、司法权，并握一定数量的军队。与周代有所不同的是，太傅和丞相由中央任命。久而久之，诸侯王羽丰毛满，权力欲膨胀，形成尾大不掉之势，威胁中央政权。例如，吴王刘濞占地利之便，煮盐炼铁，"富埒天子"。汉景帝前元三年(公元前154年)，刘濞联络楚、赵、胶东、胶西、济南、淄川六国发动"吴楚七国之乱"，汉中央王朝派周亚夫为太尉，率军平乱，三个月内即击破七国联军，诸侯王纷纷自杀或被杀。汉王朝有了这番教训，从此把王国的军政大权收归中央。汉武帝又颁布"推恩令"，准许封国除嫡长子继承王位外，拿出一部分土地，分封余子为王，从而起到了"强干弱枝"的效果。汉武帝又采取了其他一系列手段打击诸侯势力，从此，各诸侯国名存实亡，再也不能威胁中央了。

汉代的儒家和儒生，几乎都是赞成"强干弱枝"，以维护中央统一的。例如，贾谊主张"削藩"，在《治安策》中提出"众建诸侯而少其力"的建议。诸儒之中，唯有董仲舒从王道大一统的高度论述了中央和地方、天子与诸侯的关系。

董仲舒主张有限度地分封一些诸侯，置诸"千里之外"，为天子"目

---

① 《汉书·王陵传》。

不能见”“耳不能闻”的地方。所以他说:“诸侯之为言,犹诸侯也。”[①]“侯”,指斥侯,即站岗放哨的人。这就说,诸侯是为天子到边远地方站岗放哨的人。因此,他对东周王朝之时“天子微弱,诸侯力政,大夫专国,士专邑,不能行度制法文之礼”[②]的现象大加抨击。他认为,按照《春秋》的大义,天子才能祭天地,诸侯只可祭社稷神,并不得祭祀一切不在自己封国内的山川。有天子在,诸侯不得擅自占据土地,不得擅自将土地封赏于人,不得擅自执扣天子的大夫,不得僭用天子规格的乐舞,不得僭用天子的文告格式和辞章,不得僭用天子那样尊贵的礼仪和服饰。君主的亲戚不得有叛反之心,若有则一概诛杀。这一条是孔子在《春秋》中立的法则,叫作“君亲无将,将而必诛”。大夫不得世及,大夫不得擅自废置君命。诸侯立嗣,若有嫡子,就必须立嫡长子而不是立其中的贤能者;若无嫡子而立诸子,则立生母最贵者而不是立其中的长者。诸侯立夫人必须是嫡妻而不得立妾。天子对待自己的王后的父兄,应使其尊贵但不能用其作自己的臣下。[③]

董仲舒试图从王道大一统上正本清源,阐明地方服从中央,诸侯臣服天子的大义。前文说过,董氏的“春秋大一统”理论以儒为壳而揉合法家之“大统一”说于其中,可见一斑。董仲舒等儒家把《春秋》当作法典。他所阐述的这些原则,后来确有许多纳入了帝制法典之中。

现在,我们来反观孔子。在《论语》中记载着许多孔子反对大夫擅政的言论和事迹,如按礼的规定,天子祭祀时用八佾舞,这种舞共八行,每行八人,八八六十四人。以下递减,诸侯用六佾舞,六行,六八四十八人;大夫用四佾舞,四行,四八三十二人。鲁国的执政大夫季氏在祭祀时把鲁君的宫廷乐舞队抽调到家庙里来跳八佾舞,僭用天子之礼。孔子知道后气愤地说:“是可忍也,孰不可忍也!”[④]天子祭祀完后撤祭时要唱《雍》这首诗,季孙、孟孙、叔孙这三家大夫祭祖结束时,也唱《雍》诗来撤祭,孔子讥讽了他们。祭泰山,只有天子和鲁君才有资格,鲁国的大夫季氏却跑去祭泰山,这是僭礼行为,孔子表示反对,并嘲笑道:泰

---

① 《春秋繁露·诸侯》。

② 《春秋繁露·王道》。

③ 参见《春秋繁露·王道》。

④ 《论语·八佾》。

山神难道会接受他的祭品吗?![1]

过去曾有人把孔子的这些言行作为他反对新兴地主阶级改革,死抱周礼不放,妄图复辟奴隶制度的佐证。其实这是误解,是一种“左”的臆断。他是从王道大一统的大义出发,试图端正中央与地方,天子与诸侯、与大夫的上下尊卑关系,是为王道的礼法制度正本清源,确立本根。其实,季氏之徒的所作所为不过是一个擅政弄权的贵族贪图享受、飞扬跋扈的表现而已,他们的种种僭礼实在算不上什么革命行动。如果把这种僭礼行为视为正当,使其合法化,那么,在孔子看来,天下就失去本根,王道大一统就无从维持了。孔子的讥评和忧虑与董仲舒的言论有一点是相同的,那就是维护王政的集中与统一。

汉以后,西晋行分封而有“八王之乱”。唐立藩镇而酿成“安史之乱”“五代十国之乱”。宋明两代去分封去藩镇,然边防衰弱。总之,中央与地方的关系一直困扰着古代帝制统治集团。但无论何时,大一统之根本未乱,从西晋作乱之诸侯,到唐之安禄山、史思明,到五代之小朝廷,始终未能进入正式的政统。儒家的王道大一统理论,对维系中华民族的统一、安定、秩序,并使这种统一、安定、秩序建立在合乎道统、合乎正义最高法的基础上,起着极大的思想指导作用,这成为中华民族的一大思维定式和价值取向。

## 第三节 “用夏变夷”

孟子说:“吾闻用夏变夷者,未闻变于夷者。”[2]这就是儒家大加弘扬的“夏夷之辨”。

有人说,“用夏变夷”是一种大汉族主义的思想。这也是一个误解。其实,孔孟的华夏与夷狄之辨,主要是从文化的意义上区别的。“用夏变夷”,是一个先进文化与落后文化的关系问题,是一个保卫和发展先进文化并改造落后文化的问题。管仲襄助齐桓公团结华夏诸国防御夷

① 参见《论语·八佾》。
② 《孟子·滕文公上》。

狄对中原的侵扰,从而保卫了华夏先进文化,孔子给予了充分的肯定:“管仲相桓公,霸诸侯,一匡天下,民到于今受其赐。微管仲,吾其被发左衽矣!”[①]“被发左衽”,即披散着头发,衣襟向左边开。这是当时夷狄的习俗。“微”,作“如果没有”解释。孔子的意思是说,如果没有管仲,我们就要沦为文化和文明程度上落后的民族了。

有一次,弟子子张问孔子如何才能使自己到处行得通。孔子回答说:言语忠诚老实,行为忠厚严肃,纵然到“蛮貊之邦”,也行得通。言语欺诈无信,行为刻薄轻浮,就是在本乡本土,能行得通吗?[②] 这表明,孔子强调对于“蛮貊之邦”也应言语忠诚老实,行为忠厚严肃,即以礼待之。反过来也说明,“蛮貊之邦”是崇尚礼义道德的。孔子在回答他的学生樊迟问怎样才算做到了仁的时候,也说:平日容貌态度端正庄严,工作严肃认真负责,对待别人忠心诚意。这几种品德,纵然到“夷狄”去,也是不可废弃的。[③] 这些话都证明,孔子并不轻视夷狄或少数民族,相反,他认为夷狄、“蛮貊之邦”同样是通行华夏的礼义道德的。

孟子同样如此。他说:

> 舜生于诸冯,迁于负夏,卒于鸣条,东夷人也。文王生于岐周,卒于毕郢,西夷人也。地之相去也,千有余里;世之相后也,千有余岁。得志行乎中国,若合符节,先圣后圣,其揆一也。[④]

舜和文王究竟是哪个民族的人,也许难以确考,但孟子明确认为他们是“东夷人”和“西夷人”,都不是中原人。他们两人地域相隔千余里,时间相距千余年,但都为中国之主,受到华夏百姓的敬仰,他们的所作所为完全一模一样,所以古代的圣人和后代的圣人,所走的道路是相同的。从孟子的话中可以看见,他丝毫不考虑舜和文王的民族身份,只要他们的道德高尚,对华夏文明的贡献卓著,就是我们所尊敬的圣人。可见,儒家的华夷之辨,主要是文化上的区别,而非大汉族主义的民族

---

① 《论语·宪问》。
② 参见《论语·卫灵公》。
③ 参见《论语·子路》。
④ 《孟子·离娄下》。

歧视。

儒家所谓的“用夏变夷”，主要有两层含义。

其一，用华夏文化改造夷狄文化。《论语 · 子罕》中说，孔子想迁到“九夷”去居住，有人劝他说，那地方太落后简陋，怎么能够居住？孔子答道：“君子居之，何陋之有？”这就是说，“九夷”这种文化落后、物质匮乏、文明不发达的地方，只要有像孔子那样道德和文化水平很高的人去居住，去推行礼义教化，就不再是落后简陋的了。当时，中原地区各诸侯国相互攻伐，唯利是图，弃礼义如敝屣。孔子对他们感到失望，产生了到“九夷”去图发展的想法，这里未尝不含有“礼失求诸野”的理想。孔子“何陋之有”的反问中，含有一种用华夏先进文化去影响、提高、改造夷狄落后文化的使命感。

其二，用仁德去感召四方的夷狄人。儒家竭力主张以德服人，对华夏境内是如此，对夷狄也是如此。孔子说：“远人不服，则修文德以来之。既来之，则安之。”[①]孟子也说：“如有不嗜杀人者，则天下之民皆引领而望之矣。诚如是也，民归之，由水之就下，沛然谁能御之？”[②]这里的“远人”“天下之民”是包括夷狄等少数民族在内的。

在中华民族的文明早期和古代文化形成发展时期，保卫和发展华夏先进文化，吸引和融合文化上落后的民族到华夏民族大家庭中来，从整体的和长远的目光来看是造福于中华民族子孙的事业，是中华民族大家庭中各个成员的共同利益和共同责任。从先秦、魏晋到宋元，以迄明清，在这数千年的历史长河中，相对来说，北方和西方先后兴起的诸如氐、羌、戎、夷、狄以及鲜卑、匈奴、女真等少数民族，在政治、经济、思想文化方面的发展程度落后于中原地区。他们的上层贵族武力占领中原后，要巩固统治地位，征服人心，获得华夏王道大一统的道统的承认，必须进行汉化改革，接受儒家思想和礼法制度，融入华夏大家庭。而在当时的历史条件下，汉化改革与接受礼法制度在很大程度上是一致的、互相交错的。故而，“用夏变夷”是少数民族乐意接受的事，它客观上促进了各民族的大融合。

---

① 《论语 · 季氏》。
② 《孟子 · 梁惠王上》。

诚然,孔、孟的民族观中也含有一些民族偏见的成分。例如,孔子曾说:“夷狄之有君,不如诸夏之亡也。”①意为:文化落后的夷狄之国虽有君主,还不如中国没有君主呢。孔子究竟是在什么情况下和在哪种意义上说这句话的,已难以考证,但其不健康的民族意识已很明显,这对后世造成了消极的影响。不过,“用夏变夷”的主要精神并不是消极的。在“用夏变夷”思想的影响下,中国至晚到汉代就逐渐形成了这样的观念:夷狄接受了华夏先进文化,就可以进为中国,做中国之主;而中国失去了自己的先进文化,丧失了自己的礼义道德,就会沦落为夷狄,就不能受天命做中国之主。这完全是从王道大一统出发的华夷观念。汉代以后,在中国这块土地上,南北朝时期有鲜卑族建立的北魏、北齐和北周,宋以后又有蒙古族建立的元王朝,有满族建立的清帝国,他们都打出“用夏变夷”的旗号,并在“变夷”方面有所作为,声言自己已进为中国,从而受有天命,可以合法地做华夏之主。它们都被列入了华夏政统之中,所依据的便是王道大一统的思想和原则。

---

① 《论语·八佾》。

# 第四章　仁与义

——王道政治原则（一）

孟子说："尧舜之道，孝弟而已矣。"[1]又说："亲亲，仁也；敬长，义也。"[2]"亲亲"是孝，"敬长"是悌。所以，归根结底，"尧舜之道"就是"孝悌"，也就是"仁义"两个字。仁义的含义当然又比孝悌来得广泛。事父母以孝叫仁义，事君主以忠也叫仁义，孟子就提倡"为人臣者怀仁义以事其君"。[3] 另外，君主也应讲仁义，应"亲亲而仁民"。[4] 总之，仁义是处理人与人的关系和政治法律问题的根本指导，是儒家王道政治的根本原则。

## 第一节　"仁者爱人"

"仁"字，按照古文字的文字结构，是"从人从二"，意为两个或两个以上的人，引申为人与人之间关系的处理原则和方法，这个原则和方法就是"仁"。所以，樊迟问孔子什么叫"仁"，孔子以"爱人"相答。[5]

在人类文明的早期，人们关心的不是人与人的关

① 《孟子·告子下》。
② 《孟子·尽心上》。
③ 《孟子·告子下》。
④ 《孟子·尽心上》。
⑤ 参见《论语·颜渊》。

系,而是人与神的关系。《礼记·表记》中说,“殷人尊神,率民以事神”。可见,殷商时期还重视人神关系。那种文化可以称为尊神文化。从殷商时期保存下来的大批甲骨文可知,殷人无日不卜,无事不卜,商王凡遇婚姻、出行、修宫殿、筑道路、刑杀人,及至农事上的耕种、收获等,都要用甲骨卜告。在尊神文化下,没有人的地位。“仁”的提出是思想史上的一场革命,人们由关心神进步到关心人了。“仁”的思想表明,社会发现了人,人发现了自己,发现了人的价值。这样,历史就由尊神文化发展到了尊人文化、重民文化。

据史学专家考证,甲骨文中已经有“仁”这个字,但当时还远未发展成为一种思想文化。“仁”成为一种思想、学说,发展成为一种理论体系,是从孔子开始的。统计材料表明,《论语》中“仁”字出现了 105 次,孔子从各个角度论述了仁的本质和含义,以及达到仁的方法。在孔子所讲的“仁”的种种含义中,最本质的含义是“爱人”。

孟子继承孔子的仁的学说,明确指出:“仁者爱人。”①但他与孔子也有所不同。在孔子的仁学中,“仁”为“众德之总”,“义”居于从属地位。孟子则仁义并重,言仁并称义,这样就扩大了孔子关于“仁”的含义。所以,梁启超说:“仁义二字,为孟子一切学问总宗旨。”②孟子还强调了“仁义”的实践性,提出了“仁政”学说。什么叫“仁政”?照孟子的说法,就是“为民父母”;就是“制民恒产”“省刑罚,薄税敛,深耕易耨”,③使人民安居乐业;就是实行“不忍人之仁”,即“老吾老以及人之老,幼吾幼以及人之幼”。④ 孟子力劝时君世主行仁政,遵王道。他说:

> 行仁政而王,莫之能御也。……当今之时,万乘之国行仁政,民之悦,犹解倒悬也。⑤

---

① 《孟子·离娄下》。

② 梁启超:《读孟子界说》,载梁启超:《饮冰室合集》(第一册),中华书局 1989 年版,第 18 页。

③ 《孟子·梁惠王上》。

④ 《孟子·梁惠王上》。

⑤ 《孟子·公孙丑上》。

意为：当今之世，人民饥寒交迫，如果有一个拥有一万乘兵车的国家来实行仁政而王天下，就好像是解民于倒悬之中，没有哪个人能阻挡得了。

孟子还指出，天下的得与失、王道的行与息，只在仁与不仁之间；一个国，一个家，乃至一个普通人的存废兴衰，也是这样。

三代之得天下也以仁，其失天下也以不仁。国之所以废兴存亡者亦然。天子不仁，不保四海；诸侯不仁，不保社稷；卿大夫不仁，不保宗庙；士庶人不仁，不保四体。①

他反复强调，只有用仁心仁德去对待人民，人民才会心悦诚服："以力服人者，非心服也，力不赡也；以德服人者，中心悦而诚服也，如七十子之服孔子也。"②他说："天下不心服而王者，未之有也。"③他认为，以力服人是不能长久的，必须以德服人，实行王道。这就要"爱人"。统治者能"爱人"，关心百姓，人亦能"恒爱人"，百姓才会归服。说来说去一句话，必须实行仁政。

从"仁政"来解读"仁者爱人"，说出了王道政治的本质特征。什么是王道政治？孔孟答曰：王道政治是仁者实行的"爱人"政治。

## 第二节　"忠恕"

曾参是孔子的得意门生，位列孔门"七十二贤人"和"十哲"，还被后世尊为"孔门四圣"之一的"宗圣"，其塑像与孟子（亚圣）、颜回（复圣）、子思（述圣）的塑像一起置于孔庙正殿一侧，享受祭孔大典的祭祀大礼。他概括孔子的思想品行时只用了一句话："夫子之道，忠恕而已矣。"④《中庸》也说："忠恕违道不远。"为什么说"忠恕"距离"道"不远呢？孔子自己有个解释：

---

① 《孟子·离娄上》。

② 《孟子·公孙丑上》。

③ 《孟子·离娄下》。

④ 《论语·里仁》。

夫仁者,己欲立而立人,己欲达而达人。能近取譬,可谓仁之方也已。①

也就是说,“己欲立而立人,己欲达而达人”即为“忠恕”。“忠恕”,就是从眼前的事情做起,再推及其他,从自身推及别人,立人达人,老人之老,幼人之幼,从一点一滴做起以践行仁道。所谓“忠恕”是“仁之方”,就是说,它是一个实行仁道的最切近的方法。所以,做到了忠恕,就是一步一步地向仁道靠拢,从而就“违道不远”。孔子之道,不是坐而论之,挂在嘴巴上说说好听、唱唱高调而已,而是必须竭力去践行的,践行的方法便是“忠恕”,所以“夫子之道,忠恕而已矣”。

历代儒者都很重视“忠恕”,如清初名儒顾炎武在《日知录》中以读书心得的方式弘扬《中庸》的“忠恕”之道:“忠也者,天下之大本也;恕也者,天下之达道也。”王阳明的“知行合一”说,可谓得“忠恕”作为“为仁之方”的真谛。诚然,孔门弟子、后世儒家对“忠恕”的理解大体本之于《论语》。《论语》里阐述“忠恕”的言论主要有以下两条:

己所不欲,勿施于人。②

己欲立而立人,己欲达而达人。③

那么,什么是“忠恕”呢?南宋永嘉学派大师叶适在其《习学记言》中解释道:“忠以尽己,恕以及人。”清儒刘宝楠在《论语正义·里仁》中作出的注解是:“己立己达,忠也;立人达人,恕也。”简言之,“忠”是忠诚厚道,通过“诚意”“正心”“修身”等功夫战胜私欲,若有差错,则反身求诸己,从而堂堂立于天地之间,做一个真正的人;“恕”是宽厚待人,推己及人,自己所不愿意的事,也不要强加在别人的头上,硬叫别人去承受;自己想立身于天地之间也要帮助别人立起来;自己想显身扬名、建功立业也要帮助别人通达起来。

---

① 《论语·雍也》。
② 《论语·颜渊》,又见《卫灵公》。
③ 《论语·雍也》。

《大学》把“忠恕”叫作“絜矩之道”。“絜矩”的“絜”指一种度量，“矩”是制作方形的量器。“絜矩”，即引导、示范之意。具体做法是：

所恶于上，毋以使下；所恶于下，毋以事上；所恶于前，毋以先后；所恶于后，毋以从前；所恶于右，毋以交于左；所恶于左，毋以交于右。

意思是：我憎恶上面的人待我无礼，就不要以无礼对待我下面的人；我憎恶下面的人对我不忠诚，就不要以不忠诚对待我上面的人；我憎恶前面的人待我不友善，就不要以不友善对待我后面的人；我憎恶后面的人待我不友善，就不要以不友善对待我前面的人；我憎恶右边的人待我不友善，就不要以不友善对待我左边的人；我憎恶左边的人以不友善待我，就不要以不友善对待我右边的人。

“忠恕”确是一种并不高远、很切日用的生活伦理，平常的人时时遇得到，也可以做得到，但却不容易做到，如果真正能做到，那就“违道不远”，可以成为仁人了。所以，当孔子的另一个好学生子贡对孔子说：“我不欲人之加诸我也，吾亦欲无加诸人。”他满以为老师会赞赏地鼓励几句，不料孔子却冷冷地回了他一句：“赐也，非尔所及也。”[①]意为：端木赐（子贡的名字）呀！这不是你能做到的。孔子当然不是认为子贡根本做不到“忠恕”，而是针对子贡的实际情况告诫他，要做到“忠恕”不是件轻松的事。

“忠恕”的方法，一般人做到了成仁人，君主如果这样去做了，就不但可以本人成为仁人，而且能成就王道政治。《韩诗外传》这部书揭示了这层意思：

己恶饥寒焉，则知天下之欲衣食也；己恶劳苦焉，则知天下之欲安佚也；己恶衰乏焉，则知天下之欲富足也。知此三者，圣王之所以不降席而匡天下。故君子之道忠恕而已矣。[②]

① 《论语·公冶长》。

② 《韩诗外传》卷三。

这便是君主推己及人,推己以及天下百姓的方法。儒家认为,尧、舜是天生的圣王,汤、武是后天学习而成为圣王的。从何学做起?就从“忠恕”学做起。“忠恕”的提出,解决了成仁成圣,乃至成就王道政治的方法问题。

在把阶级斗争扩大化的“左”的思想指导下的那些岁月里,“忠恕”被扣上了“阶级斗争调和论”“小资产阶级温情主义”等帽子加以批判。我国社会自1956年以后,理论界批“忠恕”批得最激烈。所以,从历史实际上看,批判“己所不欲,勿施于人”的结果伤害了好人,也伤害了中华民族的优秀文化传统。

实际上,“己所不欲,勿施于人”是我们文化传统中比较优秀、很有积极意义的层面。它包含着对人的尊重,对人的权利的尊重,对人的个性、爱好、选择的尊重,也包含着对别的民族、别的政治模式、别的国家、别的文化的尊重。在国际关系中,20世纪50年代制定的“和平共处五项原则”——互相尊重主权和领土完整,互不侵犯,互不干涉内政,平等互利,和平共处——也是“己所不欲,勿施于人”的生动体现。

在“己”与“人”的关系问题上,中西文化有着差距。李鸿章曾说,孔子的学说和基督教的主张很像,只有那么一点“小差别”:孔子是“己所不欲,勿施于人”,基督教是“己所欲,施于人”。这点“小差别”恰恰反映了中西文化的本质区别。

据说马克·吐温留下这样一句名言:手里拿有锤子的人,眼里看到什么都像钉子。言下之意,对什么都想去砸一砸。不知道美国前总统老乔治·布什是否看到过马克·吐温的这句话?是否受到它的启发?老布什曾在其国情咨文中说道:“我们都有些东西可以给予。如果你识文断字,就去找不识字的人。如果你有一把锤子,就去找一枚钉子。如果你不饥饿、不孤独、没有麻烦——就去寻找饥饿、孤独、有麻烦的人。”总认为自己的东西好,逼别人接受自己所欲的东西,拿着锤子,满世界地敲钉子,这就是“己所欲,施于人”的思维方式和行为方式。苏联斯大林主义时代,到处输出革命,也是这样一种方式的思维和行为,尽管俄罗斯是天主教民族。

“博爱”是一种很崇高的爱人之道。但其在宗教狂热中流为“己所欲,施于人”,则有“过之”之失。西方也有一种被誉为“金律”或“黄金规则”(golden rules)的古训:“爱人如爱己。”这与“己所不欲,勿施于人”的基本精神相似,体现对他人的尊重和对人格独立、平等的理解。

法国启蒙时代的先哲服膺孔子的“己所不欲,勿施于人”。法国1793年宪法所附《人权和公民权宣言》以及1795年宪法所附《人和公民的权利和义务宣言》都写入了孔子的这句名言,分别定义为自由的道德界限和公民义务的原则。看来,热爱自由的法兰西民族在走出中世纪时就把“己所不欲,勿施于人”提升为宪法性用语,以表达自由的价值和原则。

联合国大厅树立着由我国工艺师雕刻的石雕孔子像。联合国大厦三楼大厅有一幅用马赛克镶嵌而成的彩色大型壁画,壁画主题叫“黄金法则”:

Do unto others, as you would have them do unto you.

意思是:你不想人家那样对待你,你也不要那样对待别人。

1998年世界宗教大会上,经过各大宗教教旨名言之间的严肃对比选择,“己所不欲,勿施于人”荣膺榜首,被写入《世界伦理宣言》。

“己所不欲,勿施于人”,既反对“己所不欲,施之于人”,又不同于“己所欲,施于人”,也不意味着“己所不欲”就禁止“人所欲”。它的基本点是将人当作人、尊重别人、宽恕别人、善待别人、承认对方人格的尊严、独立和平等。在行为上,以尊重而不是代替别人的意愿和选择权、决定权为前提,不以己度人,不强人所难,不强卖强买。在法律语境中,这属于人格权、交易和契约自由与平等权。由此看来,“己所不欲,勿施于人”实在是一个中国传统民法的基本原则。

“己所不欲,勿施于人”,还具有国际法的价值。对于国际关系来说,任何一个国家都希望自己繁荣富强,都希望自己的主权不受侵害。但是要想自己的主权不受干涉和侵害,也就不要去侵害别的国家的主权;要想自己发达昌盛,也就要让别的国家也发达昌盛,不能采取堵塞、损害别国发达昌盛的办法来实现自己的发达昌盛。当今国际社会,霸权霸道横行、生存环境遭到破坏、各种地区性战乱频仍、国与国之间的外交和贸易纷争彼伏此起,鉴于此,哈贝马斯提出用“正义”和“团结”

原则来处理不同民族文化之间的关系。他主张,各民族都有保留本民族文化,按照本民族意愿发展的权利;各民族对他民族的文化应有同情的理解和尊重,这是一种法律义务。其实,这就是对“己所不欲,勿施于人”“和而不同”的孔子智慧的现代诠释。不少国内外有识之士提出要从二千五百多年前孔子的“己所不欲,勿施于人”的智慧中吸取营养,以此作为国际法的指导原则。20 世纪 50 年代初,周恩来总理提出的“和平共处五项原则”,堪称在当代国际关系中创新发展孔子“己所不欲,勿施于人”智慧的杰作。①

此后几十年来,五项原则作为一个整体成为发展国际关系的指导原则。随着世界科技进步、经济全球化深入发展,国际形势进入一个新的大变局时期,各种不确定、不稳定因素有所增加,人类社会面临新的挑战。国内外有识之士认为,在新的形势下,根据时代特点,五项原则的内涵应当进一步得到充实和发展。诸如,提倡民主与平等的原则,推进国际关系民主化、法制化;建立互信、互利、平等和协作的新安全观,国家间不应诉诸武力或以武力相威胁;尊重世界的多样性,不同文明相互尊重、和谐共处;提倡多边主义;追求人类可持续发展,开展互利合作,使全球化朝着互利、共赢的方向发展等,都应当成为它的新内涵,从而使“己所不欲,勿施于人”中所包含的国际法普世价值得到新的阐发和提升,使其在指导国际关系发展方面发挥更大的作用。

## 第三节　义利之辨

儒家都好作义利之辨。他们的结论是:重义轻利。

---

①　和平共处五项原则是:互相尊重主权和领土完整、互不侵犯、互不干涉内政、平等互利和和平共处。1953 年 12 月 31 日,周恩来总理在同印度政府代表团就关于两国在中国西藏地区的关系问题举行谈判时,首次完整地提出了互相尊重领土主权(在亚非会议上改为互相尊重主权和领土完整)、互不侵犯、互不干涉内政、平等互惠(在中印、中缅联合声明中改为平等互利)和和平共处五项原则,并得到印方的赞同。1954 年 4 月 29 日,中印两国政府把和平共处五项原则正式写入了双方签订的《关于中国西藏地方和印度之间的通商和交通协定》的序言中,从而使五项原则首次作为一个整体在国际条约上成为发展国际关系的指导原则。

孔子说:"君子喻于义,小人喻于利。"[1]意思是:道德品质高尚的人懂得的是义,道德品质低下的人追逐的是利。翻开《孟子》的第一页,是"孟子见梁惠王"章。梁惠王问他:"亦将有以利吾国乎?"孟子毫不客气地反驳过去:"王!何必曰利?亦有仁义而已矣。"可见,孟子是以"重义轻利"的宗旨写下他的书的第一句话的。

有人据上述孔孟的言论评断说,孔孟是反对功利,只讲仁义的,这种思想是中国古代商品经济不发达的一个渊薮。这里同样存在误解。

孔孟确有把仁义与功利对立起来的时候,但这种对立只是公义与私利的对立,不是根本反对功利或不要功利。孔子对老百姓主张实行"富之"的政策,提出"因民之所利而利之"。[2] 孟子主张"制民之产",使百姓拥有"恒产",再通过"薄税赋"等政策使民"富"起来。他还主张实行"通工易事"的商贸流通政策,在市场上划出地方免税提供给商人储藏货物;如果货物滞销,就依法征购,不使积压;在边境口岸设立关卡,对往来商人只稽查不征税,以发展商业。[3] 这些材料都说明,孔孟不是一般地反对牟利,反对经商。他们反对的是统治者与民争利,是用苛政掠夺民财只供君主一人淫乐,是为了一家之利、一国之利驱民当炮灰,发动不义战争,是"为富不仁",聚敛财产。所以,孔子谴责说:"苛政猛于虎",[4]要求"敛从其薄",[5]听到他的学生冉求为季氏"聚敛",气得大骂:"非吾徒也!"号召学生们"鸣鼓而攻之"。[6] 孟子则把陷民于饥寒的统治者骂为"率兽而食人"。

总之,孔孟的"重义轻利",首先是要求统治者看重仁义,不与民争利,而应重视民利,为自己、为国家的长远利益着想,也就是"百姓足,君孰与不足"[7]和"爱人者,人恒爱之"[8]的意思。我们知道,这是儒家王道政治的一个基本要求,此其一。

---

① 《论语·里仁》。
② 《论语·尧曰》。
③ 参见《孟子》书《梁惠王上》《滕文公上》《尽心上》《公孙丑上》等篇。
④ 《礼记·檀弓下》。
⑤ 《左传·哀公十一年》。
⑥ 《论语·先进》。
⑦ 《论语·颜渊》。
⑧ 《孟子·离娄下》。

其二,“重义轻利”,也是个人人格道德修养方面的重要原则,个人道德践履方面的重要内容。一事当头,总会有义与利的价值选择问题,生死关头有个“义”字,利害面前也有个“义”字。在古代社会,一个臣子,为了个人的荣华富贵,迎合暴君,就是“不义”,就是“轻义重利”;反之,不惜荣辱祸福生死,为民请命,或可谏则谏,不可谏则或离去或放伐,就是“义”,就是“重义轻利”。同样地,一个人若欺师背祖、卖友求荣、告密领赏,为一己私利,踩着别人的血肉之体往上爬,是最令人不齿的“不义”,是伤天害理的“轻义重利”;反之,若不惜牺牲个人利益,敢冒政治和生命风险,挺身保护老师、学生和朋友,则是“义”,是“重义轻利”。还有,为了富贵,是不择手段、坑蒙拐骗、以假乱真、以次充好,还是“君子爱财,取之有道”,这也是个“重利轻义”还是“重义轻利”的问题。所以,孔子说:“富与贵,是人之所欲也;不以其道得之,不处也。”①又说:“不义而富且贵,于我如浮云。”②孟子称赞伊尹“重义轻利”的高尚品格:“非其义也,非其道也,禄之以天下,弗顾也;系马千驷,弗视也。非其义也,非其道也,一介不以与人,一介不以取诸人。”③也正是在这个意义上,他号召发扬“富贵不能淫,贫贱不能移,威武不能屈”的“大丈夫”人格,④并提倡“舍生取义”的人生价值观:

> 生亦我所欲也,义亦我所欲也;二者不可得兼,舍生而取义者也。⑤

孔孟的这些箴言,铿锵有力,掷地有声,千古常新,揭示了人生的真谛,激励着无数志士仁人去为国家利益、民族大义、人民幸福而前仆后继,以实现自己最崇高最完美的人生价值。如果连这个“义”字都要否定,如果连孔孟的这一“重义轻利”的义利观都要抛弃,那么,我们将如何面对历史上前前后后的万千民族英雄、志士仁人的皓皓英灵?! 我们将以什么精神来维系我们的人际关系,以及经济、政治、法律秩序?! 抛

---

① 《论语·里仁》。
② 《论语·述而》。
③ 《孟子·万章上》。
④ 参见《孟子·滕文公下》。
⑤ 《孟子·告子上》。

弃“重义轻利”的义利观的恶果，必然是“精致利己主义”的横行，如果此风不刹，久而久之，中华民族还以什么民族精神自立于世界民族之林?!

“重义轻利”，也要求在经济和商业活动中尊重诚信原则，而诚信正是古今中外民法的基本原则、第一原则、帝王原则。现在，社会上的一些不法商人用种种手段牟取暴利，甚至制造假货坑害消费者，影响所及，损害了国民健康，败坏了社会风气，扰乱了经济秩序，严重透支了社会信用。经营活动中的不正当手段并非个别现象，一些营商者们唯利是图，快捞一把，他们官商勾结、红道黑道并用，化公为私，非法侵吞国家财产和人民血汗，从公布的一些案例看，令人触目惊心。所幸经过持续不断的治理，过去那些假酒毒死人、假药害死人的案子不时见诸报端的情形已大为减少，但网络购物中的假冒伪劣产品远未消退，维护社会主义市场经济的良性发展环境依然任重而道远。

“重义轻利”，还要求官员克俭自守，廉洁奉公，不义之财毫厘不取。如今，官场贪腐之病不轻，一些政府官员以权谋私，以权谋财，鬻官卖爵，乃至贿赂公行，贪赃枉法。一些部门、一些地区甚至出现“塌方式腐败”。

对于上述社会蛀虫、贪狼，自然应严肃法纪，予以重惩。然而，净化社会空气，绝非法律一种手段可以独任，重建道德信仰也刻不容缓。回首往事，长期否定和批判儒家“重义轻利”的义利观，诬它不利于发展社会主义市场经济，委实与我们谋求建设德性社会基础上的法治国家目标不相契合，值得反思和修正调整。

“重义轻利”同样是中华文化中较具积极性的成分之一，具有相当的正面价值。在新的历史条件下，经过转化创新，是可以在社会主义精神文明建设中有所作为的。

# 第五章 德与礼

——王道政治原则(二)

“为政以德”“为国以礼”是孔子提出的治国箴言。孟子讲“以德服人”,又讲“明人伦”,所谓“人伦”就是“父子有亲,君臣有义,夫妇有别,长幼有序,朋友有信”,①是个礼教问题。孟子也是主张以德礼为主要治国手段的。孔孟以下,荀子提倡“隆礼重法”“明德慎罚”;董仲舒强调“大德小刑”“先德后刑”;《唐律疏议》规定“德礼为政教之本,刑罚为政教之用”;朱熹重申“德礼”为“刑政”之“本”,“刑政”系“为治之具”;王阳明提出宽严结合、德刑并用;顾炎武认为治平之道,首在兴礼义、重教化、“正人心”、“厚风俗”,而应以“法制禁令”为次;王夫之赞美先王之“道”重礼乐、德教,“至矣大矣”;如此等等。在古代中国政治法律思想史上,礼乐政刑、“德主刑辅”、“礼法之治”像一条主线贯穿始终,很少有思想家、政治家能脱出这一框架之外,至少在理论上、言论上如此。

## 第一节 “导德齐礼”与“明德慎罚”

集中反映孔子关于德礼与政刑关系而又为后人最

---

① 《孟子·滕文公上》。

所乐道的是这样一段话：

道之以政，齐之以刑，民免而无耻；道之以德，齐之以礼，有耻且格。①

“道”即“导”，引导的意思，“道之以德”就是“导之以德”。这段话的意思是：对于人民，用行政手段来强制他们，用刑罚来整治他们，只能做到暂时地免于罪过，但不会有廉耻之心；若用道德来教导他们，用礼制来规范他们，则不但有廉耻之心，而且能自我约束，纠正自己的错误。过去有人解释说，孔子说这些话表明他反对政刑、只讲德礼。这种理解不符合原意。这里，孔子是将德礼与政刑这两种治国手段比较而论之，是比较两者的优劣。他认为，用德礼比用政刑好，政刑只能一时地禁人为非，而德礼可以使人懂得不应为非，自觉地不犯罪。孔子不是一概地不要政刑，而是不满足于政刑，反对独任政刑、迷信政刑，其思想深处有一种重德礼而轻政刑的意识。

在重德轻刑、重礼轻罚的思想指导下，孔子强调对人民应予以教化，反对“不教而杀”，并谴责说，“不教而杀谓之虐”，②即事先不用德礼教化老百姓，等到他们犯了罪就严刑重罚，加以杀戮，这是一种“虐政”。孔子还认为，要搞好德礼教化，执政者得以身作则。鲁国的执政季康子被国内的“多盗”弄得焦头烂额，跑去向孔子请教救治之方，孔子不客气地对他说：“苟子之不欲，虽赏之不窃。”③只要你自己不贪得无厌，那么，纵然奖赏人们去偷盗也是不会有人去干的。言下之意，当今鲁国的“多盗”，是由于你季康子这样的为政者贪欲膨胀，过度搜刮民脂民膏造成的，是你们自己逼良为娼、驱民为盗，责任全在你们这帮为政者头上。

可见，孔子“导德齐礼”的主张首先是针对当时的政治实际提出来的，但它同时含有普遍意义，是符合儒家王道政治的治国方法，从而为后来的儒家思想家所遵循。

孔子以后，对德与刑、礼与法的关系阐析得最多的，首先是荀子和

① 《论语·为政》。
② 《论语·尧曰》。
③ 《论语·颜渊》。

董仲舒。

荀子在其民歌体的著作《成相》篇中明确提出了“明德慎罚”的观点。不过,“明德慎罚”这个说法不是荀子的首创,早在西周早期的文献《尚书·康诰》篇中已被提出,荀子的贡献是把它大大地丰富了。荀子批评早期法家用赏罚驱民耕战的政策,指出如果人们的一切行动都是为了得到奖赏才去做的话,那么当其遇到损害自己利益的事情就不会做了。所以,“庆赏刑罚势诈”的办法不能够使人们贡献出一切力量,以至于牺牲自己的生命。他提出了“厚德音以先之……然后刑于是起矣”的先德后刑的治国原则:首先要重视用道德来影响百姓,申明礼义制度来引导百姓,尽力做到忠信来爱护百姓,按照品德和能力大小来安排不同等级的职位,反复强调用提高等级和奖赏来对立功者进行鼓励,采用根据时令季节安排事情、减轻负担的办法来调剂百姓、养育百姓,就好像保护初生的婴儿一样。这样,政策法令就确立起来了,社会风俗也就整齐一致了,若再有背离风俗不服从上令者,则百姓就会没有一个不怨恨他,没有一个不痛恨他,把他视为不祥之物恨不得赶快消除之,然后就可以动用刑罚了。[①] 从荀子的论述中可知,在他的先德礼后刑罚的原则中,也包含着德礼为主,刑罚为辅的原则。他还强调用刑要谨慎,在《成相》篇中写道:“听之经,明其请,参伍明谨施赏刑。……言有节,稽其实,信诞以分赏罚必。”大意为:听讼的根本是在于弄清实情,要反复多次地调查考察,把情况弄清楚后再谨慎地使用刑罚。……言语要符合法度,要考察其实情,把真的和假的分清楚了,赏罚才能严明。

与德刑关系紧密相连不可分割的是礼法关系,荀子提出了“隆礼尊贤而王,重法爱民而霸”的观点;在“王道与霸道”一节中,我们曾说到,荀子崇尚王道,不排斥霸道,但反对强道。这句话在《荀子》中曾分别于《强国》《天论》《大略》中出现,有力地证明了荀子确是崇王容霸的。但在荀子的思想中,王道还是高于霸道的,所以“隆礼”仍高于、重于“重法”,“隆礼”才能大成而进于王道,“重法”只能小成于霸业。荀子说:“礼者,法之大分,类之纲纪也。”[②]礼是法的指导,所以,“国家无礼不

---

① 参见《荀子·议兵》。

② 《荀子·劝学》。

宁”。[1] 他又说“礼义生而制法度”，[2]把礼义看成法的渊源，创制法制的根据。总之，荀子的思想体系中，是礼重于法，礼为本，法为末，德为主，刑为辅。在这一主要之点上，他与孔子是一脉相承的。但荀子与孔孟也有不同之处，他大大提高了法和刑的地位，孔子是重德轻刑，他是重德而不轻刑，公开地讲法和刑的必要性。荀子的“隆礼重法”论，实际上为汉代开始打造引礼入律的礼法体系提供了理论先导。

董仲舒的贡献主要是对“德主刑辅”作了理论论证。他的理论武器是天道观和阴阳学说，如今看来自然是十分粗俗、幼稚，甚至不乏迷信的成分。他说，天是有意志的，“天道”是不能违背的。“天道”有阴有阳，白天为阳，黑夜为阴，春夏为阳，秋冬为阴，如此等等。在阴阳关系中，“天道”的原则是“大阳而小阴”“尊阳而卑阴”“贵阳而贱阴”“亲阳而疏阴”。然而，他又把德刑关系以及其他如君臣、父子、夫妇等人际关系统统以这个他所事先设定的先验的阴阳模式来套用。他说，“庆为春，赏为夏，罚为秋，刑为冬”[3]，根据阳尊阴卑的原则，自应庆赏为主而刑罚为辅。他又说：

> 阳为德，阴为刑，刑主杀而德主生。……王者承天意以从事，故任德教而不任刑。……为政而任刑，不顺于天，故先王莫之肯为也。[4]

他反复指出，根据天道的阴阳关系定则，“刑者，德之辅；阴者，阳之助也”，德与刑的关系只能是“大德而小刑”“前德而后刑”，王者遵从天道而治理国家，理应“任阳不任阴，好德不好刑”“好仁恶戾，任德远刑”“多其爱而少其严，厚其德而简其刑”，不然，就是违背天意，必然会得到天的惩罚。[5]

董仲舒的理论的粗俗是由于受到人类思维发展水平和时代的局限。他的一番论证，毕竟为“德主刑辅”思想确立为帝制中国正统的政

---

① 《荀子·大略》。

② 《荀子·性恶》。

③ 《春秋繁露·四时之副》。

④ 《汉书·董仲舒传》。

⑤ 参见《春秋繁露》书《阳尊阴卑》《阴阳任》《基义》《天地阴阳》《天辨人在》等篇。

治法制原则起了作用。这以后,“导德齐礼”“明德慎罚”“德主刑辅”就作为一条不易之定则赫然写入历代王朝的政治文告和法典之中。唐王朝前期,唐太宗李世民的妻兄、唐高宗李治的母舅长孙无忌奉命领衔注释《永徽律》,就把“德礼为政教之本,刑罚为政教之用”明确写了进去,由于他们的注疏有与正文同样的法律效力,因此,“德主刑辅”的原则从此由理论主张提升为法律,成为帝制国家治国的基本指导方针。

从荀子开创德刑礼法结合之路时起,汉以后的“德主刑辅”之论其实已是以儒家学说为主而融入了法家的主张。董仲舒在用阴阳关系论证德刑关系时,实际上已道出了刑也是不可或缺的,“天道”离阴不成岁,治道离刑也不成治。所以他说:

> 庆赏罚刑,异事而同功,皆王者之所以成德也。……庆赏罚刑之不可不具也,如春夏秋冬不可不备也。①

事实上,儒法的分歧并不在于要不要刑法、用不用刑罚,儒家从孔孟到荀子到董仲舒以及以后的朱熹等,都不否认刑法和刑罚的功能。认为儒家只重德教,反对刑法、反对刑罚,是一种浅俗的误解。儒法的分歧,是在于刑法在治国中居于什么地位,怎样用刑罚。法家主张,用刑要平等,“刑过不避大臣”,这确有很大的积极意义。但他们否认道德教化的功能,独任刑治,只强调“严刑重罚”可以治国,而且搞“重刑轻罪”,即轻罪重罚,使刑与罪不相当,这些都不能不说是片面的,是违反刑法的罪刑相适应原理的。

汉以后,儒家通过引礼入律、德主刑辅,在一定程度上吸收了法家“法不阿贵”的精神。例如,董仲舒就把孔子写成“至清廉平,路遗不受,请谒不听,据法听讼,无有所阿”的司法官,②用现在的话来说就是:孔子当司法官时,办案十分公平,为人十分清廉,案犯为了贿赂他,故意把财物遗留在他要经过的路上,他一概不接受,有人企图请托说情,他一概

---

① 《春秋繁露·四时之副》。

② 《春秋繁露·五行相生》。

不听，他坚持依照法律听讼判案，从不曲法而附和权势。董仲舒这样描写孔子，本意在激励当时和后世的儒者严以执法，这显然是采撷于法家思想的。南宋的大儒朱熹在强调“导德齐礼”“明谨用刑”的同时，多次指出，不能“有德礼而无刑政”。针对当时司法松弛，执法官吏囿于佛教的因果报应之说一味宽纵的情况，朱熹提出应“济之以猛”，执法要“以严为本”“深于用法”“果于杀人”，甚至主张“辟以止辟”，恢复宫刑和剕刑两种肉刑。[①] 朱熹的主张说明儒家思想家并不是笼统地反对刑罚和法律控制手段的，也说明在礼与律（刑法）融合以后，不存在什么儒家法家的分歧和斗争，法家有关政治法律的主张，多已被吸纳到儒家思想体系中了。

为了说明这一点，我们再来看一看包拯的故事。

包拯于宋仁宗天圣五年（1027 年）考中进士，那年他 28 岁。宋代科举，以进士科为最有前途，也最难考取。在王安石改革科举之前，进士科需考帖经、墨义和诗赋。“帖经”，即默写经典中的段落，考试方法是将经典原文的前、后句子裁去，只露出中间的某一两句或某一两行，让考生把前、后补齐。“墨义”，是笔答经义，规定为十条。“诗赋”分诗、赋、论三项，最能展现考生才华。由此足见包拯是饱读儒家经典之士，不然绝难从乡试、会试到殿试，一路斩关夺魁。他是恪守儒家孝道的大孝子。进士及第后，包拯被授任为大理评事，出任建昌县（今江西永修）知县。因父母年迈，他请求在合肥附近就职，遂改授和州（今安徽和县）监税，父母又不忍他离开，包拯索性辞去官职，回家赡养父母。父母去世后，他在双亲的墓旁筑起草庐，守丧三年期满，还是不忍离去，在同乡父老多次劝慰下，直到中进士十年后的景佑四年（1037 年），包拯已 38 岁，才赴京听选，派他到天长（今属安徽）做了个知县。包拯的所学所行，完全是一位“知行合一”诚实正派的儒官。

与一般儒官有所不同，包拯是一位有名的“清官”，一位“以天下为己任”、敢于“为民请命”的“直臣”和“忠臣”。他直言敢谏、不畏权贵、弹劾贪吏、疾恶如仇、执法如山、赏罚分明。当时的人们就称道他：“关

---

① 参见《朱子语类》卷七八、一〇八等。

节不到,有阎罗包老。”过去,有人据此判定包拯是“法家”。其实,严格执法并非法家的垄断性知识产权。“一断于法”、严于治吏等法家思想的积极内容从汉代开始就逐渐融入了新的儒家思想体系。在治国指导思想上,包拯强调的还是“德主刑辅”和简刑、轻刑、恤刑等。他曾对董仲舒有关“任德不任刑”的观点加以发挥:

以此见天任德不任刑也。王者亦当上体天道,下为民极,故不宜过用重典,以伤德化。①

他明确主张:“治平之世,明盛之君,必务德泽,罕见用刑法。”②可见,包拯仍是一个遵循“德主刑辅”思想原则的儒家型的清官。

诚然,历代帝制王朝统治者都是搞“外儒内法”的一套,口头上标榜的是仁义道德,实际上施行的却是严刑峻法。就拿那位采纳董仲舒“罢黜百家,独尊儒术”建议的汉武帝来说,他在言辞上歌颂孔子之道,行动上则任用张汤等酷吏,其刑罚之酷滥,与秦几无区别,司马迁为李陵辩白几句,即被施以惨无人道的宫刑,所以当时就有人批评他“外好仁义而内实多欲”。古代的许多帝王就像汉武帝一样,搞的是“阳儒阴法”,即表面上崇尚儒家的“德主刑辅”,实际上奉行的是法家的独任刑治,严刑滥杀。也就是说,儒家“德主刑辅”的原则尽管法典化了,但与两千年帝制法制的实际状况还是有区别的。但因此而归罪于儒家“德主刑辅”主张,说它只是为帝制酷法虐政做“遮羞布”,也是一种愤青式的偏颇之论。政治统治者们的严刑重罚不应由思想设计者们提倡的“德主刑辅”论来负责。这两种人之间也往往是存在矛盾的,尽管他们都是统治集团中的一员。思想家时时高喊“德主刑辅”,未尝不是对现实政治法制酷严冤滥的一种讥刺和批判。

“德主刑辅”与我们的社会主义民主法制建设诚然分属于两种完全不同的思想体系,它也不是法治主义的思想形态。然而“德主刑辅”作

① 《包拯集·请不用苛虐之人充监司》。

② 《包拯集·请不用苛虐之人充监司》。

为一种古老的传统政治法律文化,对今日中国民主法治建设是否毫无启迪作用和借鉴意义呢?答案应当是否定的。报载:1994年秋,天津市人民公园内搞一个"大地走红"的野外艺术造型,在公园内放置两万多把小红伞。可不到两天,这些小红伞不是被偷走,就是被损坏。"大地走红"造型的夭折引起了天津市人民群众的公愤。但该市的有关部门没有采取追查破坏者、处以罚款这样简单的办法,而是开动舆论宣传机器,发动全市人民来进行一场社会公德的大讨论,通过十几天的讨论,大大弘扬了社会正气,提高了公民的社会公德心。在此基础上,人民公园内重新恢复了"大地走红"造型,结果,这一次两万多把小红伞无一受损。从天津市人民公园"大地走红"造型的两种不同结果中,我们似可隐约觉察到古老的"导德齐礼"传统不仅仅是一堆历史博物馆中的陈列品,它的积极面和治国智慧及价值还需要我们去认真开发呢!

## 第二节　"非礼无法"和"出礼入刑"

在古代社会,"非礼无法"是一个天大的罪名,如果是臣子,那就身家性命难保了,如果是小老百姓,也会被拖进祠堂受宗法族规的责罚。这个原则最早是由荀子提出来的。《荀子》书《修身》篇写道:

故非礼,是无法也。

"非礼无法"沟通了礼与法之间的动态联系。古老的礼,有礼之义与礼之仪之区分。礼义,讲的是礼的原理、原则的缘起、历史、价值等学说。礼仪,是上至帝王下及平民覆盖整个社会的行礼规则。"非礼无法"的"礼"是指礼仪规则,"法"是指刑法。意思是,违反礼仪规则应按违法犯罪来处理。与"非礼无法"原则相匹配的另一条原则是"出礼入刑"。其逻辑是:"出礼"="非礼"="无法"="入刑"。

关于礼的性质,历来仁智互见,莫衷一是。有的研究伦理的学者说,礼就是道德和习俗;有的研究法律的学者说,礼就是法;还有的学者说,礼的一部分是道德,另一部分是法律;等等。“非礼无法”“出礼入刑”的礼,指的是礼仪规则之礼,即礼则。这一治国原则告诉人们,在你尊重它遵守它的状态下,即遵礼守礼时,这一条礼则就不表现为法的强制性质。从表面上来看,这是一条劝人向善的道德或习俗规则。这种状态叫作合礼即合法,法律不会找上门来,或者说,这条礼则的法律强制性没有必要表露出来。但换一种情况,当你的行为不符合这条礼则、违背这条礼则时,那就到了非礼就是非法、出礼必须入刑的状态了。这时候,这一条礼则就表现出了法的强制性,就不再停留在道德层面,而具有法与刑的性质了。也就是说,礼与法、礼与刑之间,不是一种静止的联系,而是一种动态的联系。

问题在于,我们显然不能把同一条礼则既视为道德又说成法律。在合礼即合法的状态下,这些烦琐的礼仪规则只是未显示出法的强制性而已,这时候,它们起着警示、引导、教育社会成员敬畏、遵守礼则,提升社会道德和文明素养的作用。这正是历代儒家知识分子念兹在兹的“礼教”。它与法律规范对人们的教育引导作用没有什么本质上的不同,我国现在大力开展的普法教育正是发挥法律的这一作用。法律规则当然是有牙齿的,但只是当它对付违法行为时,才虎虎地咧嘴呲牙。礼仪规则也是一样,温情脉脉的背后还是利牙一副。所以,从西汉初年叔孙通制定朝廷礼仪《傍章》开始,发展到西晋《新礼》,继而有《大唐开元礼》、《大明礼》直到《大清通礼》,历朝历代的这些礼典都是法典,与刑律典如汉之《九章律》、曹魏之《新律》、晋之《泰始律》,以及后来的隋、唐、宋、辽、金、元、明、清各律,同为古代中国礼法体系中的组成部分。

现在,我们再回过头来谈谈“非礼无法”所揭示的礼法、礼刑之间的动态联系问题。“非礼无法”对于帝制法制建设有两个方面的意义:

其一,在立法方面。礼仪法典以外的法律法规制定,包括刑事法典、行政法令等必须与礼则相一致,并以礼则背后所体现的礼义为指导。即法律史上常说的“一准乎礼”、以礼为准绳,合礼的即是良法,非礼的便是恶法,违礼之法则是非法之法。从两汉、魏晋南北朝开始,刑事法典中逐渐增设的“亲属相为隐”①、“八议”②、“五服制”定罪量刑③、“十恶”重罪条款、④存留养亲⑤之类，均出自礼仪制度。明末清初的黄宗羲就把秦汉以来的法统统看成“非法之法”，认为这些法背离了“三代”先王的仁德和礼义。

其二，在刑事司法方面，认定一切“非礼”的行为就是“违法”的、有罪的，必须承担法律责任。这就是“出礼入刑”。

以下，我们主要讨论司法方面的“非礼无法”，也就是“出礼入刑”原则的运作机制及这一机制在中华礼法史上的形成过程。

“出礼入刑”这条原则是汉人总结出来的，如王充说：

出于礼，入于刑，礼之所去，刑之所取。⑥

东汉廷尉（相当于当今的司法部部长）陈宠也说：

---

① “亲属相为隐”的立法思想渊源出自孔子《论语·子路》中“父为子隐，子为父隐，直在其中矣”。中国历代王朝提倡“以孝治天下”，在不同程度上对这一思想有所继承，并逐渐写入法典。汉宣帝首开法制化，宣称：卑幼首匿尊长不负刑事责任；尊长首匿卑幼，死刑以外的不负刑事责任。后来的律典以此为蓝本，《唐律疏议》最为典型，明文制定“同居相容隐”法条。以后各朝的规定大体上与唐相同，其要点有三：一是亲属有罪相隐，不论罪或减刑。二是控告应相隐的亲属，要处刑。三是有两类罪不适用亲亲相隐原则，一类是谋反、谋大逆、谋叛及其他某些重罪；另一类是某些亲属互相侵害罪。

② “八议”制度直接源于《周礼》中的“以八辟丽邦法”，曹魏《新律》始载于律文。“八议”为：议亲，议故，议贤，议能，议功，议贵，议勤，议宾。这八类权贵人物犯罪以后，享受特殊优待，司法机关不得擅作处理，“大罪必议，小罪必赦”。

③ 五服，是古代丧服制度中的五种服色，即斩衰、齐衰、大功、小功、缌麻。丧服表明生者与死者的亲疏远近关系，同时又表明与死者同有关系的生者与生者之间的远近亲疏关系。西晋《泰始律》第一次把“五服”制度纳入法典之中，作为判断是否构成犯罪及衡量罪行轻重的标准，这就是“准五服以制罪”原则：亲属相犯，以卑犯尊者，关系越亲，处罚越重；若以尊犯卑，关系越亲，处罚越轻。亲属相奸，关系越亲，处罚越重；亲属相盗，关系越亲，处罚越轻。

④ 十恶，指中国古代十种为常赦所不原的重大犯罪：一谋反，二谋大逆，三谋叛，四恶逆，五不道，六大不敬，七不孝，八不睦，九不义，十内乱。《北齐律》始定重罪十条，内容为：反逆，谋大逆，叛，降，恶逆，不道，不敬，不孝，不义，内乱。《隋律》始定“十恶”之名。经唐至清，除元代改名为诸恶外，相沿不改。《唐律疏议》称：“五刑之中，十恶尤切，亏损名教，毁裂冠冕，特标篇首，以为明诫。”

⑤ 存留养亲简称“留养”，始定于《北魏律》。其具体规定，徒流罪犯家有祖父母、父母年老或疾病而无其他男丁侍养者，得停止或免除刑罚的执行，返家侍养其亲。唐宋明清各朝律典均保留“留养”条款，具体规定有所不同。

⑥ 《论衡·谢短篇》。

礼之所去,刑之所取,失礼则入刑,相为表里者也。①

其实,“出礼入刑”的原则早已运用于司法实践中了,只是还没有作这样明确简要的概括而已。

《国语》有一段文字专门说明各个不同等级的诸侯对西周中央王朝应尽的义务:

夫先王之制,邦内甸服,邦外侯服,侯卫宾服,蛮夷要服,戎翟荒服。甸服者祭,侯服者祀,宾服者享,要服者贡,荒服者王。……②

如果这些诸侯们不尽义务该怎么办呢?西周“礼治”的原则是先礼后兵,“出礼入刑”。书上接着写道:

有不祭则修意,有不祀则修言,有不享则修文,有不贡则修名,有不王则修德,序成而有不至则修刑。于是乎有刑不祭、伐不祀、征不享、让不贡、告不王。于是乎有刑罚之辟,有攻伐之兵,有征讨之备,有威让之令,有文告之辞。③

这里的“修意”“修言”“修文”“修名”“修德”都还处在进行德礼教育的阶段,这样做了还不改过自新,还继续违礼非礼就不客气了,进入“修刑”程序,也就是“出礼入刑”,动用刑罚惩戒了。古有“大刑用甲兵”之说,所以有“攻伐之兵”“征讨之备”等。

《礼记·王制》中也有关于“出礼入刑”的生动描述:如有不祭“山川神祇”者就是“不敬”,“不敬者,君削以地”;如有不顺宗庙者就是“不孝”,“不孝者,君绌以爵”,即废除其爵位;如擅自改变礼制和乐舞规格,则是不服从中央而心怀异志,“不从者,君流之”,即处以流放之刑;如擅自改革标志不同等级身份的仪式和服饰,就是企图背叛(畔),“畔者,君

① 《后汉书·郭陈列传》。
② 《国语·周语上》。
③ 《国语·周语上》。

讨”。这里的祭山川、祀宗庙都是礼仪法典的规定，礼乐制度和服饰制度也都是礼仪规则，凡违反了就有“不敬”“不孝”“不从”“畔”之罪，就招致严刑或大军征讨的惩罚。

孟子也谈到过这种“非礼无法”“出礼入刑”的礼法制度。他说，按礼的制度，诸侯都有朝贡天子的义务，违礼不朝就是违法，要严加惩处：

一不朝，则贬其爵；再不朝，则削其地；三不朝，则六师移之。①

可见，在古代社会，“非礼无法”“出礼入刑”是个通则。不过，从古人所说的情形分析，这个原则最先主要还是针对贵族的，因为只有贵族才有封地、有财、有势还有军队，一旦怀有二心，就能构成对君主、对天子的威胁，所以要用礼仪规则约束他们，平常大家彬彬有礼，若有违礼不臣行为，则刑罚兵甲加之。古代礼仪规则总称“五礼”，分别为吉、凶、军、宾、嘉。吉礼为祭祀之事，凶礼为丧葬之事，军礼为军旅之事，宾礼为宾客之事，嘉礼为冠婚之事。它们都是贵族礼、庙堂礼，礼书中称为“士礼”。

但礼仪规则不限于规范士大夫。它是国之纲纪，全社会的行为规范——

礼，经国家，定社稷，序民人，利后嗣者也。②

夫礼，天之经也，地之义也，民之行也。③

“序民人”“民之行”，都是说礼仪规则具有普遍的调整、规范社会全体成员行为的功能。它作为“士礼”，有“五礼”之分；作为普遍的社会行为规范，有“六礼”之属。“六礼”，即“冠、昏、丧、祭、乡、相见”④六

① 《孟子·告子下》。
② 《左传·襄公十一年》。
③ 《左传·昭公二十五年》。
④ 《礼记·王制》。

大类礼仪规则。以“六礼”为主要内容的礼义和礼仪经过《颜氏家训》[1]《朱子家礼》[2]转化,形成古代民间礼仪法则,构成礼法社会的广泛社会基础,也是中国古代礼法体系的法律阶梯中最低级却又是最坚实牢固的那一个法律层级。民间礼仪法则以成文或不成文的地域性、民族性法律文化形态存在,成为礼法社会的习惯法与习俗,并获得国家权力的认可与维护,赋予族长、家长、各种社会组织和民间组织领袖以执法权,从而就对普通老百姓也适用起“非礼无法”“出礼入刑”的原则了。

“非礼无法”“出礼入刑”经荀子、王充、陈宠等人总结提升,成为一种明确的礼法原则。同时,在国家制定法方面逐渐被法律化。最突出的表现在刑事立法领域,我们的法律史教材称为“纳礼入法”。这里的“法”,是历代王朝制定的所谓“正律”,即刑事法典,所以准确地说,是“纳礼入律”。

“纳礼入律”是一个长期的过程。战国初期魏国李悝制定的《法经》中,在其第五篇《杂法》内有这样一条规定:“大夫之家有侯物,自一以上者族。”[3]意为:大夫一级的贵族之家若藏有只允许国君(魏国国君称侯)所使用和拥有的物品,那么只要有一件以上就处以族刑。这条法律所惩治的对象是对国君怀有二心、觊觎君权的贵族。它是周代礼刑制度的遗物,立法意图同《礼记·王制》中的“变礼易乐者为不从,不从者,君流之;革制度衣服者为畔,畔者,君讨”是完全一样的。

《法经》中的“大夫之家有侯物,自一以上者族”的法律条文,后来经过秦汉以后帝制王朝立法的不断完善,发展成为“不忠”之罪。《唐律》中的“不忠”之罪有“谋反”“谋大逆”“谋叛”等。此外,还有“恶逆”

---

① 《颜氏家训》,作者颜之推,成书于隋文帝灭陈国以后,隋炀帝即位之前(约公元6世纪末)。全书七卷,内容丰富、体系宏大,除《序致》篇外,分别为《教子》《兄弟》《后娶》《治家》《风操》《慕贤》《勉学》《文章》《名实》《涉务》《省事》《止足》《诫兵》《养心》《归心》《书证》《音辞》《杂艺》《终制》十九篇。其书开后世“家训”的先河,誉为“古今家训之祖”,唐代以后出现的数十种家训,莫不直接或间接地受其影响。

② 《朱子家礼》,相传为朱熹所著,共分五卷,分别为《通礼》《冠礼》《昏(婚)礼》《丧礼》《祭礼》。是以家庭、家族生活为中心,通过祠堂设施、宗法原则、祖先信仰及祭田等,设计出一整套系统化、规范化的民间礼仪规则,融天理于人情之中,将儒家倡导的德礼教化引向民间社会,成为明清社会通用的民间礼仪法典。

③ 《晋书·刑法志》。

“不道”“大不敬”“不孝”“不睦”“不义”“内乱”等罪名，都是属于“非礼无法”性质而“出礼入刑”的大罪，统称为“十恶”。凡犯了“十恶”之罪，遇到皇帝下特赦令时也不予赦免。所谓“十恶不赦”，就是这样来的。

“纳礼入律”涉及面极其广泛，从刑事立法的原则“一遵乎礼”，到各种具体的律条，如前述的“亲属相为隐”“八议”“五服制罪”“留养”等，以上只是就“十恶”罪举例说明而已。

儒家的“非礼无法”“出礼入刑”原则，对于巩固帝制政权、强化其政治秩序立下汗马功劳。但从主流来看，“非礼无法”是不值得提倡的，特别是帝制统治者把“非礼无法”的原则加到庶民百姓的头上后，强化了宗法的族权、父权以及帝制政治的神权、君权对人民的束缚，制造了无数“以礼杀人”惨剧。诚如清代的戴震所指出的，在“非礼无法”的氛围之下，“尊者以理责卑，长者以理责幼，贵者以理责贱，虽失，谓之顺；卑者、幼者、贱者以理争之，虽得，谓之逆”。结果，“人死于法，犹有怜之者；死于理，其谁怜之！”①戴震所说的“理”，也就是“礼”，“以理杀人”即“以礼杀人”。在帝制社会里，因“非礼无法”而被惩处或被逼自杀，是没有人同情的。

## 第三节　“以德去刑”和“以德息讼”

儒家认为“大同”社会里是没有犯罪，也无须用刑罚，即所谓“盗窃乱贼而不作，故外户而不闭”。现实社会里能不能减少犯罪、减少刑罚？儒家也认为是可能的，办法是“导德齐礼”，亦即“以德去刑”。

荀子曾讲述过这样一个故事：鲁国的人听说孔子将出任鲁国的最高司法官了，所有做坏事的人都畏惧而不敢再犯，沈犹氏以前经常是在早晨把羊喂饱饮足后才上市去卖，现在不敢早晨喂饱羊再去卖了；公慎氏的老婆淫乱却不敢管，现在立即将她休了；慎溃氏是个一贯奢侈浪费、胡作非为的泼皮，听说这件事后吓得赶紧迁徙到境外去了；鲁国境内所有贩卖牛马的人都不敢哄抬物价了。这些人都预先改正错误等待

① (清)戴震：《孟子字义疏证》。

着孔子上任。[①] 这一故事表明荀子相信,只要有像孔子这样道德高尚的人为政执法,在局部地区实现以德去刑是可能的。

孔子自己对此也有信心,他说:"'善人为邦百年,亦可以胜残去杀矣。'这句话说得真对呀!"[②]"胜残去杀",即克服残暴,免去刑杀。不过,他认为要达到这样的大治境界,即便是"善人"治国,也要连续治理百年左右,说明"以德去刑"也不是件容易的事。

孔子也非常憧憬"无讼"社会。他说:

> 听讼,吾犹人也。必也使无讼乎![③]

对这句话的研讨,学术界发表过不少论文。有重新标点的,有考订文字错讹的,有另作解读释义的。意思是:如果开庭审理案子,我与别人差不多。我治国理政的理想目标是达到"无讼"状态。

正确理解这句话,先要辨析其中的两个字:"讼"和"人"。

据汉儒郑玄对《周礼》"狱讼"的注解,西周时期,"争罪曰狱,争财曰讼"。[④] 也就是说,"狱"为刑事案件诉讼,"讼"为民事纠纷诉讼。唐儒贾公彦进而疏证说,郑注说的是狱与讼相对并称时的字义,若两字单独使用,"则争财亦为狱"。[⑤] 也就是说,若文中或言语中单独出现一个"狱"字,可能仍是"争财"类的民事诉讼。他没有提"讼"单独出现时应作什么理解,这正是表明,"讼"无论在与"狱"对称还是单独使用时,都是指"争财"类的民事诉讼。孔子是崇尚周代礼法制度的,懂得"狱"与"讼"的区别。他这里说的是"听讼",不是"听狱讼",单用一个"讼"字,显然指的审理民事纠纷案件。

"吾犹人也"的"人",在"听讼"的语境中,当然不是指圆颅方趾的一般人,而是有审判权的司法官。

---

① 参见《荀子·儒效》。

② 《论语·子路》。

③ 《论语·颜渊》。

④ 《周礼·地官·大司徒》:"凡万民之不服教而有狱讼者,与有地治者听而断之,其附于刑者归于士。"郑玄注:"争罪曰狱,争财曰讼。"

⑤ 《周礼·地官·大司徒》贾公彦疏:"狱讼相对,故狱为争罪,讼为争财。若狱讼不相对,则争财亦为狱。"

如此，“听讼，吾犹人也”的内涵应当是，如果民事纠纷的双方当事人非要对簿法庭，那么我作为司法审判官，同别的专业法官是一样的，必须按司法程序和礼法规则来审理。“必也使无讼乎”，并非指一切刑事案件和民事纠纷归于消失，世上没有狱和讼，而是希望“争财”一类民事纠纷不必再缠讼，非得闹到打官司对簿公堂的地步。

孔子所谓的“无讼”，应当有这样两层意思：一是民事纠纷不必诉至官府打官司；二是减少乃至消弭“争财”之类的民事纠纷。前者是治标，后者是治本。孔子的意思不是人为地禁止人们诉讼，而且通过“导德齐礼”，使人们在德政并辅之以德礼教化之中安居乐业，养成良风美俗，提升道德水平，不作闲气纷争，当然少有“争财”之讼，乃至消弭邪念，连刑事犯罪案件也得以有效防止。东汉后期的思想家王符对此作了一番比较准确的解释：什么叫“听讼，吾犹人也。必也使无讼乎”呢？就是通过“导之以德，齐之以礼”，务必使人民互相间感情深厚并懂得礼义，老百姓相亲相爱了就不会有相互伤害的意念发生，一切行为都能考虑怎样符合礼义，那么奸邪之心就自然会消弭了。能做到这样，当然不是法律所能办到的，也不是用威逼和刑罚所能强迫的，这是教化所导致的呀！①

几千年的人类文明史证明，犯罪是一种社会现象，靠教育可能会减少犯罪，但难以消灭犯罪，而有犯罪就会有刑事诉讼。至于民事方面，权利界限的划分和权利侵害的救济是大量存在的，致使民事纠纷更是有经常发生的可能，绝非讲“仁德”的“好政府”及其道德教化可以消弥。所以，儒家“以德去刑”和“以德息讼”的主张，作为一种理想追求诚有一定的积极意义，但作为一种指导现实政治、法制建设的政治法律理论，则未免过于理想化了些。

20 世纪五六十年代，刑法学理论中有一种说法，认为犯罪是阶级社会的产物，只要阶级消灭了，犯罪就会消灭。这种理论还进一步推演说：社会主义社会能够消灭犯罪。然而，从文化踪迹上考析，它也隐隐约约透出了儒家“以德去刑”说的影响，尽管这种理论是大反儒家的、主张以阶级斗争去刑的，但在认为现实社会可以“去刑”“去讼”这一思考方式上却是一致的。

---

① 参见（东汉）王符：《潜夫论·德化》。

儒家的“以德去讼”“以德去刑”说还涉及犯罪原因和预防的学说。在这方面,儒家却有许多积极的思想因素。

儒家认为,产生社会犯罪的原因,一条是贫富不均,百姓太穷;另一条是“为上不正”。孔子曾说:“不患寡而患不均。”[①]孟子曾尖锐地揭露了当时贫富悬殊的事实:“庖有肥肉,厩有肥马,民有饥色,野有饿莩。”[②]一边是山珍海味、肥马轻裘;另一边是饥寒交迫、尸骨抛野。老百姓不得温饱,财富分配又太不公道,犯罪岂能不多?所以孔子说“小人穷斯滥矣”。[③]“滥”,就是破罐子破摔。意思是:道德品德不高的一般人贫穷了就什么事情也干得出来。孟子也说:“民之为道也,有恒产者有恒心。无恒产者无恒心。苟无恒心,放辟邪移,无不为已。”[④]也就是说,一旦老百姓失去了足以养家糊口的“恒产”(指田地),也就不会有“恒心”了,于是就会放纵自己,胡作非为,违法乱纪,什么事都干得出来。孟子的“正经界”“制民恒产”主张,内含着确认和保障百姓“恒产”的物权和收益权等法制思想。这是更深一层的社会犯罪预防理论。

那么,导致人民贫穷、失去“恒心”的原因又是什么呢?这就牵涉犯罪的因中之因了。儒家对此几乎是异口同声:“为上不正。”前文已提到,鲁国多盗,孔子对季康子却说“苟子之不欲,虽赏之不窃”,把盗窃犯罪增加的原因归之于季康子一类执政者的多欲上头。荀子对此说得更为痛快淋漓。他指责当时的为政者们“多积财而羞无有,重民任而诛不能”,即不择手段地大量积累财富而又看不起贫穷者,加重人民的负担并惩罚不能胜任这种负担的人,这便是“邪行之所以起,刑罚之所以多”的原因。[⑤] 荀子还尖锐地批评统治者们的苛政和虐政,“今之世而不然,厚刀布之敛以夺之财,重田野之税以夺之食,苛关市之征以难其事”,使百姓罢疲,断了生路,而统治者们还玩弄权术,互相倾轧,颠倒是非,完全败坏了世道,社会已面临“污漫暴乱而将大危亡”。因而,臣弑君、下

① 《论语·季氏》。
② 《孟子·梁惠王上》。
③ 《论语·卫灵公》。
④ 《孟子·告子上》。
⑤ 参见《荀子·大略》。

杀上、卖城、背叛等行为不断发生，这都是“人主自取之也”。[1]

应该说，儒家对犯罪原因的分析是有道理的。儒家还认为，“性相近，习相远”，犯罪不是天生的，罪犯也是可以通过教化改变的。这些理论很不错，远比几个世纪后西方一些犯罪学家从“骨相”上寻找犯罪的生理原因来得深刻。但儒家囿于帝制制度束缚，尽管提出了由小康进至大同的理想目标，但缺乏实现理想的整体制度性设计，仍然无法从制度上控制统治者的苛政、虐政，无法从制度上找到消除社会上贫富悬殊的路径，结果其“以德去刑”“以德息讼”便成了一句空话。可见，儒家的“以德去刑”“以德息讼”说正是在弄清了犯罪的原因后，在进入到消除这些原因这一步上陷入了困境和自我矛盾的，由非常尖锐深邃的犯罪原因论滑向极为空洞无奈的“以德去刑”说。这是一个悲剧，但这样的悲剧不只属于儒家。消弭犯罪是一个世界性难题、人类性难题，无论东西方社会，从历史到现今，都还是无解。儒家的“以德去刑”“以德息讼”说作为诸多“无解”中的一解，仍有其理论和历史的价值。

在古代，儒家“以德去刑”“以德息讼”说的影响可谓大矣。历代王朝都把“以德息讼”作为考绩地方官吏的一条标准，地方官吏们也都使出浑身解数，在“治标”上做足功夫，通过各种途径，运用各种手段，让老百姓“息讼止争”，以博取“德政”的美名。例如，清朝的地方官裕谦曾亲自制定《戒讼说》，列举诉讼有“坏心地”“伤天伦”“结怨毒”“损品望”“失家教”等十大坏处。他令各州县广为宣喻，“以期兴仁讲让，俗美风淳，勉副本府劝民无讼至意”。南宋时儒家门内的心学大师陆九渊做了荆门知军，百姓有争诉，他总是多方劝说，对其中有些属父子兄弟之间的纠纷，他就以父慈子孝、兄友弟恭的纲常礼教来启发他们，最后往往使他们感动得把自己的状子毁掉，重归于好。[2] 清同治年间有个叫蒯子范的人任长州知州，甚至不惜掏自己的腰包来“息讼止争”。有人告状说他的婶母因向他借贷未允而打了他，蒯验伤后见甚轻，便婉言劝道：像你这样的贫苦人家，你婶婶还来告贷，说明她比你还要穷。如你坚持要告，一经提讯，不仅你婶婶要受牵累，你也得住在县城守候。衙

---

① 《荀子·富国》。

② 《宋史·陆九渊传》。

门胥吏差役要钱打发是眼前之急,田地荒芜是将来之苦,何必因为争这一口气,绝了两家的生计呢?说罢掏了两千文钱赏与原告,“其人感泣而去”。[①]

历代正史及笔记小说中有关“息讼止争”的事例不绝于书。上述所举的只是几则比较有正面意义的例子。民间田土钱债纠纷被贬称为“闲气小争”,连同轻微刑事案件在内,古代中国社会大多采取民间调解,或官批民调、官方调解等方式化解。从经济上论价值,是最节约时间、精力、经费成本的一种救济手段;从国家治理和社会管理上论价值,是能用最小代价修复纠纷伤疤,从而维系既有人际关系、保持社会秩序的一种解决机制。这些积极因素至今仍值得重视和借鉴。不可否认,地方官在所谓的“息讼止争”中践踏人民诉权、无视双方权利的情况也是十分普遍的。儒家“以德息讼”和“无讼”思想与地方官不择手段的“息讼止争”相交互,久而久之,给国人埋下了一种“厌讼”心理。“一场官司十年仇”,民间把诉讼看成凶险的事、丢脸的事。这有碍于确立健全的权利观念,也不利于建立和完善社会主义诉讼制度,培养阳光的社会主义诉讼文化。

儒家的“以德去刑”与法家的“以刑止刑”有很大的区别。商鞅曾振振有词地说:“以杀去杀,虽杀可也,以战去战,虽战可也;以刑去刑,虽重刑可也。”[②]他的“以刑止刑”的办法是“重刑”。这“重刑”不是一般地加重刑罚,而是轻罪重判、轻罪重刑。商鞅说得很明白:“行刑,重其轻者,轻者不至,则重者无从至矣。”[③]意为:适用刑罚,对犯轻罪的人要处重刑,这样轻罪就没有人敢犯了,轻罪不发生了,重罪也就无从发生了。韩非十分支持商鞅的观点,还作了一番论证:

所谓重刑者,奸之所利者细,而上之所加焉者大也。民不以小利蒙大罪;故奸必止者也。[④]

---

① 《吴中判牍》。
② 《商君书·画策》。
③ 《商君书·靳令》。
④ 《韩非子·六反》。

他的意思是说，重刑轻罪，能使犯罪者感到得不偿失，从而不敢犯罪，于是可以“以刑止奸”“以刑止刑”。从刑法学学理上说，“重刑轻罪”是错误的，违背刑法法治的，违反罪与刑相适应的司法公平公正原则，也是不人道的。它使罪刑不相匹配，陷入重刑主义的泥潭。从刑法日的上说，它也无法实现法家“以刑止刑”的如意算盘。轻罪判了重刑，那真正的重罪又怎么惩罚？人类迄今为止使用的刑罚中，最高尢非死刑，中国古代的死刑纵然有斩、绞、枭示、五马分尸、点天灯等，但也只是让人死得痛苦一些而已，一旦人们连死都不怕了，请问法家还有何种办法“止奸”？秦代征发徭役有“误期者斩”的法令，陈胜、吴广等被征发去修长城，途中遇大雨误了期限。按法律，他们即使赶到长城工地上也非死不可了，左右是个死，那与其赶去乖乖地送死，不如壮烈地死，于是揭竿起义，推翻了秦王朝。这正如鲁迅先生所说的：

要防“奴隶造反”，就更加用“酷刑”，而“酷刑”却因此得到了末路。……酷的教育，使人们酷而不再觉其酷……人民真被治得好像厚皮的、没有感觉的癞象一样了，但正因为成了癞皮，所以又会踏着残酷前进，这也是虎吏和暴君所不及料，而即使料及，也还是毫无办法的。[①]

儒家和法家都希望“止刑”，但其方法上却有天渊之别，相比而言，儒家“以德去刑”的方法尽管在实践中会落空，却不失其文明和人道价值。

① 《南腔北调集·偶成》。

# 第六章　中　庸

## ——王道政治原则(三)

“中庸”这个范畴是孔子第一次提出来的。《论语·雍也》载孔子之言：

中庸之为德矣，其至矣乎！民鲜之矣。

翻译过来是：中庸这种道德，真是高到了极点了！人民已长久地缺乏它了。可见，孔子是十分重视“中庸”的。然而儒家的“中庸”，大概是遭受厄运最多的一种思想，对它的误解最为严重。通常见到的一种误解，是把它说成调和主义。孔子似乎预见到后人会对他的“中庸”作如此误解，所以在《论语》中事先作了分辩。

孔子指出，“中庸”是“和”，与“和”相对的范畴是“同”。“君子和而不同，小人同而不和。”[①]什么叫“和”？“和”就如厨师把五味调配成美味佳肴，也如乐师把五音调谐好奏起美妙动听的乐曲。所以，“和”是矛盾的统一，是不同事物的相成相济。“同”，则是无矛盾的同一，抹杀矛盾的无原则、无是非的一致，是相同事物的简单相加、重复。“同”在人格和伦理上的表现是

---

① 《论语·子路》。

“乡愿”。孔子讥刺道:“乡愿,德之贼也。”[①]这是一种媚世求荣、同流合污的行为或随声附和、一团和气、不分是非、谁也不得罪的好好先生,故被孔子斥之为危害道德的蟊贼。“同”或“乡愿”,才是调和主义、折中主义。这是我们在讨论“中庸”之前必须先弄清楚的。

## 第一节　“道统”

孔子说:“吾道一以贯之。”[②]“道”,通义是真理的代称,这里指他的核心思想;“一以贯之”,就是统贯全体,就是有“统”。《论语》的最后一篇——《尧曰》的开头一章说,“允执其中”是尧传舜、舜传禹的一贯精神。宋代理学家们把这些材料拼凑起来,说“允执其中”就是尧、舜、禹、汤、文、武、周公、孔子、孟子一贯传下来的“道”,就是儒家的“道统”。他们找出伪古文《尚书》的《大禹谟》篇的“人心惟危,道心惟微,惟精惟一,允执厥中”四句话,赞为古代圣人的“十六字心传”,用朱熹的话来说,是“上古圣神继天立极”,“传有自来”的“道统”。[③]《大禹谟》的“允执厥中”即《论语》的“允执其中”,意为:真诚地坚持“中”这种正确的治国方针。简言之,就是挚持“中庸之道”。按宋儒的理解,“中庸”便是圣人的“心传”,儒家的“道统”。

“道统”这个说法是韩愈首先提出的。唐代儒、佛、道“三教鼎立”,儒学不能独尊。韩愈是扬儒排佛的,佛家有个佛统,韩愈受其启发,将它移植过来改造为儒家的“道统”。他为之专门写《原道》一文说,我所说的“道”不是老子的“道”,也不是佛教的“道”。他接下去写道:

尧以是传之舜,舜以是传之禹,禹以是传之汤,汤以是传之文武周公,文武周公传之孔子,孔子传之孟轲,轲之死,不得其传焉。[④]

---

① 《论语·阳货》。
② 《论语·里仁》。
③ (南宋)朱熹:《中庸章句序》。
④ (唐)韩愈:《韩昌黎集·原道》。

韩愈是很有些以“道统”继承人自居的。宋儒沿用了韩愈关于“道统”传授系统的说法,但不以韩愈为“道统”中人,认为自己的学说是直接接续于孟子,继统于孟学的。此其一。其二,韩愈说:“博爱之谓仁,行之宜之之为义;由是而之焉之为道。”[①]可见,他认为儒家“道统”之“道”是“仁义”。宋儒则与之有所不同,认为“道统”之“道”不仅是“仁义”,也是“中庸”。所以,朱熹在其《中庸章句序》中指出,《中庸》一篇“乃孔门传授心法”。

宋以后的儒家都赞成宋儒的说法,以“中庸”及“仁义”为儒家“道统”之“道”。“道统”说的提出,说明儒家有很强的续统意识,“道统”说的宣扬,更进一步强化了儒家的续统意识。

## 第二节　“中和”、“中正”与“时中”

什么叫“中庸”? 朱熹解释说:“中者,不偏不倚、无过不及之名。庸,平常也。”他又引用程子的话说:“不偏之谓中,不易之谓庸。中者,天下之正道,庸者,天下之定理。”[②]意思是:不偏于一边叫作中,不改变常规叫作庸。中的意思是天下的正道,庸的意思是天下的定理。通俗来说:“中”是不偏不倚、无过无不及的正确之道,“庸”是在日常生活中坚持这个正确之道而不加改易。照古人的理解,“中庸”可分解为“中和”、“中正”和“时中”三个方面。

### 一、中和

“中和”是“中庸”最为基本的含义,它侧重体现了“中庸”思想重和谐、重整合的价值取向。孔子说:“礼之用,和为贵。”[③]《中庸》说:

> 中也者,天下之大本也;和也者,天下之达道也。致中和,天地位焉,万物育焉。

---

① (唐)韩愈:《韩昌黎集·原道》。
② (南宋)朱熹:《四书章句集注·中庸章句序》。
③ 《论语·学而》。

大意为：中是天下最大的根本；和是天下普遍的准则。达到了中和，天地就各得其所、各归正位，万物就生长发育、欣欣向荣。事实确实如此，天体的运行，靠万有引力的互相平衡、和谐，不然星球就会互相碰撞，天塌地陷。动植物界有生物链的联系，互相保持生态的平衡、和谐，一旦生态遭受破坏，失去平衡，就会产生灾难性的后果。生物个体的生长也取决于营养的平衡，如果某一种营养成分过多或不足，就会出现畸形。从"中和"的观点看世界，自然、社会和人是一个相互联系、生生不息的生命大系统，人际之间、家际之间、社区之间、部门之间、单位之间、国际之间、种际之间、群己之间，乃至人与自然之间，都是"和为贵"，和谐、整合方能安定、发展。所以，人类不断地祈求和平，20 世纪八九十年代，全世界都欢迎"和平与发展是当今时代的主题"这样一种共识，并努力维护这一主题。21 世纪的第二个十年，国际局势似乎又进入了一个"大变局"时期。人类永远怀失中失和之忧，乐得中得和之乐，为维护和平的奋斗永无休止，永不停息。

总体来说，"中和"，就是指不同的丰富多样的事物、因素、成分的有机融合、适当调理、和谐统一、措置得当、配比合理、无过无不及。古人说，"以它平它谓之和"，[①]"发而皆中节谓之和"，[②]合起来便是"中和"。一种声响不成音乐，一种颜色不成文采，一种味道不成佳肴，只有丰富性、多样性才能各美其美、美美与共，才能相反相成、相辅相济、共生共荣。各种事物、因素、成分之间符合一定的度和量的配比和融合，将其处置得恰到好处，无过无不及，才能形成和谐，产生出新的事物。"以它平它"的对立面是"以同裨同"，这是同一事物、因素、成分的机械重复、简单相加，违背自然和人类社会发展规律，注定是走不通的断头路。

儒家把"中和"的原则运用到治国理政上。齐国的晏婴认为君臣关系也应和而不同：

君所谓可而有否焉，臣献其否以成其可；君所谓否而有可焉，臣献其可以去其否。是以政平而不干，民无争心。[③]

---

① 《国语·郑语》。
② 《中庸》。
③ 《左传·昭公二十年》。

君主认为可行的事,但其中也隐藏着不可行、行不通、行而不利的因素,臣下把这一方面的意见提出来使君主能考虑得更为周全,以避免不利因素;反过来也一样,君主认为不可行的事情,其中或存在可行的、有利的因素,臣下把这些因素说出来以使君主放弃其认为不可行的决定。这是一种君臣之间的"中和":对君主的意见不盲从,作理性分析,进行必要的补充,促其完善,甚至放弃原来的意见而形成更好的决策。晏婴十分鄙视那种对君主的意见盲目服从,一味逢迎附和的臣子,认为那是"以同裨同",不利于治国。所以,孔子把"和而不同"誉为"君子",把"同而不和"斥为"小人"。其实,晏婴说的那种处于"中和"状态的君臣关系原则,从其深刻的精神价值上来说,也是适合于我们处理领导与被领导、上级与下级之间的关系的。

有人担心,眼下是搞市场经济,需要提倡竞争,讲"中和"是否有些不合时宜?其实,竞争不是要斗得你死我活,不是要谁消灭谁、一方吃掉另一方。市场经济和竞争须以诚实信用原则为前提,互相竞赛、共同发展,不是"零和博弈",而是双赢和多赢。市场经济就是法治经济。我国的社会主义市场经济法律体制越来越趋于健全,经营者和消费者的法治意识、规则意识日益增强,市场秩序维系着市场持续繁荣。那些官商勾结、行贿受贿、垄断经营、欺行霸市、网络诈骗、制假卖假、以次充好等行为为法律所严禁,其行为人必将受到法律的惩处。

"买卖不成仁义在。"中国素有"儒商"的传统,孔子的学生子贡就是一个每做买卖必定获利的"儒商"。他们有良好的文化教养和职业道德,恪守民商事活动中的"上帝准则"——诚实信用原则,重视人际关系的和谐,企业内部精诚团结,效益良好;对外信守合同,保质保量,赢得很高的商业利润和商业信誉。中国的社会主义市场经济应当呼唤这样的"儒商"精神。我们应当大胆地举起中华民族重"中和"的旗帜。

## 二、中正

"中庸"的"不偏不倚"就是"中正"。所以,程子说:"中者,天下之正道;庸者,天下之定理。""正道""定理"就是"中正"之道,"中正"之理。这个"中正"之道和"中正"之理,儒家认为是仁义。在他们看来,天下得仁义者为正道、为"中正",因此誉之为"王道"。如果说,"中庸"

所含的“中和”之义，主要是一种保持“中正”的方法论原则；那么，“中庸”所含的“中正”之义，则主要是指其价值本体了。也就是说，通过“中和”（以下还要说“时中”）以保持、把握、实现“中正”之“正道”价值。

在儒家看来，当时的政治是偏险不正的，何以正之？他们的答案是用“仁义”正之，即孟子说的“仁政”。孔子栖栖惶惶，奔走了大小七十余国，试图以仁义去匡正而不得，于是退而删《诗》《书》，著《春秋》，把仁义之法、王道政治留在字里行间。孟子亦以仁义之法说诸侯，他见暴君祸国，污吏横行，民无恒产，社会上正义湮没，于是提出制民之恒产，放伐暴君，使社会复归“中正”。

荀子提出了“权险之平”的主张，更比孔孟明确地表达了恢复社会正义的要求。郭沫若解释“权险之平”为“权其险侧使归于严正”，“权”即权衡、权变，在国家政治处于危险的紧急关头，敢于扭转倒转的乾坤而使之恢复安定和公正，这就是“权险之平”。“权险之平”即“权险之正”。荀子说：

夺然后义，杀然后仁，上下易位然后贞，功参天地，泽被生民，夫是之谓权险之平，汤武是也。①

看来，这“权险之平”的具体做法也就是孟子提倡的“汤放桀”“武王伐纣”。

在危难时刻通过“权险之平”而恢复“中正”。平常情况下如何保持“中正”？儒家强调对君主要诤谏，坚持正确的意见，以通过“中和”实现政治上、政策上的“中正”。总体来说是一个原则：“从道不从君。”这个“道”是“中正”之道，它是“仁义”的代名词。

我们理解儒家的“中庸之道”，讲其以“中和”为基本含义，提出“和合”“和生”“和谐”等命题，诚然是必要的、正确的，但却是不够的。“中和”主要是一种方法论，“中正”才讲到了“中庸”的本体论、价值论。顾炎武说：“以汤武之仁义为心。”张载说：“为天地立心。”这个“心”，即堂

---

① 《荀子·臣道》。

堂立乎天地间的正义、公道,即“中正”,仁义。把儒家的“中庸”与他的“仁义”联系起来考察,我们才能把握“中庸”之奥义。

## 三、时中

“时中”,顾名思义,是依“时”而处“中”。“时”,指时间上的流变不居,这里应作“时机”解。儒家“中庸”的求公正、求和谐、求平衡,不是静止的不动,而是在动态中求中求正,在变化中求中求正。用现在的话来说,就是按照社会发展和时代前进的实际情势去把握时机、坚持正确之道。所以,“时中”综合了“中庸”中“中和”的方法论和“中正”的价值论两个方面。

孟子赞美孔子“可以仕则仕,可以止则止,可以久则久,可以速则速”,[①]是“圣之时者”。[②] “人不能两次踏进同一条河流。”面对纷繁复杂、变化万千的情势,是否“中正”就在“可”与“不可”的选择之中。刻舟求剑,只会“中道”尽失。“时中”才是“中庸”之能与不能的关键。孟子把“时中”抬到“圣”的境界,足见其“致广大而尽精微,极高明而道中庸”,内含着妙不可言的高超智慧。“时中”,绝非与时俯仰、随波逐流、媚世取容、苟且偷安的处世哲学,与借口“识时务者为俊杰”作遮羞布的徇私枉法、卖身求荣行为毫无共同之处。这种行为只能说是“时”而不“中”,是投机,是“乡愿”,不是“时中”。“时中”涵蕴着审时度势、与时更新、推陈出新等一系列价值判断、价值选择,从而始终坚持原则、保持中和和中正,达到“苟日新,日日新,又日新”。

与“时中”同义的还有“权”。“权”即权衡利弊、求其适当、求其中正。孔子说:

> 可与共学,未可与适道;可与适道,未可与立;可与立,未可与权。[③]

可以同他一道学习的人,未必可以一起取得道;可以一起学到道的人,未必可以一起坚守道;可以一起坚守道的人,未必可以一起通权达

---

① 《孟子·公孙丑上》。
② 《孟子·万章下》。
③ 《论语·子罕》。

变。在孔子看来,“权”比“学”“适道”“立”都来得难以做到。这段话,联系孟子以为孔子是“圣之时者”,把“时中”抬到“圣”的高度,我们更可以体察到孔子把“中庸”作为“其至矣乎”的“至德”,宋儒把“中庸”看成孔门“心传”、圣人“道统”的理由所在。

回过头来再说“权”。孟子有段话说明了“权”对于“中庸”的重要性。

执中而无权,犹执一也。所恶执一者,为其贼道也,举一而废百也。①

“执一”就是机械地死硬地对待某种原则,而缺少灵活性,不知通权达变,结果反而损害了仁义之道,抓住了一点而废弃了一百。所以孟子说它是一种令人讨厌的方法,是“贼道”。“贼”,此处作动词,伤害、损害之意。“贼道”,即伤害了中庸之道。可见,“权”“时中”,就要讲时变,保持经常又有变通,通过变通来保持经常,也就是既有原则性又有灵活性。

综上所述,儒家的“中庸”思想,以“中正”为本义,“中和”是通过系统的整合来求“中正”,“时中”和“权”是在发展变化中求“中正”。“中和”、“中正”、“时中”和“权”在以儒家思想为主流的中国古代政治文化中,起着重要的政治价值论、方法论的作用,蕴藏着宝贵的政治智慧和政治艺术。

诚然,“中庸”思想从政治层面来说,存在时代性的局限,其中关于旨在维护帝业、使君臣相济、上下相安,以及维护等级秩序、劝民安分守己等内容,早已随着历史车轮的前进而变得落后腐朽了。我们自不应斤斤于这些消极过时的成分,而应着重发掘和弘扬其“和而不同”、“发皆中节”、中正不倚、“无过不及”、通权达变等具有恒常价值的因素,来处理好当代的政治关系、经济关系、法律关系,以及人际关系、国际关系、天(自然)人关系。

---

① 《孟子·尽心上》。

## 第三节 “刑罚中”

孔子说：

礼乐不兴,则刑罚不中;刑罚不中,则民无所措手足。[①]

这是孔老夫子针对当时的司法实际而阐发的。春秋之际,的确是刑罚酷滥,使老百姓的手脚都不知道放哪里好,因为抬手动脚都可能遭到刑罚。这里可以举出两个例子加以说明。

第一件事是鲁昭公三年(公元前539年),当时孔子已十三四岁,能记事了。齐国的国君问宰相晏婴:你经常经过市场,看到些什么情况?晏婴的回答是八个字:“国之诸市,屦贱踊贵。”[②]意思是:由于受刖刑被砍脚的人太多了,市场上鞋子便宜而假肢昂贵。从这话可知齐国刑罚的酷和滥。

第二件事就发生在孔门之内。孔子有名学生叫公冶长,是七十二贤弟子之一。可他曾锒铛入狱,不过是个冤狱,所以孔子说他“虽在缧绁之中,非其罪也”。[③]“缧绁”,本是拴罪人的绳索,这里代指监狱。因为他是被冤枉的,所以孔子把自己的女儿嫁给了他,以表示对执政者滥施刑罚的蔑视。

尽管孔子提出“刑罚中”是直接批评时政,然而,这一观点却具有普遍的价值。“刑罚中”也含有三层意思:一是适用刑罚准确,无冤无滥,不枉不纵,即如《管子·小匡》篇说的“决狱折中,不杀不辜,不诬无罪”。这也就是刑罚要使用得“中正”的意思。二是用中刑,罪与刑相当,犯什么罪处什么刑,不故意加重也不减轻,即不轻不重,无过无不及,量刑适当,罚当其罪。这也就是“中和”的意思。三是决狱量刑还要依政治、经济形势等主客观条件不同而有所加减,这叫作“刑罚世轻世

① 《论语·子路》。
② 《左传·昭公三年》。
③ 《论语·公冶长》。

重，惟齐非齐”。[①] 这就是处刑的“时中”之意。明代的理学名臣丘濬深得先儒“刑罚中”之精微，曾作书阐述道：

> 帝王之道，莫大于中。中也者，在心则不偏不倚，在事则无过不及。……非独德礼乐政为然，而施于刑者亦然。盖民不幸犯于有司，所以罪之者，皆彼所自取也。吾固无容心于其间，不偏于此，亦不倚于彼，惟其情实焉。既得其情，则权其罪之轻重，而施以其刑。其刑上下，不惟无太过，且无不及焉。夫是之谓中，夫是之谓详刑。[②]

丘濬首先肯定，“中”的原则也适用于刑事司法，接着按刑事司法的过程分析了“刑罚中”的三种表现方式：一是在原被告之间，“不偏于此，亦不倚于彼”，只以犯罪事实和罪犯主观恶意之有无及轻重为定罪量刑依据；二是在弄清事实后，根据犯罪的各种主客观因素来权衡“罪之轻重”，予以准确的定罪；三是对其适用刑罚时，不要“太过”也不要“不及”，即量刑恰当。

“中庸”思想在古代政治中有着广泛的运用，“刑罚中”只是其比较典型的一例，而且至今仍不失其借鉴意义。

---

① 《荀子·正论》。

② （明）丘濬：《大学衍义补》卷一百一。

# 第七章 重 民

——立国之根基

春秋时期，人文思想勃兴，其中的一个主要表现是人们由原来的重视祭神转而重视民事。

《礼记》记载孔子对夏商周文化异同的追述和评价："夏道尊命，事鬼敬神而远之"，"殷人尊神，率民以事神"，"周人尊礼尚施，事鬼敬神而远之"。[①] 由"尊命"、"尊神"到"尊礼"，是文明的进步，由重视神而发现人。但在政治活动和社会生活中，真正向重人重民的转变却是一个漫长的过程。

这种转变往往是被逼出来的。据左丘明在《春秋左氏传》中记载，春秋时期的大小诸侯国有 128 个（另一说是 170 余个）之多。春秋 242 年间，有 36 名君主被杀，52 个诸侯国被灭。正是在如此国亡家破人头落地的残酷兼并战争中，催生着人文思想：欲谋生存之道，必须重视民生，取悦于民，取信于民。

《左传》中讲到两个诸侯国隋和虢的故事。

隋国又叫曾国，姬姓，封地在如今湖北的随州市一带。从曾侯乙墓出土的大量文物可知，它确不愧为"汉

---

① 《礼记·表记》："子曰：'夏道尊命，事鬼敬神而远之，近人而忠焉，先禄而后威，先赏而后罚，亲而不尊。其民之敝，蠢而愚，乔而野，朴而不文。殷人尊神，率民以事神，先鬼而后礼，先罚而后赏，尊而不亲。其民之敝，荡而不静，胜而无耻。周人尊礼尚施，事鬼敬神而远之，近人而忠焉，其赏罚用爵列，亲而不尊。其民之敝，利而巧，文而不惭，贼而蔽。'"

东之大国”，西周时负有监视中南部各国、卫护周天子的重任。后来楚国兴起，隋国却走向衰弱。强楚也是虎狼之国，早有吞灭隋国的意图。鲁桓公六年（公元前706年），楚武王率军侵入隋境瑕地，隋君派少师议和。楚王听从谋臣斗伯的建议，故意让军队装出一副散漫窝囊的样子，以迷惑少师，引诱隋君轻敌而冒然进攻，然后一举歼灭之。少师果然上当，劝隋君发兵追击楚军。幸好隋国还有明白人，隋大夫季梁眼见隋君就要点头同意，急忙站出来竭力谏阻。他说：“上天正佑护楚国，楚军的疲弱，是想欺骗我们上当。君王何必急于出师呢？！臣下听说，小国之所以能抗衡大国，是因为小国得道而大国淫暴。道是什么？就是忠于人民，取信于鬼神。国君经常考虑如何利民，是忠。祝史官庄敬诚实地向神灵祭告，是信。现在人民在挨饿而君王纵情享乐，祝史官却在祭神时虚报功德，臣不知道这样如何能抵御大国！”随侯却说：“我上供给神灵的牲畜毛色纯正，膘肥肉壮，祭器里的黍稷也很丰盛，怎么不能取信于鬼神呢？”季梁答道：

夫民，神之主也。是以圣王先成民，而后致力于神。……故务其三时，修其五教，亲其九族，以致其禋祀。于是乎民和而神降之福，故动则有成。今民各有心，而鬼神乏主，君虽独丰，其何福之有？君姑修政而亲兄弟之国，庶免于难。①

大意是：人民才是鬼神的主人啊。圣明的君主总是先把人民的事情办好，再致力于祭祀鬼神。……所以能够勤勉地从事三时的农作，整修五教，亲和九族，虔敬地祭祀。于是人民安居乐业、和睦相处，神灵才会降福佑国，我们的举动才能获得成功。可如今，百姓各有各的心思（民心散乱），鬼神缺失人民这一主心（天意即民意，民之所欲，天必从之），光靠您的丰盛祭礼，怎么会得到福佑呢？您还是先整顿内政，和周围兄弟之国亲密友好，也许可以避免灾祸吧。隋侯还算不太糊涂，内心顿生恐惧，于是整顿内政，修好邻邦，楚国暂时不敢侵犯。

这是历史上有名的“季梁谏追楚师”的故事。

---

① 《左传·桓公六年》。

再来说一下虢国的故事。虢国的首封国君是周文王弟弟。虢国经济、文化发达,族人能征善战。国君多在周王朝中担任重要官职,备受周天子的赏识和器重,参与了西周至春秋初期所发生的许多重大历史事件,对周王朝的兴起、发展和衰落都有重大影响。

一提起虢国,都会想起那个“假道伐虢”的成语。其实,虢国的灭亡还是“自作孽”的结果,晋国的“假道于虞以灭虢”①只是压垮它的最后一根稻草。

春秋时期的鲁庄公三十二年(公元前662年)的秋七月,据说“有神明在莘地下降”,周惠王派内史去祭祀。内史听说“虢国请求神明赐予”,回来说:“虢国必定要灭亡了,暴虐而听命于神明。”这事确实是有的,说是这个“神明”在莘地住了六个月,虢公派遣祝应、宗区、史嚚去祭祀,神明答应赐给他疆土田地。史嚚并不情愿,无奈地发了一通感叹:

虢其亡乎!吾闻之:国将兴,听于民;将亡,听于神。神,聪明正直而一者也,依人而行。虢多凉德,其何土之能得!②

从鲁庄公三十二年(公元前662年)到鲁僖公二年(公元前660年)晋灭虢国,不过两年时间,“虢其亡乎”这个预言就应验了。

“夫民,神之主也,是以圣王先成民,而后致力于神”“国将兴,听于民;将亡,听于神”,神“依人而行”。这些都是千古名句,是春秋后期治国理政方略中由重神向重民转变的标志性话语。《左传》中,这样的例子俯拾皆是。这种思潮,人们称为重民思潮,也叫民本思想。最能表述民本思想的一种说法是《尚书》的虞夏书《五子之歌》中的“民惟邦本,本固邦宁”这八个字。意为:只有百姓才是立国的根本,根本稳固了,国家才会安宁。由于《五子之歌》是伪古文《尚书》中的一篇,成书时代比较晚,所以这样精致的民本思想言论不大可能是虞舜和夏禹时代的产物,大概还是春秋以后的说法。

① 《左传·僖公二年》。
② 《左传·庄公三十二年》。

以民为本是儒家王道政治的基本特征之一,儒家具有丰富的民本思想。

## 第一节　“民水君舟”和“民贵君轻”

儒家的民本思想突出体现在两个定义上:一个是民为水君为舟,另一个是民为贵君为轻。前者出自《荀子》,后者是孟子之言。

《荀子·哀公》篇说:

君者,舟也;庶人者,水也。水则载舟,水则覆舟。

荀子在这段话的前边加了一句,说这个道理是孔子听说的。“民水君舟”的话还见于《荀子》的《王制》篇,前边有“《传》曰”两个字。这说明,“民水君舟”的说法是早就有的,不是荀子创造,但荀子一定是同意的,并且是荀子第一个宣传了这种思想。

在荀子之前,有一种比“民水君舟”论更为激烈的民本主义言论,这就是孟子的“民贵君轻”论:

民为贵,社稷次之,君为轻。①

“民贵君轻”的意思是:民比国家重要,比君更重要,在国(社稷)、君、民三者之中,民是最重要的,民心的向背关系着国家和君主的安危。孟子的“仁政”学说,核心在一个“民”字上。他再三强调,君主应“制民之产”“保民而王”“为民父母”“与民偕乐”,认为王道政治就是“贵民”政治,一切轻民、贱民、残民、害民的行为,如不义之战、重赋苛敛等,他都斥之为“率兽食人”。“民贵君轻”论把儒家的民本主义学说发挥到了极致,在中国古代史上,确实很少有人能超过它了。

如果真的像荀子所说的,“民水君舟”论是孔子的思想,那比起“民

① 《孟子·尽心下》。

贵君轻”说就早出了一个多世纪,在民本思想发展史上也具有里程碑意义。但荀子成名之时又晚于孟子至少半个世纪,他在民本话语上不从孟而返回孔,或者说不从孟而假借孔子之说,在对待人民的态度上,不是前进,而是倒退了。

“民贵君轻”的重心在民,是君要为民着想;“民水君舟”的重心在君,是为君主着想。前者属于理想主义的政治理论,含有批判现实的君主政治的价值取向;后者属于现实功利主义的政治理论,带有君主主义政治权术的味道。因此,前者为后世的帝制君主所拒绝,就不难理解了。例如,朱元璋要把孟子赶出孔庙,除恼恨他的“暴君放伐论”外,还因为他说了“民贵君轻”的话。我国两千多年帝制社会里的所谓“明君”,如唐太宗李世民之类,主要是在一定程度上接受了“民水君舟”论。李世民教诫太子说:“舟,好比是人君;水,好比是黎民百姓。水能载舟,亦能覆舟。”[①]在他们统治的时期,实行过一些利民措施,政治相对安定,经济相对繁荣。应该承认,“民水君舟”论在古代社会的政治实践中,还是起到过一定的积极作用的。

秦以后,历代儒家知识分子一直在弘扬民本主义思想,重民、国以民为本,几乎是他们一直高唱的主调之一。

汉代,儒家知识分子以亡秦为鉴,认为秦王朝二世而亡的重要原因是残贼其人民,告诫汉统治者要重民。例如,贾谊说,“民不可不畏也”,民为国之本,也是君之本、官之本,“民无不为本也”。战争的胜利,是“民欲胜也”;进攻的得手,是“民欲得也”;防守的成功,阵地的保存,也是“民欲存也”。所以,对人民应施仁义教化;不能用严刑峻法,不能与人民为仇为敌,“与民为敌者,民必胜之”“与民为仇者,有迟有速,而民必胜之”。[②] 汉初统治者吸取了秦行酷政而亡国的教训,采取一系列“轻赋少争”“约法省刑”的“安民”“恤民”措施,造就了一个相对繁荣的“文景之治”。

这以后,民本思想虽不绝如缕,但中国的帝制社会进入明清时代,已到了后期,其专制政治的弊端皆已暴露无遗,君主制度发展到了登峰

---

① 《贞观政要》卷四。

② (西汉)贾谊:《新书·大政》。

造极的高度。这一时期的思想家怀着“先天下之忧而忧”的情愫，站在当时中国最高的历史高度，大胆揭露和批判了自秦以后两千多年的专制君主及专制制度。例如，唐甄说，什么叫“独夫”？没有人民支持的君主就叫“独夫”。人们把杀一个人且劫其财物的人，犹称为“贼”，难道“杀天下之人”又抢夺他们的“布粟”的人还不能叫作“贼”吗？所以，“自秦以来，凡为帝王皆贼也”。[①] 将最高统治者斥责为“独夫”“民贼”，始自孟子。孟子指名道姓抨击的是桀、纣，是前朝、前前朝的亡国之主，是背了气的死去之“贼”。在他看来，时君世主也都差不多是“贼”，却也只是借古讽今，影射而已，是不是“贼”，听者自己去对号入座。唐甄则把自秦以来的帝王都坐实为“贼”。这“自秦以来”，明、清当然不排除在外。如此激烈的言辞，尽管只是《潜书》中“潜”而未能公开，也足以让人感觉到冲决思想闸门的汹涌之势。

若论明末清初张扬民本思想最为深刻也是最有特色者，还是非梨洲先生黄宗羲莫属。黄宗羲指出，专制君主在争夺天下的时候，“屠毒天下之肝脑，离散天下之子女，以博我一人之产业”，夺取了天下之后，又“敲剥天下之骨髓，离散天下之子女，以奉我一人之淫乐”，实为“天下之大害”，“天下之人怨恶其君，视之如寇仇，名之为独夫”是很自然的。[②] 黄宗羲认为，当今之世，搞的是“天下为客，君为主”，而“三代”则是“天下为主，君为客”，应该把颠倒了的主客关系纠正过来。

黄宗羲所说的“天下为主”的“天下”，指的是人民、民心；“主”，并非指国体意义上当家作主的主人之主，而是中国传统的家庭中心观念上的主宾之主。意为：天下是万民的天下，不是君主一人的天下，君主不过是万民请来的一位尊贵的客人，但不能反客为主、窃天下为己有。这大致上仍然是古代“天之生民，非为君也；天之立君，以为民也”的思路和价值取向。所以，“天下为主，君为客”，从君民关系的角度来看，也还是一种主与辅、本与末的关系，不同于近代资产阶级提倡的“人民主权”论。不过，它含有一种“客随主愿”，君主应遵从人民意志那样的民主主义思想。因此，黄宗羲的“天下为主，君为客”论，可称是由古代民

---

① （清）唐甄：《潜书·室语》。

② 参见（清）黄宗羲：《明夷待访录·原君》。

本思想向近代民权思想的过渡。关于这一点,清末维新变法派的领袖之一梁启超本人有个很好的说明:

梁启超、谭嗣同辈倡民权共和之说,则将其书(指黄宗羲的《明夷待访录》)节钞,印数万本,秘密散布,于晚清思想之骤变,极有力焉。①

民本思想与民权思想属于两个不同的思想体系。民本属于君主主义政治思想,民权则属于民主主义政治思想;民本是讲君主国家要以民为基础,以民为根本,君主应施仁政于民,即君主从上头给人民以阳光雨露,做人民的父母,给人民以饭吃、以衣穿;民权则是讲国家由人民来管理,人民是国家的主人,人民自己解放自己,政府的行政权源于人民、服从并服务于人民。所以,无论在理论上还是在实践中,把民本思想混同于民权思想,以为民本主义就是民主主义,甚至民主主义古而有之,那是说不通的。当然,话得说回来,在中国古代社会、古代思想史上,还不可能产生民主思想之时,相比之下,民本思想无疑是一种较有人民性的积极的思想体系,它至少比君本思想,比那种以君主为主宰、以人民为豕狗的"独夫"主义来得进步和人道。可以说,我国古代思想中,儒家的"民水君舟""民贵君轻"思想仍是最有民主性、人民性的精华。

在今天的大众政治文化中,仍然存在一种强烈的"包公情节",民间希望多多地出现包公,为民请命、刚正不阿、严惩贪官、不畏权贵、铁面无私、伸张正义、主持公道。一些法院的表彰材料和报刊,也常常把执法严明的法官称为"新时代的包公",并号召执法者们成为"新时代的包公"。其实,这种"包公文化",仍是一种民本主义性质的政治文化,是希望有人来为民请命,从上头赐予人民以阳光和雨露,是我为人民作主,不是人民当家作主,这是首先应当从理论上划清界限的。此其一。

其二,当代社会需不需要包公式的清官?回答应当是肯定的。在不断完善我国的人民代表大会制度等一系列加强和巩固人民当家作主制度的基础上,对于已经担任大大小小公职的各级政府官员、各部门的负责人和公务员来说,应当而且必须运用人民授予的权力,为人民办

---

① 梁启超:《清代学术概论》,上海古籍出版社 1998 年版,第 18 页。

事，替人民作主，急人民之所急，想人民之所想，为人民服务，给人民主持公道、伸张正义。作为一名公务员或负责人，他确实应像人民传颂中的包公那样，刚正不阿，执法如山。

因此，从理论上是否可以这样来表述：从国体上来说，从国家政权的性质和权力渊源上来说，我们坚持的是社会主义的人民民主制度；从对每个官员的要求上来说，不妨也补充民本主义的思想，提倡包公精神。

## 第二节　“富之”和“教之”

儒家既提出了民本主义的理论，也重视促成民本主义的实践。儒家的民本主义实践方案首先是由先秦的儒家大师孔、孟、荀提出来的，后来经历代儒家思想家的不断与时更新、完善发展，其主要内容有两个方面：富和教。

孔子周游列国的时候，有一次在去卫国的路上，冉有为老师驾车。一路上，孔子看到沿途人烟稠密，便说：“人口已经不少了！”冉有便问：“人口既已多了，要进一步治理好国家又该干些什么？”孔子答：“富之。”冉有又问：“人民富起来后，又该如何更好地治理国家？”孔子道：“教之。”[①]这便是“富之”“教之”的原创版本。

孔子以后，孟子一方面要求统治者“制民之产”，另一方面提倡对子弟“设为庠序学校以教之”。[②] 荀子告诫为政者说：“不富无以养民情，不教无以理民性。”[③]他们都遵循“富”和“教”的原则。这里的“富”，是指民富、百姓富，不是国富，更不是官富。孔子讥讽季康子等执政者“多欲”，孟子斥责当政者重赋税就好比是率领一群野兽来吃人，荀子明确指出，“上好富”，则人民会背信弃义，国家“安得不乱”。[④]《论语》记载

---

① 《论语・子路》。
② 《孟子・梁惠王上》。
③ 《荀子・大略》。
④ 《荀子・大略》。

着孔子学生有若劝诫鲁哀公的话:“百姓足,君孰与不足?”[①]也就是说,民富了国自富,君自富。荀子说得更为明白:“足国之道,节用裕民……裕民则民富,民富则田肥以易,田肥以易则出实百倍。……如是则国富矣。”[②]他们的基本思路是:国富基于民富,民富而后国自富。

儒家的富民主张与法家有很大的区别。法家政策的核心是驱民于“耕战”,通过耕战来富国强兵。其基点不是富民,也不是富国而后富民,而是穷民而富国、疲民而好战。所以,秦始皇时大征徭役,赋税三十倍于古,这是一种竭泽而渔的政策。儒家通过富民来富国,法家通过亏民来强国,这是两条不同的治国方针,前者是民本位的君主政治,后者是君本位的君主政治。

儒家的“富”“教”主张中,“教”就是礼教、德教,如孟子所谓的“教以人伦”“申之以孝悌之义”,其他地方已作阐述,或将作阐述,此处从略。下面着重说明一下儒家提出的富民措施。

一是“使民以时”。“使民以时”,见《论语·学而》篇,指征调老百姓服劳役要在农闲时节进行,以保证有足够的劳动力投入农业生产,不误农时。荀子说:“……罕兴力役,无夺农时,如是则国富矣。”[③]

二是“薄税敛”。孔子主张“敛从其薄”,[④]谴责“苛政猛于虎”。孟子提出具体的农业税赋标准:“野九一而助,国中什一使自赋。”[⑤]即远郊农村实行九分取一的劳役税制,近郊采取十分取一的实物税制。孟子说:“……薄其税敛,民可使富也。”[⑥]荀子也主张“轻田野之税”。[⑦]

三是“制民之产”。“制民之产”就是使老百姓有一定的“恒产”。孟子认为,这份“恒产”的最低数量是“五亩之宅”“百亩之田”。他说,有了这份“恒产”,“则老者足以衣帛矣”“老者足以食肉矣”“八口之家足以无饥矣”。[⑧] 荀子步孟子后尘,也提出:“故家五亩宅,百亩田,务其

---

① 《论语·颜渊》。
② 《荀子·富国》。
③ 《荀子·富国》。
④ 《左传·哀公十一年》。
⑤ 《孟子·滕文公上》。
⑥ 《孟子·尽心上》。
⑦ 《荀子·富国》。
⑧ 《孟子·尽心上》。

业而勿夺其时,所以富之也。"[①]孟子的"制民之产",办法是搞井田制,这显然已不符合社会发展的情况。汉代董仲舒看到了这一点,主张改井田制为限田制:"限民名田,以谵不足,塞兼并之路。"[②]他们的出发点都在限制土地兼并,使民有一份"恒产",用以养家糊口,同时也为王朝提供税赋。

"制民之产""限民名田",包含了维护土地等不动产所有权的意思,历代王朝也曾重视制定和实施这方面的法律与政策。古代社会在田土房产的买卖、租赁、典当方面有一整套的礼法制度、礼俗习惯,并得到了国家制定法的认可与保障。这是中国古代礼法体制中的民事固有制度,值得研究和借鉴。

四是"通工易事"。"通工易事",使手工业和商贸畅通、繁荣,往来手续简便易行。孟子提出的具体办法是:"市,廛而不征,法而不廛,则天下之商皆悦,而愿藏于其市矣;关,讥而不征,则天下之旅皆悦,而愿出于其路矣。"[③]大意为:在市场上给商人划出储藏货物的地方,但不征税,如果货物滞销,就依法收购,不使积压;国家设立关卡,对往来的商人只稽查不征税,从而吸引天下的商人到本国来做生意,以发展商业经济。荀子也有同样的主张:"关市几而不征,质律禁止而不偏。"意即设立关市,但只稽查不征税,处理买卖纠纷以质律(契约)为凭据,禁止投机钻营,公正而不偏袒。从而,使"财物粟米"能够流通,"无有滞留",使"商旅安,货财通,而国求给矣"。[④]

在两千多年前能提出这些富民措施,想得如此周全,是难能可贵的。有些主张,如"关市几而不征"至今也还有启迪作用。

---

① 《荀子·大略》。

② 《汉书·食货志》。

③ 《孟子·公孙丑上》。

④ 参见《荀子》书《王制》《王霸》篇。

# 第八章　孝　亲
——治国之础石

我国民间有句旧谚："百善孝为先，万恶淫为首。"重视家庭伦理建设是中华文化的一个传统。"尧舜之道，孝弟而已。""孝"是子女对父母的尊爱与敬从；"弟"即悌，是弟妹对兄姐的尊爱与敬从。

据传我国夏朝就有"不孝"之罪，商朝沿用。西周周文王时有一条法律：定"不孝不友"为"元恶大憝"之罪，应从重从快严加惩处，"刑兹无赦"。《孝经》说："夫孝，天之经也，地之义也，民之行也。""天经地义"的成语就是这样来的。这真把孝抬到了无以复加的地步了。在儒家看来，王道政治的"修齐治平"中，"修""齐"的核心问题是个"孝"字，"修身"以孝，"齐家"亦以孝，身修了，家齐了，何患国不治天下不太平？！故《孝经》又说："明王之以孝治天下也。"在我国古代社会，宗法制度根深蒂固，血缘纽带结实韧长，家庭是社会的细胞，是政治和经济、生产和生活的最基本单位，物质资料的生产与再生产、人类自身的生产与再生产，都依托家庭而进行。可以说，古代社会是宗法的社会，古代经济是家庭的经济。"孝"是家庭和谐、经济发展、政治安定的调节器。

"孝"也是"三纲"之基。所谓"父为子纲"，实质上是"子以孝为纲"。所谓"君为臣纲"，同样也是"臣以忠为纲"，而"忠"是"孝"的延伸，在家为孝子，在国为忠臣良将，"臣以忠为纲"不过是"子以孝为纲"的扩大。作为“三纲”的“孝”，给历史留下了不少的虚伪、专横和罪恶。但古代帝王确实是靠这个“孝”来控制人心、控制臣民、威慑社会、维系秩序的。所以，在一定意义上说，他们确是“以孝治天下”。在西安的碑林之中央，立着一块硕大的“《孝经》碑”，据说那是唐明皇李隆基的“御笔”，这个风流天子还亲自讲解《孝经》，他大概是深得“以孝治天下”之中的奥妙的。

20 世纪 40 年代初，已故著名史学家钱穆曾说，中国文化是“孝的文化”。有个叫谢幼伟的哲学教授还写了专著《孝与中国文化》。“孝”这个字眼，现在也常走进著述者的笔端。关于“孝”的历史的是是非非，还有待我们去慢慢地评说。

## 第一节　“亲亲”“尊尊”

说到西周的礼，人们总不忘其基本原则是“亲亲”“尊尊”。《礼记》云：

> 亲亲也、尊尊也、长长也、男女有别，此其不可得与民变革者也。[①]

“亲亲”，指必须亲爱自己的血亲尊长：子女要孝顺父母、祖父母，小宗要遵从大宗。“尊尊”，指下辈对上辈、下级对上级必须尊敬和服从，宗子要服从宗主，诸侯亦须服从天子，不得僭越，不得犯上作乱。“长长”，指非血亲之间，晚辈敬从长辈，在血亲同辈中，弟妹敬从兄姐。“男女有别”，即男尊女卑，“男女授受不亲”。古人认为，这四项原则是不可变易的。四者之中，最基本的“亲亲”和“尊尊”两条，而又以“亲亲”为基础。“亲亲父为首”“尊尊君为首”。父是家庭的君，君是国家的父。在宗法社会的伦理关系中，“亲”与“尊”往往两位一体，忠君以孝父为基础，是孝父的扩张和延伸，孝可移作忠。所以，“孝慈则忠”，[②]“以孝

---

① 《礼记·大传》。

② 《论语·学而》。

事君则忠”。[①] 孔子教导学生们:“迩之事父,远之事君。”[②]“出则事公卿,入则事父兄。”[③]一个人在家是孝子,出外做事一定是个忠义之士,是国家的忠臣。即所谓“未有君而忠臣可知者,孝子之谓也”。[④] 即便他尚未成为君主的臣子,也可以预知,他将来必定是个忠臣,因为他是个孝子。汉朝把选拔官吏的制度叫作“举孝廉”,就是基于这种“孝慈则忠”的逻辑。

“孝”不但是“忠”的基础,也是一切道德的基础,一切事业的基础。反之,所有毁德败业的行为,都是“非孝”的显现:

> 居处不庄,非孝也;事君不忠,非孝也;莅官不敬,非孝也;朋友不信,非孝也;战阵无勇,非孝也。[⑤]

总之,有“孝”就有一切;失“孝”就失一切。说到底,古代宗法社会中的德教礼教,就是“孝”的教化;其道德建设,就是“孝”的建设。

这种“孝”的教育和建设,是基于一种人类天生的人际关系——血亲关系之上。即“子生三年,然后免于父母之怀”。[⑥] 十月怀胎,哺育喂奶,呀呀学语,蹒跚学步,三年后才能离开父母的怀抱。天下子女都是父母所生、父母所养,亲子之情是人之本性,父母养育之恩是一个人来到世上能感受得到的第一缕阳光、第一种情爱,是其从动物成长为社会人所能接受到的第一份人性、第一份德性。这是天然的、本然的,是无从替代的、无法改易的。儒家抓住一个“孝”,是顺应了人的本性,顺应了人之为人之自然。这种“孝”的教化润物无声,流入心田,没有强制,无须造作,却根深蒂固,比任何说教都要来得顺性和容易得多。这是一种最符合人性的孝的宗教。

法家说,最溺爱的儿子却总是希望父亲早死,甚至要害死父亲,好

---

① 《孝经》。
② 《论语·阳货》。
③ 《论语·子罕》。
④ 《大戴礼记·曾子立孝》。
⑤ 《大戴礼记·曾子大孝》。
⑥ 《论语·阳货》。

早点抢班夺权、抢班夺财。这样的血案，权迷心窍，财迷心智，历史上有过，现实中也不免，都是权和钱闹的，主要发生在帝王之家，富豪之家，追根究底，还是孝慈的缺失，父不父而子不子。法家又说，父母们生了儿子则高兴异常，生了女儿则溺死。这种现象也确实存在，但毕竟不是普遍的现象，而且始终是受到道德遣斥和良心拷问的行为，为人们所不齿。法家以这种特殊的情形为出发点，说“孝”道是靠不住的，“孝”的建设也完全是多余的。这在逻辑上犯了以偏概全的毛病。其实，不孝的行为尽管时有所出，但孝的传统毕竟不能泯灭，也没有什么力量能将其泯灭。归根结底，还是由于孝符合人性和人道。此理此德，古之与今，相通！相共！相同！相一致！

“亲亲”和“孝”的问题，还应从人类文明发展的历史必然性上来理解。

在人类社会的初期，是不讲“孝”，也不需要讲“孝”的。古书上说：“昔太古常无君矣，其民聚生群处，知母不知父……无上下长幼之道。”[①]在半坡村的考古中，发现有 4 个男子合葬和 4 个女子合葬的墓，但就是不见有成年男女（夫妻）合葬的情况。说明中国曾有母系社会的历史。在母系氏族社会，婚姻关系是一氏族的一群男子，与另一氏族的一群女子之间相互群婚。在这样一种两性结合不稳定的情况下，子女自然只知其母不知其父，世系也只能按母系计算，当时的姓字多从女，如姬、姜、嬴、姒、妫、姑、妘、婀、始、嫪等，亦可寻得其蛛丝马迹。传说黄帝生有 25 子，但与黄帝同姓者只有 2 人，其他都从母姓了。在那个时候，妇女是主要的生产力，生活资料的主要提供者，因为妇女的采集植物比男子的渔猎是更为可靠的食物来源。这样，使妇女受到尊敬，形成母权制。“在氏族制度之下，家庭从来不是，也不可能是一个组织单位，因为夫与妻必然属于两个不同的氏族。”[②]也就是说，那个时代，人类还处于蒙昧时期还没有形成父权家庭，自然也不存在、不需要以父权为内容特征的“亲亲”和“孝”道了。

随着社会生产力的发展，农业在社会生活中的地位日益重要，它要

---

① 《吕氏春秋·恃君览》。

② 《马克思恩格斯选集》（第 4 卷），人民出版社 2012 年版，第 97 页。

求身强力壮的男子更多地投入农业劳动。逐渐地,男子在农业、畜牧业、手工业等领域都占据了主要地位,成为生产力和生活资料的主要提供者。这使社会上男女的地位和作用发生了根本性的变化,母权制过渡到了父权制。恩格斯说,这是“女性的具有世界历史意义的失败”。在我国临夏永靖县秦魏家遗址中,一些成年男女合葬墓内,男性仰身直肢,女性侧身屈肢面向男性,表明当时已进入父系氏族社会,妇女的地位下降了。据测定,这个遗址开掘的时间大约在五千多年前。

再向前发展,由于生产力的提高而有了剩余产品的出现,私有财产随之产生。因为男子在生产中的优势,决定了其在分配中的优先,又决定了其占有较多的私有财产。私有制的出现要求有确定的父子血缘关系。于是,女子出嫁随男方居住,由夫妻组成家庭并成为社会的基本细胞也就水到渠成了。从此,世系转而以父亲计算,子女依父而姓,成为父亲财产的合法继承人。“孝”的道德正是这种一夫一妻制父权家庭的产物。它是历史的必然,是人类由蒙昧走向文明的标志之一。

可见,一提到“孝”,即以“三纲”“杀人”视之,实在也是一种无知和浅薄。

## 第二节　“大孝”、“中孝”和“小孝”

《论语·为政》有两条语录:

> 今之孝者,是谓能养。至于犬马,皆能有养;不敬,何以别乎?
> 色难。有事弟子服其劳,有酒食,先生馔,曾是以为孝乎?

前一条是说,现在所谓的孝,以为能够养活父母便行了。对于狗和马都能够喂养,若没有恭敬地孝顺父母之心,那养活父母同喂养狗和马还有什么区别呢?后一条的意思是,儿子在父母面前经常有愉悦的神色是难得做到的。难道说,有事情,年轻人效力;有好酒好茶,让年长的人先吃喝,这就可以认为是做到孝了吗?

在孔子看来,只是给父母一口饭吃,缺乏那种发自内心的恭敬和愉色悦容，还称不上是孝。那么，究竟怎样才算做到了孝呢？孔子的弟子曾参提出了三个不同种类的孝：大孝、中孝、小孝。他说：

孝有三：大孝尊亲，其次不辱，其下能养。……孝有三：大孝不匮，中孝用劳，小孝用力；博施备物，可谓不匮矣；尊仁安义，可谓用劳矣；慈爱忘劳，可谓用力矣。①

所谓“博施”，即博施天下以仁义，以德教化天下百姓，为天下做出榜样，受天下人的尊敬；“备物”，即富有四海，用四海之内的物产来祭祀自己的宗庙。“博施备物”，不是天子、国君或重臣，是做不到的。曾子以“博施备物”为“大孝”，显然是一种家天下观念，为祖宗争得一个天下，显身四海，光宗耀祖，这就是他所说的“大孝尊亲”。“中孝用劳”，至勤劳王事，为国家建功立业。但居官理民，要遵循仁义，不杀无罪，不取不义，勤勉公正，故能“不辱”其亲。所以，曾子说的“中孝”指一般的士宦，由于他们为士、为官尚能清廉自守，故能得到一方百姓的赞美，他们会说，“幸哉！有子如此”（多么有福气啊！有这么好的儿子）。曾子认为，这才是尽到“中孝”了。所谓“小孝用力”，指一般老百姓行孝道。这就如《孝经》所说：“用天之道，分地之利，谨身节用，以养父母。此庶人之孝也。”即顺天时，按季节播种、耕耘、收割、保藏，尽地利，因地之利种植各种作物，恭谨诚实地劳动，节约开支，服侍父母。这也就是“慈爱忘劳”。庶人的孝是以敬养父母为特点的，但这“养”不是只给碗饭吃。曾子说：“故烹熟鲜香，尝而进之，非孝也。”“养”只是一种行为，其内在的思想境界是要“敬”。所以，“养可能也，敬为难；敬可能也，安为难；安可能也，久为难；久可能也，卒为难”。② 这是一个层层递进的句式。“安”也是一种“敬”，是内心的诚敬发为外在的快乐容色。“久为难”是说长久地做到恭敬快乐很不容易；“卒为难”，即一直到父母去世都这样恭敬快乐更不容易。总之，一时的恭敬快乐还未能称为“孝”，长久地、始终地这样做到了才是“孝”。

① 《大戴礼记·曾子大孝》。
② 《大戴礼记·曾子大孝》。

曾子关于“大孝”“中孝”“小孝”的说法不是指“孝”的程度的不同，而是从“孝”的类别上作区分的。若论孝的程度，则从天子到百姓只有敬与不敬、安与不安、久与不久的区别。

儒家“孝”的观念，要求人们“一举足不敢忘父母，一出言不敢忘父母”，[①]认为“身体发肤，父母之所受”，不能亏损，不能先父母而轻身，如此等等。法家的韩非对此提出了批驳。韩非讲了一个故事：鲁国的卞庄子跟随鲁君出战，打了三次仗三次都败北而逃。孔仲尼(孔子)问其原因，他说：“吾有老父，身死，莫之养也。”仲尼认为他孝，表彰他。韩非说：“以是观之，夫父之孝子，君之背臣也。”[②]韩非子的故事纯属寓言还是实有其事，不得而知。但从推测来看，像卞庄子那样的人肯定是有的，然而儒家讲孝而并不弃忠，相反是为了做到忠，鼓励人们勤劳王事、建功立业，即所谓“事君不忠，非孝也”“战阵无勇，非孝也”。卞庄子可能是错误领会了孝的本旨，所以，孔子不大可能去表彰他。若照韩非子的说法，儒家是只讲孝而不讲忠的，把孝拿来与忠对立起来，这种理解不符合儒家之孝的原意。

不过，事实上，忠孝自古是不能两全的。岳飞、史可法、张煌言、文天祥等为了民族大义，忠心报国，照儒家的说法，正是不拘泥于“小孝”而去实现“中孝”“大孝”。另外，古代也有“夺情”之制，即在臣下服丧期中，因国事需要而带丧视事，像张居正、曾国藩等都被当时的君主下诏“夺情”。儒家的孝和忠的思想是一个复杂的有机的系统，不可取其一点而不及其余。

## 第三节　“父为子纲”与“从义不从父”

《孔子家语》和刘向《说苑》讲过一个同样的故事。

曾参为瓜田除草，失误而刨断了瓜苗的根，其父曾皙发怒，操起一根大棒便打，曾参被打得趴在地上，过了一会，曾参忍痛爬起来，去到父

① 《曾子·大孝》。
② 《韩非子·五蠹》。

亲的房间说:“刚才参得罪了父亲大人,大人用力教诲参,没有气坏、累坏了身体吧?”然后退回自己的房间弹琴而歌,并故意让曾皙听到他的歌声,好让父亲知道自己没有被打坏。孔子听到了这件事,对守门人说:“曾参若来不让他进门。”曾参自以为没有做错什么,见不到孔子就托友人去向孔子请安并问缘由。孔子对来人讲了舜如何处理好父子关系的故事。这里先叫停一下孔子所讲的故事话头,回头说一说舜与其父的关系由来。舜父是个双目失明的老人,传说中以“瞽叟”相称。舜是瞽叟的元配夫人所生。瞽叟晚年娶了后妻,舜多了个同父异母的弟弟叫象。象备受溺爱,想占有所有财产,包括舜的两位美貌的妻子。瞽叟听信后妻的怂恿,他们三番四次出阴招要致舜于死地,都被舜一一破解,避免了不测之祸。这便是孔子讲的故事背景。孔子对曾参的那位友人说:“你总听说过瞽叟有个儿子叫舜吧!舜是怎样对待父亲的呢?每次招呼他做事时,没有不在旁边的;但每次设下圈套要杀掉他时,却没有一次得逞的;如果是用小箠打他,他就忍受着;如果用大棒来打,他就逃走,这是为了躲避暴怒。这样,瞽叟就不会陷入父不像父、不慈不义的罪名,舜也不失为一个真正的孝子。而曾参却躬着身子接受其父亲的暴怒,就是被打死了也不逃避。如果曾参真被打死了,那就是陷父于不义,他的不孝之罪就大了。难道他曾参不是天子的臣民吗?!(曾皙)擅杀天子的臣民,其罪还不大吗?!”曾参听到他友人转述孔子说的故事后,立即醒悟过来,忙说:“我曾参的过错实在太大了。”于是去到孔子面前诚恳承认了错误并感谢老师的一番教诲。①

从这则故事可知,孔子反对愚孝,并不认为儿子对父亲的任何非理性行为都应当逆来顺受。“小箠则待,大箠则走”,大概是子事父的一种中庸之道吧!

那么,认为父母言行有不妥当,做子女的应当怎么办?可不可以劝谏?儒家的回答是肯定的。但父母听了劝谏后坚持他们的意见和做法,做子女的又如何应对呢?儒家认为,还是要恭恭敬敬地孝顺着,不强硬地违拗父母,而是任劳任怨地把事情办好。孔子把这种劝谏叫作“几谏”,即委婉地劝谏。他说:“事父母几谏。见志不从,又敬不违,劳

---

①　参见《孔子家语・六本》。

而不怨。”①以后的儒家著作,基本遵循孔子提出的“几谏”原则。如《礼记·内则》说:

父母有过,下气怡气柔声以谏;谏若不入,起敬起孝;说(悦——引者注)则复谏;不悦,与其得罪于乡党、州闾,宁孰谏;父母怒,不说而挞之流血,不敢疾怨,起敬起孝。②

“几谏”不是只谏一次。一次不听,更加恭敬,更加孝顺,待到父母心情愉悦时就再次劝谏。如果父母因此而不高兴,那么,与其眼睁睁看着父母可能得罪乡里乡亲,宁可自己再度犯颜苦苦劝谏。假若因此而惹得父母恼怒,将自己打到流血,那也不敢生怨恨之心,而是更加恭敬孝顺。

《礼记》又说,这样的“几谏”要反复三次。

子之事亲也,三谏而不听,则号泣而随之。③

《礼记》的这两段话都是从做子女的角度上来说的,要求为子女者对父母的过失应反复劝谏,但态度上要和颜悦色、起敬起孝,不能硬脖子顶撞,“对着干”,若父母最终还是不听,则只好大哭而跟从,大哭是表示自己不情愿,是违心地跟从,也是对父母这种过错行为将要产生严重后果的一种畏惧。但涉及可能得罪邻里的事情,那就不惜冒着挨揍流血的风险,也要犯颜苦谏。这是对《论语》“几谏”的丰富发展。

与《礼记》有所不同,《孝经》则是着重从父亲的角度说明应有“争子”:

父有争子,则身不陷于不义。故当不义,则子不可以不争于父……故当不义,则争之,从父之令,又焉得为孝乎。

---

① 《论语·里仁》。
② 《礼记·内则》。
③ 《礼记·曲礼下》。

“争子”，即见父母有不义、不当之言行而敢于提出不同意见、提出批评的儿子。“当不义”，指看到父母的行为将产生不义的后果之时。当发现父母将陷入不义时，为子者若不争，反而“从父之令”，就不得称之为“孝”。

比起《礼记》来，《孝经》的说法更强调为子者争谏的意义，再没有什么“号泣而随之”的说教。这才是健康的孝道！用荀子的话说，叫作“从义不从父”：

入孝出弟，人之小行也。上顺下笃，人之中行也。从道不从君，从义不从父，人之大行也。若夫志以礼安，言以类使，则儒道毕矣！虽尧舜不能加毫末于是矣。孝子所不从命有三：从命则亲危，不从命则亲安，孝子不从命乃衷；从命则亲辱，不从命则亲荣，孝子不从命乃义；从命则禽兽，不从命则修饰，孝子不从命乃敬。故可以从命而不从，是不子也；未可以从而从，是不衷也。明于从不从之义，而能致恭敬、忠信、端悫、以慎行之，则可谓大孝矣。[①]

荀子告诫天下孝子，孝行有小孝、中孝、大孝之分。行大孝之关键在“明于从不从之义”，绝不可无原则、无是非地顺从父命，又划分出“从义不从父”的三条界线，具体且有较强的可操作性。什么是真正的孝道，怎么行孝道，荀子算是说清楚了。

在古代宗法社会里，儿子的行孝是有一定限度的。古代刑事诉讼中既有“同居相为隐”的原则，即对于父母的一般性犯罪，儿子不负检举责任，可以相互隐瞒，若不隐瞒而去告发，则要承担刑事责任，甚至入“不孝”之罪；又有“大义灭亲”的原则，即一旦发现父母有谋反、谋叛、谋大逆的严重危害国家的言行，则不但不能相隐，还必须立刻告发，不告者与之同罪，这种情况下若再讲什么“孝”道，“号泣而随之”，就是严重的犯罪，要以谋反、谋叛、谋大逆的同谋者加以严惩。照《孝经》的说法，这种做法是陷父于不义，岂可得称为孝乎！

那么，“父为子纲”是怎么来的呢？

---

① 《荀子·子道》。

从上述资料可知,在先秦儒家思想中,有孝父、敬父的主张,但不存在“父为子纲”的言论。进入汉代以后,“君为臣纲”“父为子纲”“夫为妻纲”的“三纲”说才逐渐形成。首先是董仲舒,他用阴阳理论来论证、比附君臣、父子、夫妇三对关系,第一个提出了“三纲”这个概念。他说:“君臣、父子、夫妇之义,皆与诸阴阳之道。君为阳,臣为阴;父为阳,子为阴;夫为阳,妻为阴。”①照董仲舒的说法,阴阳关系是阳尊而阴卑的,据此可以自然地推演出君尊臣卑、父尊子卑、夫尊妻卑。董仲舒又说,这是“天”的安排,“王道之三纲,可求于天”。② 不过,董仲舒的“三纲”指的是“君臣”“父子”“夫妇”三对关系是宗法社会中一切人际关系中最重要的,所以称为“纲”,纲举则目张。他把“阳尊阴卑”套用到这三对关系上,论证内在有尊有卑,而尊卑关系不见得是绝对化的服从关系。

继董仲舒之后,东汉班固撰写的《白虎通德论》第一次正式明确了“三纲”的具体所指是“君为臣纲、父为子纲、夫为妻纲”。③ 书中说,臣下对君主主要“守节死义”,以死效君。子对于父的道理也是一样的。但在父命与君命发生冲突时,应“不以父命废王命”,④即“父纲”要服从“君纲”。《白虎通德论》的“三纲”说,已经有了绝对化的趋向。

这以后,父子关系就同君臣关系、夫妇关系同步,向越来越绝对化的方向发展。明末的魏禧甚至说:“父母即欲以非礼杀子,子不当怨,盖我本无身,因父母而后有,杀之,不过与未生一样。”⑤这种言论已与孔子的“大箠则去”判然有别了。它是专制主义政治下的产物,君主专制必然要求父权专制,因为父权是君权的基础。这样,“父为子纲”便发展成“父叫子亡,子不得不亡”。这完全是悖人情、反人道的专制主义理论,应当予以彻底摒弃。

---

① 《春秋繁露·基义》。
② 《春秋繁露·玉环》。
③ 《白虎通德论·三纲六纪》。
④ 《白虎通德论·五行》。
⑤ (明)魏禧:《日录》。

## 第四节　“不孝”之罪

前面已经说到，我国在夏代就有“不孝”罪，西周定有“不孝不友”罪。春秋战国时期资料不全，尚未见有不孝罪的记载和案例。秦独任法家政治，在出土的《云梦秦简》中，亦未找到惩治不孝行为的明文。从史料来看，汉代已把不孝罪正式写入汉律。《春秋·公羊传·文公十六年》何休注：“无尊上，非圣人，不孝者，斩首枭之。”汉武帝曾以不孝罪处死太子。汉律在确认不孝为重罪的同时，又规定子女为父母报仇而杀人者，减刑；子女如殴打父母，斩首枭之；子女如谋杀父母，以大逆论，本人腰斩，妻子弃市。

曹魏律、晋律以及以晋律为蓝本的南朝各律、北魏律，均以礼为指导，引礼入律，法律的儒家化逐步加深。曹魏时明确规定：“夫五刑之罪，莫大于不孝。”其刑律明文规定：“杀继母同于亲母，死罪，殴兄姊处五年徒刑。”《晋律》规定：“不孝罪，弃市。”[①]北魏孝文帝太和十一年定律，以为“三千之罪莫大于不孝”，犯者加重惩处。

《北齐律》是法律儒家化过程中的一部重要律典。它把反逆、大逆、叛、降、恶逆、不道、不敬、不孝、不义、内乱十种犯罪定为“重罪十条”，犯者加重治罪，即使是“八议”范围内的人，也废去其享受减轻或免去惩罚的特权。隋唐法律进一步制定“十恶”大罪，“不孝”列于其中，犯者也不得享受“八议”特权。

唐律的“十恶”指谋反、谋大逆、谋叛、恶逆、不道、大不敬、不孝、不睦、不义、内乱十种犯罪。“不孝”罪包括：控告或诅咒祖父母、父母；祖父母、父母在，别籍异财（另立户头、分割家财）或供养有缺；诈称祖父母、父母死；闻祖父母、父母丧，匿不举哀；于祖父母、父母丧期嫁娶作乐等。此外，殴打和谋杀祖父母、父母、伯、叔、姑，及夫之祖父母、父母等尊亲属入“恶逆”罪；谋杀及出卖五服内亲属，殴打或控告丈夫及其他较近的尊亲属入“不睦”罪。可见，唐律对家庭关系的维护是相当周密的。

---

① 《晋书·刑法志》。

唐以后,宋、元、明、清各朝法律都以唐律为母法,对“十恶”大罪的内容和原则鲜有改易,对“不孝”罪的规定基本上仍循唐律之旧。

中国古代法律关于“不孝”罪的规定,说明了儒家的“孝”的思想适应了古代政治的需要,从而成为立法的指导思想之一。反过来,严惩“不孝”罪的法律又维护了儒家的“孝”作为古代统治思想的地位。

## 第五节　孝的权利:“亲亲相隐”

说到孝道,不能不涉及孔子的“父子相隐”主张和古代法上的“亲亲相隐”制度。

“亲亲相隐”,又叫“亲属相容隐”“同居相为隐”等。最早提出父子应当相隐的是孔夫子。楚人叶公对孔子说,我们那里有个直率的人,他的父亲偷了羊,他去把父亲告发了。孔子回答说,我们那里直率的人与你们的不同,“父为子隐,子为父隐,直在其中矣”。[①] 这是“父子相隐”的最初表述。在孔子那里,它还只是一种主张,或者说是一种思想,不是法律规定。

以法令形式确立亲亲相隐制度始于西汉。汉宣帝地节四年(公元前66年)下了一道诏书,说:

> 父子之亲,夫妇之道,天性也。虽有患祸,犹蒙死而存之,诚爱结于心,仁厚之至也,岂能违之哉!子首匿父母、妻匿夫、孙匿大父母,皆勿坐。其父母匿子、夫匿妻、大父母匿孙也,自今,罪殊死,皆上请廷尉以闻。[②]

“匿”,就是隐匿、隐瞒、隐藏、藏匿。用当下犯罪学上的说法,就是包庇罪犯。这份诏书中坦言,尊隐卑、夫隐妻,虽然明知会惹上祸患,仍然会甘冒处死的危险去隐匿对方,这是一种真诚的出自心底的爱亲之

---

① 《论语·子路》。

② 《汉书·宣帝纪》。

情，是至高至厚的仁爱之举，岂能违抗得了！因此，自今以后，子女藏匿父母、妻子藏匿丈夫、孙子藏匿祖父母，一概不再追究他们的藏匿包庇之罪。凡有父母藏匿子女、丈夫藏匿妻子、祖父母藏匿孙子者，（死罪以下不论）其中的死罪重案，皆须上请，由廷尉统一奏闻，即或减或免由庭前会议议定。

这一诏令在中国政治史、法制史上有重大意义。第一，明确运用儒家的仁学对家庭亲情的伦理价值予以高度肯定，特别是将家庭亲情视为“天性”，尤其显得宝贵，这是古代以家庭为本位的血缘亲情伦理政治和伦理立法原则的经典性解释；第二，肯定孔子关于父或子有社会犯罪行为应相互隐瞒的主张，并作了最大限度的扩张。诏令规定：凡卑幼隐匿尊长、妻匿夫，无论什么罪，皆不治罪；凡尊长隐匿卑幼，死罪以下不加追究，应入死罪者“上请”减免。自此，“亲亲相隐”进入古代法律制度领域。这是中国古代刑事法律儒家化的典型例证。

汉宣帝这个“亲亲得相首匿”的诏令属于“令”的形式，法律位阶不高，也显得比较粗疏。经过六七个世纪的刑法典儒家化，直到唐代，“同居相为隐”立法就十分详备了。《唐律》规定：

> 诸同居，若大功以上亲及外祖父母、外孙，若孙之妇、夫之兄弟及兄弟妻，有罪相为隐；部曲、奴婢为主隐，皆勿论。即漏露其事及擿语消息，亦不坐。其小功以下相隐，减凡人三等；若犯谋叛以上者，不用此律。①

《唐律》的这一“同居相为隐”法律条款中，有几点是值得重视的。第一，相隐的范围比汉代大大扩充。凡同财共居者，不管是否同籍、是否为血亲、有服无服，都可相隐，连“部曲、奴婢”等家内奴隶也允许“为主隐”。第二，相隐行为规定得十分明细。一是“知情藏匿”犯罪人（现行刑法称犯罪嫌疑人，下同）的行为；二是“漏露其事”和“擿语消息”，即向犯罪人通风报信的行为。第三，律文最后有个十分重要的“但书”：谋反、谋大逆、谋叛三项“十恶”之首的重罪，不适用“相隐”律条。据唐

---

① 《唐律疏议·名例律》。

律,犯此三项重罪者家族“缘坐”,所以又称缘坐重罪不得“相为隐”、部曲奴婢也不得“为主隐”。

这一“但书”的立法思想源头仍然来自先秦儒家。《左传·昭公十四年》记录一个案子:晋国的两个贵族——邢侯和雍子争田产,雍子自知理亏向代理司法官叔鱼行贿,把女子献纳给叔鱼,“买直”以求胜诉。叔鱼果然枉法徇私,强判邢侯败诉,邢侯一怒之下,在法庭上刺杀了叔鱼和雍子。晋君命叔向审理邢侯擅杀之案。叔向的判决是:邢侯处死刑,叔鱼和雍子戮尸示众。而这个叔鱼,是他的同父异母兄弟。孔子后来谈到叔向的这次审判,给予很高的评价:

> 叔向,古之遗直也。治国制刑,不隐于亲……杀亲益荣,犹义也夫。①

相比于他说过的“父子相隐”一事,可以作出这样的分析:对于“攘羊”之类的行为,应当隐,可以隐;对于受贿枉法这样的行为,不能隐,也不能曲。也就是说,危害国家利益的严重犯罪不能隐。

在儒家人士的不断推动下,到唐代,“亲亲相隐”的立法趋于周全,从技术上说已比较成熟。这一“同居相为隐”制度的立法格局,宋、元、明、清各朝大体得以维持,少有改动。古代“亲亲相隐”立法有三个特点。

第一,是它的家庭伦理本位。相隐成立的前提是同财共居的家人、有服血缘亲人,以及亲情特重的亲人。归结起来,无非两类人:血亲和姻亲。实际上都是基于家庭的血缘亲情,维护家庭的伦常秩序和利益。古代家庭中也有非血缘的成员,如奴婢、部曲之属,他们必须单方面履行“为主隐”的义务,这仍然是为了血缘家庭的稳定。基于家庭的血缘亲情、夫妻情爱是人性中最原初的感情,并由之升华为一整套“孝”“悌”“慈”“顺”的伦理观念和道德规范。这就是汉宣帝诏令中所说的“父子之亲,夫妇之道,天性也”。“亲亲相隐”正是秉天性(天理)、顺人

---

① 《左传·昭公十四年》。

情的立法。血缘家庭伦理是相隐的立法宗旨。

第二,是它的国家本位。“亲亲相隐”不是无界限的,危害皇权、危害国家,诸如缘坐重罪是不得相隐的。国家安全、君主利益是家庭伦理本位的“红线”。儒家血缘亲情伦理立法恰到好处地把握了相隐与不得相隐、曲法伸情与大义灭亲之间的“中道”尺度。

第三个特点是什么?学界大多认为它是一种义务本位立法,深究一下,并非如此。我们已反复申述,古代中国的家或户是民事权利主体,享有家庭权或亲属权这样一种权利。亲属相为隐,其实正是家庭亲属权利在特殊情势中的充分显示。显然,“亲亲相隐”需要家庭成员,或同居成员尽到“相隐”的义务。然而,正是这种“相隐”的个体义务的共同遵循,才使这一“相隐”的家庭权利得以实现。也就是说,“相隐”行为的实施,相对于家庭成员之个体是尽义务,相对于国家公权力则是显示权利。实际上,所有的家庭权利的实现都来自这样的基础:每个家庭成员尽到应尽的义务。家庭成员抱成一团,各自克尽本分,才能形成家庭私权的合力。以家庭财产权为例,如果家庭成员都不尽到“同居共财”的义务,都闹腾着在个人名下占据一份,都热衷于挖家产的墙角,哪还有共有的家庭财产权可言?!“亲亲相隐”作为一种家庭权利也是如此,其成员的“相隐”义务尽,则家庭之共有的“相隐”权利存,从而其每一成员的“相隐”私权亦可得而享之;反之,其成员的“相隐”义务亡,则家庭之共有的“相隐”权利废,从而其每一成员的“相隐”私权亦归于灭失。

据此,“亲亲相隐”立法的第三个特点,应表达为“家庭私权抗御公权”。

那么,“亲亲相隐”立法中隐含着哪些抗御公权力的私权利呢?首先,是抗御侦查权和缉捕权。对犯罪行为的侦查权和对罪犯的缉捕权,在国家权力位阶中居于十分重要的地位,仅次于军事权和警察权,是仅次于甲兵暴力的国家暴力。有“相隐”权利之同居亲人可以向犯罪亲人通风报信,以帮助其逃脱政府侦缉人员的缉捕,是古代法中私权利抗御公权力的一大亮点。

其次,是抗御刑讯权。帝制中国在犯罪的侦查和审讯过程中都存在刑讯。一定程度的刑讯是法律规定的,合法的。① 诚然,非法刑讯大量存在。“亲亲相隐”对侦查和审讯过程中的刑讯权的抗御作用,表现在犯罪者的家属享有一定的免遭刑讯逼供的权利,哪怕他们曾经窝藏或帮助过犯罪亲人逃匿。

《唐律》规定,拷讯违律要以“故失”论处。其《断狱》篇称:

> 其于律得相容隐,即年八十以上,十岁以下,及笃疾,皆不得令其为证,违者,减罪人罪三等。②

也就是说,在司法审讯时,“其于律得相容隐”者,不得令其作证,更不得以刑讯逼供作证。这一规定还扩展到“年八十以上,十岁以下,及笃疾”者。用今天的法律术语说,他们享有免证权。其后的《宋刑统》、《大明律》之断狱部分的有关律文与《唐律》无大异,《明律》只是将违律惩罚改轻了些。足见“亲亲相隐”的亲属权利是具有抗御刑讯权的价值的。

最后,是抗御审判权。“亲亲相隐”的最终目的是使无罪的和有罪的亲属免受审判和刑罚。如果说对侦查权、缉捕权、刑讯权的抗御是“亲亲相隐”私权利最为基本的功能与价值,那么,抗御审判权则是它的终极功能和价值指向。

前文所述的“相隐”条款对国家侦查权、缉捕权、刑讯权的抗御,以及审判过程中享有免证权,即犯罪人的子孙有不到庭、免除举证责任、沉默、不作证、拒证的权利等,归总到一处,是对国家司法审判权的一种直接的抗御。

这种对国家审判权的抗御功能,可以从两个层面加以分析。第一个层面,使无罪亲属免受审判和刑罚,即凡非谋叛以上重罪的罪人亲属不受株连。第二个层面,使有罪的家庭成员、亲属免除或减轻刑罚。这

① 参见《唐律·断狱律》规定:“诸应议、请、减,若年七十以上,十五以下及废疾者,并不合拷讯,皆据众证定罪,违者以故失论。若证不足,告者不反坐。”“诸应讯囚者,必先以情,审察辞理,反复参验;犹未能决,事须讯问者,立案同判,然后拷讯。违者,杖六十。”“诸拷囚不得过三度,数总不得过二百,杖罪以下不得过所犯之数。拷满不承,取保放之。”

② 《唐律疏议》,刘俊文点校,中华书局 1983 年版,第 550 页。

里的有罪的家庭成员、亲属，指因“相隐”行为而犯了藏匿罪、帮助逃匿罪等，他们的犯罪皆因被“相隐”的原犯罪人所诱发，因享有“相隐”权利而可以抗御或部分抗御国家的审判权和刑罚权，从而将他们的犯罪行为免罪化或轻罪化。

凡谋叛以下犯罪，其同居、亲人可以“漏泄其事，及通报消息，致令罪人隐匿逃避”的规定，这显示出帝制时代王朝在儒家“亲亲相隐”观念的指引下，国家侦查权、缉捕权、刑讯权、审判权对家庭亲属权利的极大容忍和谦抑，一定程度上表现出政府治理社会的那种自信和气魄。在人类的中世纪时代，恐怕只有中华法系中的古代法有这样的人性张扬和制度安排。儒家“相隐”私权利的功能和价值在这里得到了理论和制度上的极大提升。

继承和弘扬中国传统文化已成举国上下共识。但若抛开悠久的家庭文化传统，中国传统文化岂不成为空壳?！亲属权、家庭权或因血缘关系而天生享有，或因婚姻关系而后天获得，应当作为一种重要私权利纳入我们的法律保障之下。刑事诉讼中的沉默权、拒证权和无举证责任权应当作为亲属权、家庭权的固有权利在法律中予以明文宣示。变古代帝制法制的公权优先为法治中国的私权优先，在现代权利制度中给予亲属权、家庭权恰当的位置。这些，当是古代“亲亲相隐”权的制度和智慧带给我们的启迪与思考。

比较政治和比较法研究表明，当今世界上大多数国家和地区的刑事诉讼法律都把犯罪嫌疑人亲属的沉默权、拒证权和无举证责任权应当作为亲属权、家庭权的这一固有权利加以确认。也许，这会给行使国家侦查权、缉捕权、预审权、审判权的公职人员及其公务工作带来一些困难和麻烦，甚至会使一些货真价实的罪犯逃脱惩罚，但对于尊重、敬畏和维护出自“天性”的亲情、人性和道德之需要而言，恰是应当付出的成本。尤其对于正在重建和复兴优秀家庭伦理、社会道德、传统文化的中华民族来说，更是一种有一点紧迫感和责任感的需求。

走笔至此，想起美国大法官霍尔姆斯在投票赞成米兰达无罪之判时说的话：“罪犯逃脱法网与官府的非法行为相比，罪孽要小得多。”套用一下他的逻辑：维护亲属特权可能会致罪犯逃脱法网，但这与以法律的名义撕裂人性、践踏亲权相比，罪孽要小得多。

## 第六节　孝道与国法：复仇是非

1935 年,天津出了一个为父复仇的女侠施剑翘,被誉之为“民国赵娥”。那谁是赵娥？赵娥有什么故事？

赵娥是东汉灵帝年间的一个小女子。赵娥的父亲赵安被豪强李寿杀害,官府却不作为。赵安有三子一女,立志为父报仇。不幸的是,老赵家命运多舛,三个儿子染上瘟疫先后死亡。于是,复仇的重任落在了妹妹赵娥肩上,乡邻担心她斗不过李寿,好心劝阻,但赵娥志坚意决。她不婚不嫁,苦练本领,伺机为父报仇。终于有一天,她路遇李寿,拔刀便砍,李坠马落地,她在砍第二刀时,砍在一棵树上,因用力过猛,刀被折成两段。情急之中,她弃刀一跃骑到李寿身上,双手死死卡住李的脖子,李窒息而死。然后,赵娥割下李的头颅,投案自首。当时的法律禁止复仇,凡私相复仇而杀人者,依律问斩。若按法律办理,赵娥自难全命,那这个故事也就流传不下来了。问题就在于赵娥自首后,事情发生了戏剧性的变化。受理此案的官员对赵娥以一个弱女子而勇于为父报仇的“孝行”敬佩不已,又对她当即自首,义无再活的气节十分赞叹,于是在法庭上示意赵娥逃走了事。他自己则深知纵囚枉法,难逃罪责,也摘下乌纱帽,准备挂印而走。但赵娥却深明大义,不想连累他人,不接受这位官员的好心,说“匹妇虽微,犹知宪制,杀人之罪,法所不纵;今既犯之,义无可逃;乞就刑戮,殒身朝市,肃明王法”,要求法官不必法外原情,依法处断便是。这倒难住了这位官员,万般无奈,他只好命人强行将赵娥抬上车载回家。这位官员的做法,得到了当时社会舆论的一致称赞。赵娥也因为她的“孝行”,被史家写入《列女传》,作为后世女德的楷模。①

把敢冒国法为父复仇的人称为“英雄”的文化现象一直延伸到了近现代。“民国赵娥”施剑翘生动地演绎了这一法律文化。

施剑翘的父亲施从滨原是直鲁军混成旅旅长,1925 年直奉战争中

---

① 《后汉书·列女传》。

被军阀孙传芳俘虏，惨遭慢刀割头而死，并暴尸数日。孙虐杀战俘，残忍无人性，失去了道德阵地。时年20岁的施剑翘立志为父报仇。她苦练武功，并说服堂兄和丈夫协助她。后其堂兄和丈夫畏险而退，她矢志不移。经过精心策划，终于在1935年11月趁孙传芳去天津的一所寺庙时用手枪将其击毙。事后，施剑翘从容自首。依当时法律，她应处10年以上有期徒刑或无期徒刑乃至死刑。施剑翘的复仇之举，使她成了人们心目中的“伟丈夫”，因而天津地方法院从轻判处其有期徒刑10年。但社会舆论仍为施氏愤愤不平，于是，河北省高等法院将其减刑3年，理由是施剑翘的杀人动机是出于“孝道”“情可悯恕”。施氏服刑后，冯玉祥、李烈钧、于右任等国民党要员20余人又联名上书，请求政府特赦施氏，以配合当时国民党政府倡导的“新生活运动”，重建国民道德。全国工商界、学界也纷纷上书要求释放这位“女中豪杰”。这样，国民政府主席林森于1936年10月14日发布特赦令，对施剑翘实行特赦。这个特赦令称：

施剑翘因其父施从滨曩年为孙传芳惨害，痛切父仇。乘机行刺，并即时坦然自首听候惩处。论其杀人行为，固属触犯刑法。而以一女子发于孝恩，奋力不顾，其志可哀，其情尤可原。现据各学校各民众团体纷请特赦，所有该施剑翘原判徒刑，拟请依法免其执行等语。兹依中华民国训政时期约法第68条之规定，宣告将原判有期徒刑7年之施剑翘特予赦免，以示矜恤。①

从施剑翘的故事中可以看到，把复仇视为高尚的“孝行”的文化，在中国人心中可以说是根深蒂固的。

复仇是十分古老的原始社会遗风，社会学家们称为“同态复仇”。复仇遗风在中华大地上久存不息，原因很多，也颇复杂，但崇尚孝道则是其坚实的社会基础、不变的观念根底和恒定的心理力量。

对复仇者应当网开一面、以情屈法的观念，在《论语》《孟子》中已见端倪。孟子说，我今天才知道杀别人亲属这件事的严重性，“杀人之

---

① 施羽尧等：《女杰施剑翘》，北方文艺出版社1985年版，第143页。

父,人亦杀其父;杀人之兄,人亦杀其兄”,虽然这不是自己亲手杀死其父兄,然而同亲手杀父杀兄也相差无几了。[①] 孟子劝告人们不要犯罪,不要愤而杀人,但这一劝告显然是以社会上存在复仇为根据的,“杀人之父,人亦杀其父;杀人之兄,人亦杀其兄”,这就是复仇。孟子的这种劝告,也说明他并不反对复仇。

明确主张复仇的言论出自礼书和汉儒的作品。《周礼》说:

凡报仇雠者,书于士,杀之无罪。[②]

“书于士”,就是把复仇的有关情事报与朝士登记在案,取得官方的许可,履行这一手续后,报仇杀人者无罪。《礼记》则依轻重程度将复仇行为划分为三个等次:

父之仇,弗去共戴天。兄弟之仇,不反兵。交游之仇,不同国。[③]

父仇不共戴天,不与仇人生活在一片蓝天之下,意思是无论仇人躲藏在哪里,也不计付出任何代价,必须报仇雪耻;兄弟之仇,若路遇仇人,不要等再回家取兵器,即应用随身所带器具为之报仇;朋友之仇,不与仇人共处一地。三者之中,父仇最重,非报仇不可,不然苟活世上,枉为人子。子夏曾问孔子,如何对待“父母之仇”?孔子的回答是:

寝苫枕干、不仕,弗与共天下也,遇诸市朝,不反兵而斗。[④]

意思是为子者为报杀父之仇,要卧薪尝胆,睡在草垫子上,拿盾牌当枕头,不做官。一旦在街头遇到仇人,不必返家取兵器,应立马拿出随身携带的兵器杀掉仇人。所以,董仲舒说:

---

① 参见《孟子·尽心下》。
② 《周礼·秋官·朝士》。
③ 《礼记·曲礼上》。
④ 《礼记·檀弓上》。

《春秋》之义，臣不讨贼，非臣也；子不复仇，非子也。[①]

董仲舒把复父仇与复君仇捆在一起，说这是《春秋》大义。这种说法增强了复父仇的正当性和合理性，如果有哪个君主敢惩处复仇的孝子贤孙，那就得想一想，当有乱臣贼子弑君篡位时，谁为你讨贼尽忠?!由此，“子不复仇，非子也”成为民间道德训令和社会心理定式。讨弑君之贼、讨国贼、复国仇，史称“大复仇”，因非本节主题按下不表。

董仲舒是《春秋》公羊学派大师。公羊学属今文经学，专致于阐发《春秋》的微言大义。什么仇可复？什么仇不可复？以上的说法都没有交代清楚，只有《公羊传》讲到这层意思：

父不受诛，子复仇，可也；父受诛，子复仇，推刃之道也。[②]

大意是说：父亲无辜被杀，儿子可以复仇；如果父亲有罪被官府按法律处死，则不能为复仇，否则就会形成冤冤相报的恶性循环。这一阐释言简意赅，但此后发生的复仇案例五花八门，对当与不当还是发生了激烈争论。

唐代武则天统治时期，出了一桩中国法律史上著名的徐元庆复仇杀人案，被杀者乃堂堂御史赵师韫。原来赵师韫担任县尉的时候，杀了徐元庆的父亲，徐元庆为报父仇，隐姓埋名，在驿站干仆役，终于在赵住宿驿站时报了杀父之仇。徐元庆随即投案自首。这桩谋杀案引发了朝廷的巨大争议：依照律法，徐元庆当明正典刑，死罪难逃；可是依照《春秋》大义，徐元庆是纯孝高义，应该受到表彰。武则天一时也拿不定主意。

著名诗人陈子昂时任右拾遗，是谏官，写了一篇《复仇议》，认为徐元庆依法当斩，但他为父报仇的精神可嘉，建议处死后再着实旌表一番。[③] 案子最后按照陈子昂的建议处理。

---

① 《春秋繁露·王道》。

② 《公羊传·定公四年》。

③ 参见曾哲主编：《中华法系寻根》，中国人民大学出版社 2015 年版，第 166 页。

大约过了五六十年,又发生了一起重大复仇案。唐天宝年间,寓州都督张素审被诬谋反,监察御史杨汪未审得实情即将张处死。张素审的两个儿子张理、张琇时年分别为13岁、11岁,被流放岭南;几年后逃回,刺死杨汪,为父报仇。都城中男女老幼及朝廷不少官员都主张赦其死罪。宰相李林甫坚持认为国法不可纵复仇,主张处死。唐玄宗犹豫再三,还是批准了死刑。这一下,京城舆论哗然。行刑之日,大街小巷到处都贴出悼词挽联,市民们纷纷募捐厚葬张氏兄弟于洛阳北氓山,为防止杨家报复,还修了多处疑冢。士大夫们争相上书批评朝廷处置不当。①

二十五史上总共记载了84起复仇案件,只有唐代李林甫为待中时,张氏兄弟为父复仇而被处死,且他们还均未成年,其他都是免罪或处徒、流、杖等刑。

张氏兄弟复仇案的诱因,是张素审谋反冤案。其冤案未得平反昭雪前,张氏仍视为犯下谋反大罪,依律应当处死。但当时庙堂内外以为张系蒙冤者大有人在。张案又与李林甫当政作孽有关。李林甫坚持处死张家两个年幼的复仇者,闹得民怨沸腾,难辞其咎。不过,这一案件的不当处理,又反过来说明复仇案所激发的孝道与国法的冲突难题尚未破解。

又过了半个世纪左右,一百多年前的徐元庆案被重新提起。唐宋文坛八大家之一的柳宗元看了陈子昂《复仇议》后,不以为然,写下《驳〈复仇议〉》一篇,指出陈子昂所论自相矛盾,赏罚不明,同一案件怎么可以既惩罚又表彰呢?有罪就是有罪,无罪就是无罪。柳宗元认为此案的关键在于徐元庆的父亲是否无辜被杀,如果赵师韫真是出于私怨杀了徐元庆之父,徐元庆复仇就是“守礼而行义”,非但不能判罪,反而要无罪释放,加以旌表!反之,如果徐父是有罪被杀,则是“死于法也”,那么,徐元庆复仇就是目无国法,犯下死罪又怎么能受表彰呢?!②

柳文是中国法制史上论析复仇问题的一篇最有价值的文章。他本于《公羊传》揭橥的《春秋》大义,立论全面而不失中平。其中,“若元庆

① 《文献通考》卷六六。

② 参见曾哲主编:《中华法系寻根》,中国人民大学出版社2015年版,第173页。

之父，不陷入公罪；师韫之诛，独以其私怨。奋其吏气，虐于非辜，州牧不知罪，刑官不知问，上下蒙冒，吁号不闻”一段文字，字里行间流露出对当时制造冤案、草菅人命、官官相护的愤懑心情。观其全文，作者的立场是赞同有条件复仇的。

也不知何故，包括唐一代，复仇案件频出。柳宗元虽论之甚详，但王朝刑典不著复仇一字，处理此类案件还是无法可依。

唐宪宗元和六年(公元811年)九月，富平县12岁少年梁悦为父报仇，袭杀仇人秦某后，身背人头，自缚双手，直赴县衙投案自首，听凭发落。当事官吏不知所措，只好上报朝廷，宪宗由是下诏廷议。新近擢升为尚书职方员外郎的韩愈应诏写下《复仇状》。已有柳文在前，韩愈对之没有不同意见，就把立论重点放在如何处理复仇案件上。他开篇即说，“复仇之名虽同，而其事各异”，显然无法制定一个适用所有复仇案件的律条。他的建议是，由朝廷颁布法令，作为定制：“凡有复父仇者，事发，具其事申尚书省，尚书省集议奏闻，酌其宜而处之，则经律无失其指矣。”①

廷议的结果，认为梁悦小朋友的孝义难能可贵，不仅免罪，还大加表彰。韩愈同样认可有条件复仇的正当性。据传，梁氏后裔为感念韩愈的恩德，在家乡为之立庙祭祀。

北宋王安石开质疑复仇之先河。这位荆公先生既然黜《春秋》为“断烂朝报”，②对所谓《春秋》大义自有一番见解。他在《复仇解》中，开宗明义，以为复仇“非治世之道也”。他指出：《周官》“凡复仇者，书于士，杀之无罪”的说法，“疑此非周公之法也”；《春秋传》《礼记》所说的复仇之义，是“为乱世之为子弟者言之也”。既然复仇是乱世之道，那当事人就有个两难选择：是宁可杀身以复仇呢，还是不复仇而延续祖宗的血食祭祀呢？王安石认为应选择后者：

可以复仇而不复，非孝也；复仇而殄祀，亦非孝也。以仇未复之耻，居之终身焉，盖可也。仇之不复者，天也。不忘复仇者，己也。克己以

---

① 曾哲主编：《中华法系寻根》，中国人民大学出版社2015年版，第244页。

② 《宋史·王安石传》。

畏天,心不忘其亲,不亦可矣。[1]

细析王安石所论,并没有否定复仇的正当性,只是在质疑复仇的必要性。在他那里,对复仇的评价重心已从私力救济向国家法律方向倾斜。不过,他设想的那个两难选择其实并不存在。所以,他那"克己以畏天,心不忘其亲,不亦可矣"的弱弱之问,丝毫没有打动孝子贤孙的心。

诚如张素审之二子复仇后,其中有份请求法外开恩的上书所称:"复仇固人之至情,以立臣子之大义也。仇而不复则人道灭绝、天理沦亡……"[2]可见,人们以复仇为"人道"(人情)、"天理",不认同荆公大人的"仇之不复者,天也"之说。复仇就是"孝行"、"人情"和"天理"。直到今天,这个话题仍然还在引发争议。

法律学上有个概念,叫作"私力救济",其中包括"自力救济"。前述那些历史上的复仇案件,大多属于自力救济状态。本来,法律是由国家制定或认可,并由国家强制力维系和保障实施的,一旦公民受到不法侵害,理应寻求法律救济,也理当获得法律救济。但如果负责治理国家的政府不到位、不作为,甚至乱作为、逆向作为、虐作为,公权力保障不了公民的人身安全和合法权益,各种以公权力为后盾的救济手段不能跟进,法律救济缺失,那么,公民要么忍气吞声,自认倒霉,要么只好寻求私力救济或自力救济。这就是王安石说的"乱世",是社会失序的症状。在法治社会中,公权力依法有序运作,社会救济体系有效覆盖,法律救济手段坚实可信,若再允许复仇这种极端的私力救济行为将是对国家法治体制的蔑视和破坏,无论其以何种高尚的名义出现都是非法的。这是基本原则,是法治底线。

具体到现实社会,我们国家的法治还在建设之中,我们是在具有深厚的固有文化传统社会中建设现代法治体制。公权力的运作难免缺失,法律救济或有迟疑,复仇心理未曾消融,以复仇名义酿成的恶性案件不可能绝迹。当我们的司法权直面这类案件时,不仅有依法公正审

---

① 曾哲主编:《中华法系寻根》,中国人民大学出版社 2015 年版,第 147 页。

② 《文献通考》卷六六。

判和同情理解之间的折中公允问题，还有刑法法治原则与刑法对伦理和人性本然谦抑之间的适度平衡问题。当年于欢案①的审理过程中，最高人民法院大法官强调“司法审判不能违背人之常情”，再审法院发言人坦言“亵渎人伦”的行为“应当受到惩罚和谴责”。民众无不为这样有伦理关切和人情温度的话语点赞并将之视为我们的司法告别人伦冷漠、重估中华传统情理的转折点。

① 2016年4月14日，山东省聊城市冠县发生一起人命案件。女企业家、债务人苏银霞的儿子于欢，因母亲被羞辱而刺死催债人杜志浩。山东省聊城市中级人民法院一审以“故意伤害罪”判处于欢无期徒刑。此案一被媒体披露，舆论哗然，认为这一判决有违天理人情。法律界人士则从现行刑法的“正当防卫”条款中寻找于欢应判无罪或从轻量刑的依据。2017年6月23日上午9时，山东省高级人民法院对于欢案作出二审判决，认定于欢的行为属于“防卫过当”，不构成故意杀人罪，不构成自首，原判认定故意伤害罪正确，但量刑过重。判处有期徒刑5年。

# 第九章　礼　贤

——致治之干城

“举贤才”是儒家治国方略的重要一环。“虽有周亲,不如仁人。”[①]意为:我虽然有不少至亲,却不如有仁德的贤人。儒家认为,治国任贤是很重要的,贤人也是不容易得到的。舜的时候有贤臣五人辅佐他,天下便太平了;周武王手下有能够拨乱反正的贤臣十人,其中还有一个是女的。所以孔子说:“才难。”[②]即人才不易得。

儒家是主张“德政”。“德政”的一个基点是要有道德高尚的贤人,非此不足以为天下之仪范。因此,儒家必然把选贤、任贤放在决定国家治乱的关键之点上来重视。他们为此提出了一系列有益的人才思想。然因为注重“德政”,却放过对制度的重视,以为治乱唯贤与不贤而定,因而其治国思路是非法治主义的,但斥之为“人治主义”也不合适。中国古代政治从理论到实践,未曾崇尚过法治与人治两种主义对抗的二分思维模式。使用法治与人治对立思维来评析古代中国政治法制,在方法论上就出了差池,枘凿不合。这一层意思,将在其他章节中展开讨论。

① 《论语·尧曰》。

② 《论语·泰伯》。

## 第一节　“举直错诸枉”

孔子依人的道德品质把选拔的官吏分成两类：“直”和“枉”。“直”，指正直的贤人；“枉”，指奸佞的小人。小人往往巧言令色，善于阿谀奉承，惯于察言观色，投上所好，很容易被错认为人才而攫取要职。所以，孔子讲到“举贤才”时，特别强调分清“直”与“枉”，要做到“举直错诸枉”，即把正直的人选拔起来放置在奸佞的人上头。《论语》中两次论及这个问题。

一次是鲁哀公问孔子：“要做些什么事才能使百姓服从？”孔子答道：“举直错诸枉”，百姓就会服从；“举枉错诸直”，百姓就不会服从。[①] 大概是当时鲁国的用人多枉而不直，故孔子特向哀公指出来。只是这个哀公昏庸无能，不知他听懂孔子的话没有，而且即使听懂了，怕也无能为力。

另一次是孔子对樊迟说的。樊迟问老师，什么叫“知”，孔子答曰：“知人。”樊迟不解其意，孔子补充说：“举直错诸枉，能使枉者直。”樊迟大概还是弄不懂，下来后转问子夏。子夏的解释很有见地，他说：“富哉言乎！舜有天下，选于众，举皋陶，不仁者远矣。汤有天下，选于众，举伊尹，不仁者远矣。”[②]翻译成白话文是：老师这这句话的意义真是太丰富了！舜有了天下，在众人之中挑选人才，把皋陶提拔出来重用，不仁的人就离得远远地靠一边去了。汤有了天下，在众人中挑选人才，把伊尹提拔出来加以重用，不仁的人也就离得远远地靠一边去了。子夏的解释和举例都是恰当的，但有不足之处，就是没有把“能使枉者直”这一层意思表达出来。“能使枉者直”意为：重用了正直的人，能使不仁不直的人变得正直起来。

古代社会不具备良好的民选制度，“知人善任”确于治国至关重要，所以有关求才任贤的故事不绝于史，诸如“内举不避亲，外举不避仇”，

---

① 参见《论语·为政》。

② 《论语·颜渊》。

伯乐相马等广为流传。儒家的主张是德才兼备,德重于才。在他们看来,选拔什么人,重用什么人,好比树起一面旗帜。如是正直的人得到重用,天下正直的人就会感到有希望,聚集到正直的旗帜下面,形成正直的风气,邪恶的人无所施展伎俩,还可以得到教育,改恶从善。相反,如果让奸邪小人占据了高位,那就等于树了一面黑旗,只会是小人得志,忠良受谗,贤人远避,言路受阻,国政不治。

唐太宗的贞观之治,选用贤才是其成功的一大原因。房玄龄是被隋朝流放的犯官,李世民与他一见,"便如旧识",他命房"总任百令",房玄龄"虔恭夙夜,尽心竭节,不欲一物失所。闻人有善,若己有之。明达吏事,饰以文学,审定法令,意在宽平。不以求备取人,不以己长格物,随能收叙,无隔疏贱。论者称为良相焉"。杜如晦有王佐之才,得房玄龄推荐,李世民"寄以心腹",杜不负所望,"时军国多事,剖断如流,深为时辈所服"。魏徵原是太子李建成洗马(掌太子图书),李世民将魏"擢拜谏议大夫"。魏徵"有经国之才,性又抗直,无所屈挠",常常犯颜切谏,矫弊颇多。李世民曾对侍臣说:"贞观以前,从我平定天下,周旋艰险,玄龄之功无所与让。贞观之后,尽心于我,献纳忠谠,安甲利人,成我今日功业,为天下所称者,惟魏徵而已。"魏徵死时,他说:"夫以铜为镜,可以正衣冠;以古为镜,可以知兴替;以人为镜,可以明得失。……今魏徵殂逝,遂亡一镜矣!"王珪原来亦为太子李建成旧属,李世民拜其为"谏议大夫",王珪"每推诚尽节,多所献纳"。王珪自称其所长在"激浊扬清,嫉恶好善",李世民"深然其言",曾对他说:"卿若常居谏官,朕必永无过失。"李靖是被唐高祖破长安时俘获的隋将,被李世民从刀下救出,后屡建奇功,王珪赞颂他"才兼文武,出将入相",李世民视其为唐朝的卫青、霍去病。其他如虞世南,李世民曾这样称他:"吾有小善,必将顺而成之;吾有小失,必犯颜而谏之。"又称赞李勣是可以托孤之臣,将李勣与李靖并提,说汉将韩信、秦将白起,以及卫青、霍去病不能及之。李世民还称颂马周"见事敏速,性甚慎至,至于论量人物,直道而言"。①

唐太宗李世民或许对孔子的"举直错诸枉"有些实际的体会,曾对

① 《贞观政要》。

魏徵说："古人说过，王者应当谨慎地选择官吏，不可随意任用。我今天每实行一件事，都是天下所能看到的；每说出一句话，也都是天下所能听到的。所以，如任用的是正直的人，为善的人就都得到了劝勉；若误用了恶人，不善的人就都竞相侥幸进用。如赏当其劳，无功者就自会退居一边；罚当其罪，为恶者就感到戒惧。因此，深知赏罚不可随意轻行，用人必须慎重选择。"魏徵亦奏对说："知人之事，自古以来都是一件很困难的事，所以要建立考绩黜陟的制度，以察知官吏的善恶。今天如要求得贤才，必须很认真地审察查访他们的德行。若确知其为善才，然后才加以任用。即使此人不能完全胜任，也只是才力上不及，不会造成大的危害。若误用了恶人，恶人假借权威强行做坏事，为害极多。乱世时也许不得已而惟求其才，不顾其德行。如今是太平之时，必须才力与德行兼备，方始可以任用。"①

这段对话尽管是帝制时代的君臣为其家天下的长治久安而讨论如何任用人才，却对我们今天的"知人善任"不无借鉴意义。

## 第二节 "学而优则仕"

在"史无前例"的那些年代里，"学而优则仕"曾饱受批判，蒙不白之冤。一些人说它是"读书做官论"，反对工农兵进入上层建筑领域，执掌国家大权，而是让资产阶级知识分子盘踞各个部门，专工农兵的政，如此等等。后来的事实证明，这种所谓的大批判，纯属非理性的"反智"情绪在作祟，是那些试图"闹而优则仕"的无赖之徒妄想打通的一条升官发财捷径。

应该指出，这些批判在学术上也是毫无根据的。孔子说的"仕而优则学，学而优则仕"，②意思是：做了官的人，尽力于本职之外，尚须不断学习；没有做官的人，要在学习取得优异成绩之后再去做官。这是孔子针对当时那种不学无术的贵族子弟却享有高官厚禄的情况提出来的。

---

① 《贞观政要》。
② 《论语·子张》。

春秋时期,西周宗法制度下的“世卿世禄”之风还严重存在,贵族子弟可以世袭爵位,代代为官,这帮人是不学无术的纨绔子弟。他们贪得无厌,与民争利,把政治搞得一团糟。孔子反对“世卿世禄”。他说:“先学习礼乐而后做官的是未曾有过爵禄的在野的人;先有了官位而后再学习礼乐的是卿大夫的子弟。如果要由我来选拔人才,我主张选用先学习礼乐的人。”①当时,凡是头脑清醒的有识之士都反对“世卿世禄”,如郑国的改革家子产就强调“学而后入政”,这同孔子的“学而优则仕”是一个意思。他们的主张也就是“任人唯贤”的主张,是与“任人唯亲”相对立的。“任人唯亲”就是搞“世卿世禄”。

孔子是中国第一个办私学,而且办得十分出色的教育家。他的大部分弟子都是来自民间的百姓子弟,孔子企望自己的弟子们成为有用之才,报效国家。他的“学而优则仕”正是对他们说的,是为他们进入仕途造舆论。他的弟子中,只要谁学习出色,确是人才,他都加以推荐。例如,孔子曾说:“雍也可使南面。”②雍也,即冉雍,是其弟子仲弓的名字。“使南面”,即担任一个地方或一个部门的长官。据史书记载,仲弓的父亲是个“贱人”,可见仲弓出身贫微,但却很有德行。孔子曾这样谈论过仲弓这个人:耕牛的儿子如果够得上做祭祀用的牺牲的条件(在古代,耕牛不用来做祭祀的牺牲),山川之神也一定会接受这种祭享的。③其意是说,既然仲弓是个很有德行的人才,那怎么能因为他的父亲下贱而弃之不用呢?!

孔子也推荐其他弟子做官,如他曾对别人说,子路这个人,如果有一千辆兵车的国家,可以让他负责兵役和军政方面的工作;冉求这个人,千户人口的县,可以叫他当县长,一百辆兵车的大夫封地,可以叫他当总管;公西赤这个人,可以穿着礼服,立于朝廷之中,接待外宾,办理外交,如此等等。总之,孔子认为,弟子中凡学而优者,都可以量才录用。

孔子“学而优则仕”的思想对后来形成科举取士的文官制度也有直接的影响。众所周知,中国古代的文官制度曾经被西方所吸收,成为建

---

① 《论语·先进》。
② 《论语·雍也》。
③ 参见《论语·雍也》。

立近现代国家的文官制度的一个借鉴。美国著名学者顾理雅认为,科举制度是“中国对世界的最大贡献”,其重要性超过物质领域中的四大发明。①

现代社会,学问多样化,职业多元化,“学而优”者不见得都要去谋官做,但各种职业都应当选用“学而优”者,当官也应该选用“学而优”者,这一点却是不变的。正如荀子所说的“学者非必为仕,而仕者必如学”,②从这个角度上来说,“学而优则仕”这个命题具有永恒的价值,现代社会里也不应加以否定。至于如何评价“学而优”,或怎样才算“学而优”,以及如何改进“学而优则仕”的制度,那是属于另一个层次的问题了。

## 第三节 “为政在人”与人治主义

孔子重视“举贤才”,是因为他把政治的好坏寄托于为政者的贤德与否上,他认为“为政在人”。不少讲思想史、政治史、法律史的书中,都把“为政在人”说成“人治主义”。

孔子确实没有主张过法治主义。在政治的治统层面上分类,他是个君主主义者,确切地说,他是民本位君主主义者。民本位君主主义政治的主要特征是以君主为核心的上层统治集团打着“代天理民”的旗号掌握行政、立法、司法大权。在理论上说,这与君主专制型的君主主义有着程度上的区别。后者可以由君主个人决定法的制定、改易、废兴,君主个人可以言出法随。从总体上来看,与民主政治相比较,无论哪种类型的君主主义政治,在治国方略上都可归属于人治而不是法治的范畴。从这个意义上说,判定孔子是一个人治主义者,不能说有什么大错,但也确无大用。在学术上说说这种不痛不痒的套话没有多少价值。

还有一种立论,说是因为孔子主张“为政在人”,所以他是人治主义者。其实,“为政在人”不见得属于人治主义。

① 参见彭靖:《科举制度看中国文化软实力项目的形成与发展——与关世杰教授商榷》,载《学术界》2013年第8期。

② 《荀子·大略》。

“为政在人”这句话有它的语境:

哀公问政。子曰:“文武之政,布在方策。其人存,则其政举;其人亡,则其政息。……故为政在人。”①

文中的“方策”,“方”是木板,“策”是竹简或木简,都是用来写字的。“布在方策”,即书写在木板或竹简上加以公布,古代的法律文书都是以这种形式加以公布的。这段文字译成现在的白话是:周文王、周武王的为政之道早已载于文书,定为法典。若有道德高尚的贤人来主政,他们的为政之道就能得到贯彻执行;若没有这样的贤人来主政,则他们的为政之道就会被阻滞、湮灭。所以,能否实行文武之政的关键在于人。

可见,“为政在人”不是一概不要法律,而是在已有法律和制度的前提之下来讲人的作用。在孔子和儒家看来,“文武之政”是圣王之政,那是最优良的政治与法律,要推行这样的政治和法律,必须是有仁德的人才行,没有这样的人,这种优良的政治和法律就会湮灭下去。

从一般的道理上说,法律要靠人制定,也要靠人来执行。所以,这些负责制定和执行法律的人必须是贤人、有德有才的人。这个逻辑,并没有什么不对。就是如今的法治国家,像西方的一些发达国家,还是强调为政执法的人的道德品质的。日本的首相,一旦被人揭发出年轻时候有嫖娼宿妓的风流丑事,便只好乖乖地辞职下台。尼克松因水门事件丢了总统宝座,还差点被起诉。田中角荣因受贿而丢了首相职位还被法庭传讯。对他们的处理虽然与政治派别内部互相倾轧有点瓜葛,但使他们倒台的堂皇理由则是品德上不足为一国之仪表。据说美国的一所大学里竞选校长,不但校长本人的学问、品行要高超,校长夫人是否贤德也成为当选与否的一条参考意见。重视为政者的品德才干,重视选拔贤人,可以说是古今中外之通义,不能归之于人治主义,更不能将其误解为人治主义。

与之同理,孟子的“徒善不足以为政,徒法不能以自行”,荀子的“有

① 《中庸》。

治人,无治法”,都不能误认为是人治主义的命题。孟子是说,光有一颗善心不能搞好政治,法律也不能自己得到推行。他的意思是善人和良好的法律要兼备。荀子说的“治人”即有仁心仁德的人,“治法”指“三代”圣王的优良的法律,也就是孔子说的“文武之政”。他的意思是说:在“三代”圣王之法还存在的前提下,只听说过有了“治人”才把政治搞好的,没有听说过只靠“治法”就把国家治理好的,“治法”要得到“治人”的执行才能在治国中发挥良好的作用。

“布在方策”与“为政在人”、“徒善不足以为政”与“徒法不能以自行”、“治法”与“治人”,这是一种“良法”与“贤人”兼有、并重并用的治国之术。

顺便说一下,人们常把法家称为法治主义,其实也是不确切的。

法家思想的宗旨不仅是一般的君主主义政治,而且是主张独断专制的君主主义。儒家是民本位君主主义,法家则为君本位君主主义。法家说:“权者,君主所独制也”,[①]“权制独断于君则威”,[②]“独视者谓明,独听者谓聪。能独断者,故可以为天下主”,[③]“王者独行谓之王”。[④]事实也正是如此,对韩非子的学说佩服得五体投地的秦始皇,虽有许多“法式”,但都是为他一人制驭天下、役使臣民而立,也依他个人意志而改废的。他的“焚书坑儒”、他的赋役“三十倍于古”,有什么法律依据?没有,全是他的一句话。这种君主个人独裁专制政治,只能是“以一人为治”(亚里士多德语)的地地道道的人治。

法家的主张中,最为“法家主法治”论者称道的是“刑无等级”、[⑤]“法不阿贵,绳不挠曲”、[⑥]“刑过不避大臣,赏善不遗匹夫”[⑦]等命题。这些命题在当时是为君主剪除异己、建立个人独裁专制而提供理论依据的。但超越其具象意义而从其抽象理论上来说,是有一定的积极价值的。不过,有积极价值是一回事,是不是法治理论是另一回事。这些主

① 《商君书·修权》。
② 《商君书·修权》。
③ 《韩非子·外储说右上》。
④ 《韩非子·忠孝》。
⑤ 《商君书·赏刑》。
⑥ 《韩非子·有度》。
⑦ 《韩非子·有度》。

张,如果放置于民主法治的体制中,则无疑是一种"人人在法律面前平等"的主张。但在法家的思想体系中,君主独掌权势,惯用阴术,居于法律之上,这些主张成为尊君卑臣的手段,一种保持君主独尊、独断权势的手段。它所强调的是君主有责罚诛杀大臣的权力,而不是执法的一律平等。法家的"以法治国",从语义上来看,就是君主用法来治国、治官、治民,不等于治国要以法律为最高准则和最高权威。所以,这些主张的积极价值在于,我们在建设现代法治国家的过程中,可以将其从法家思想体系中剥离出来,创新性地借鉴为社会主义民主法治体系中"罪刑法定"的刑法法治理论。

在中国先秦思想史上,存在儒家与法家的学术争鸣与治道分歧,但他们并非法治主义与人治主义的对立斗争,也不能用法治与人治这把尺子来评价他们的学说。要之,儒家法家在政治主张上只是民本位君主主义与君本位君主主义的大同小异。其实,中国政治法律思想从源头上就没有产生法治与人治二元对抗的思维范式,在政统与治统上讲究的是"天人合一"、良法与贤人兼有并重、德礼政刑综合为治,而不是要法治不要人治的非此即彼做法。

我曾经对学生说过,一个读书学史者,如果青少年时代读了法家的书不击节赞叹,不感到畅快淋漓,那叫缺钙,没有朝气,少了血性;如果人到中年仍然那样赞叹,那是少了理性,昧于治道;如果经历过"文化大革命"的老年人还在歌颂法家,那是没有脑子的"愤老"了。关于中国古代史上并不存在法治与人治对立斗争的学术思想和治国模式问题,笔者在拙著《儒家法思想通论》中有过专节讨论,[①]这里就不赘言了。

## 第四节 "有治人无治法"和"有治法而后有治人"

在讨论儒家的"为政在人""举贤才"的问题时,还有一个疑点应予澄清。这就是明末清初黄宗羲提出的"有治法而后有治人"。

① 参见俞荣根:《儒家法思想通论》(修订本),商务印书馆2018年版,第34~48页。

有论者认为,“有治法而后有治人”这个命题是直接反对荀子的“有治人无治法”的,是个“法治理论”,而且是“民主主义的法治”理论。[①]事实究竟如何呢?

首先,“有治法而后有治人”是否直接反对“有治人无治法”呢?

荀子“有治人无治法”这句话中的“治法”,即“良法”,具体指“三代”圣人之法。荀子说,他的时代,“三代虽亡,治法犹存”。[②] 即是说,当时不是无法,也不是只有恶法,而是有“良法”存在。那么,天下为什么大乱了呢?荀子认为,根本原因在于没有“治人”来贯彻执行“三代”的“治法”。所以,荀子不是否定法,他是赞成用“治法”来治天下的,只是要实行“治法”,必得“治人”。“治人”,是能使国治天下平的人,即贤人。他以为在当时,缺的不是“治法”而是“治人”,是“治人”比“治法”更迫切、更重要,故他说:“有治人无治法。”

黄宗羲提出“有治法而后有治人”,也是从他的时代的具体条件出发的。他指出:“三代以上有法,三代以下无法。”[③]所谓“无法”,指无“三代”圣王之“治法”。为什么?他进一步论道:“夫古今之变,至秦而一尽,至元而又一尽,经此二尽之后,古圣王之所恻隐爱人而经营者荡然无具……”[④]也就是说,秦以前,包括荀子的时代在内,尚有“古圣王”之“治法”存在。这一点与荀子的看法毫无二致。秦以后,“治法”尽被毁弃,至元以后,“治法”更进一步被毁弃,而今这种“治法”已荡然无存,有的只是专制君主的“非法之法”。由于“非法之法桎梏天下人之手足”,即使有“治人”,也无能为力,被掣肘,被怀疑,被捆住了手足,难以发挥作用。故而,为今之计,应当首先恢复“古圣王”之“治法”。所以,黄宗羲才说“有治法而后有治人”。[⑤]

荀子是在尚存有“治法”的时候,强调要有“治人”,“治法”才能得到实行;黄宗羲则是在“治法”已“荡然无具”的时候,强调应先恢复“治

---

① 参见白朝辉:《略论黄宗羲的民主法治思想》,载《理论导刊》2003 年第 8 期;杨永华、赵亮:《中国的卢梭——伟大的启蒙思想家黄宗羲民主法治思想述评》,载《甘肃政法学院学报》2003 年第 10 期;刘新:《黄宗羲民主法治思想评析》,载《法学家》2001 年第 2 期。

② 《荀子·荣辱》。

③ (清)黄宗羲:《明夷待访录》。

④ (清)黄宗羲:《明夷待访录》。

⑤ (清)黄宗羲:《明夷待访录》。

法”,“治人”才能发挥作用。可见,他们两人虽相隔一千八百多年,思路却是很相一致的。第一,他们都认为应先有“治法”。荀子时代本有“治法”,黄宗羲时代已无“治法”,故必先一一恢复之。第二,他们都认为,所谓“治法”,即“三代”圣王之法,或“先王之法”。第三,他们还都以为,“治人”须在“治法”之下才能发挥作用。

总之,黄宗羲并非荀子的反对派,他们之间不存在什么“法治”与“人治”的对立斗争。黄宗羲说,在“治法”已“荡然无具”,“非法之法”猖獗之时,“即论者谓有治人无治法,吾以谓有治法而后有治人”。这个“即论者”,指当时的论者,并非指一千八百多年前的荀子,而是指当时仍死守着荀子的命题当作教条不知变通的人,也就是他所讽刺的“俗儒之剿说”的“俗儒”。

其次,“有治法而后有治人”是不是法治理论?

黄宗羲的“有治法而后有治人”论不同于法家的“以法治国”论。他认为,秦、元两代是“非法之法”之尤。秦以后的“后世之法”,以天下为帝王一家之私产,用人疑人,所以“其法不得密”,但是,“法愈密而天下之乱即生于法之中,所谓非法之法也”。[①] 从他描绘的这些“非法之法”的特征来看,正是法律“密如凝脂”的法家之法。可见,黄宗羲所抨击的“非法之法”,包括对以绝对君主主义和重刑主义为内容特征的法家的“以法治国”的否定。黄宗羲不是法家,不是法家那种“以法治国”的同路人。

与对秦以来“非法之法”的否定相对应,是黄宗羲对“三代”“先王之法”的赞美。他对君臣关系、宰相制度和学校制度的规划,又体现出了他明显的儒家民本主义、民本位君主主义及原始民主制的致思趋向。“古者天下之人爱戴其君,比之如父,拟之如天”“天之生斯民也,以教养托之于君”等,[②]《明夷待访录》中的这些言论,不正是“保民而王”“为民父母”的翻版吗?黄宗羲抨击君主专制,但不废君主制,只是企望以明君代替暴君与昏君。从他的整个理论体系来看,仍盘桓于儒学的政治学说之中,既非法家,[③]也未臻于近代“民主主义法治”的高度。

---

① (清)黄宗羲:《明夷待访录》。

② (清)黄宗羲:《明夷待访录》。

③ 秦汉以后所称“法家”,大多指“典狱”官员。参见《大学衍义补》卷一一一。

## 第五节 “任人”与“任法”

中国古代虽不存在人治主义与法治主义的对立，但在人与法的关系问题上却有不少论述。法家主张“不务德而务法”（韩非语）、任刑不任人。儒家的创始人孔子主张任用贤人，但不排斥任法。后来的儒家经过不断总结，大致以孟子的“徒善不足以为政，徒法不能以自行”为旨归，持一种任人与任法结合论。其中，阐述得比较全面的是明末清初的思想家王夫之。

以“六经责我开生面，七尺从天乞治理”总结其一生学问道德的王夫之，深抱儒家心系天下的情怀，隐居石船山冷静总结历史经验，认为仁义道德乃是立国、治国之“道”：“治天下以道，未闻以法也。”①他历数秦汉以后礼义不兴、舍本逐末、篡乱相寻、流风稗政，把它们归结为“任法”的结果，指出，“治之弊，任法不任人”。② 他甚至连包拯、海瑞也加以否定，责他们过于“任法”。他认为，“任人”比“任法”优越，并提出了“任法不如任人”的著名论断。他又指出，“任人”也比“任法”困难，因为要自上而下地选择大批“贤吏”执法，必须培养、陶冶人才，而这些又关系到整个制度、风俗和文化的综合效应问题。

为什么“任法不如任人”？王夫之的理由是：法既定了，执法的人就很关键；法律条文是死的，要靠人去适用它。他说：如果法很严而执法之吏“宽仁”，百姓即使“犯重法”，也会得到同情而不致出现冤滥；相反，如果法虽宽而任用酷吏，百姓即使“犯轻法”，无辜者也会被罗织种种罪名而“不可活”。他总结说：是否出现冤滥而荼毒百姓，重要的不在于法而在于执法之人。他又认为，历代法律条文越来越多，一人犯罪，可以援引这一条，也可以援引那一条，遇有不同意见，最后由皇帝一人裁决，法律也就失去作用了。何况，司法制度本就规定有刑讯逼供，曲法、枉法、毁法是必然产物。据此，王夫之认为执法好坏还是取决于“贤

---

① （清）王夫之：《读通鉴论》卷五。

② （清）王夫之：《读通鉴论》卷十。

吏”的有无。

王夫之的“任法不如任人”并不是反对法。他认为,任人与任法,都是治国的重要方面,即便“任人”比“任法”优越,但如果专任人而废法,则一切都以人的好恶为标准,社会就要产生混乱。因此,正确的治国之道,应是“择人而授以法”,即选择“贤吏”授之以法律,让他秉法办事。

王夫之的主张,总的说未曾脱出孔孟关于人与法的关系的主张,是一种以“任人”为主的“任人”“任法”结合论。

在古代帝制法制体系下,孔、孟及王夫之等强调人的作用,主观愿望上有力图减缓法制酷严的一面,但他们的思路都是在非法治制度的前提下来设想人与法的关系的。例如,王夫之认为尽管有恶法但有良吏可以减轻其恶的作用,虽有良法而任用恶吏则仍可滥杀无辜,这在非法治体制下是可能的,但在法治体制下则是不可能的。所以,他们的议论极大部分都已过时了。不过,在社会主义法治建设中,承认人的作用,承认人的道德品格的作用仍是必要的,儒家的这些主张至今也不乏借鉴价值。

# 第十章　君　道

——政治之核心

现存《大戴礼记》第一篇为《主言》篇，叙述了孔子所谓的“明主之道”。翻开《贞观政要》，第一篇《君道》开宗明义地说：“为君之道，必须先存百姓。”黄宗羲《明夷待访录》的首篇即为《原君》，阐述“天下为主，君为客”的道理。由于中国古代政治是君主主义政治，因此，君是怎么来的，君是干什么的，怎样为君等问题不能不成为政治之术中首要的问题。

孔子提出了“君君”“君使臣以礼”等命题。《孟子》书的第一句就是讲孟子见梁惠王，劝其行仁义。孟子还提出了“保民而王”“民贵君轻”等主张。荀子专门写了《君道》篇，这是中国学术史上第一篇以《君道》命名的著作。儒家是十分重视研究为君之道的。

其实，本书前面讨论的一些问题，诸如“明德”“亲民”“止于至善”“修齐治平”“法先王”“忠恕”“导德齐礼”“中和”“中正”“时中”“重民”“孝亲”“礼贤”等，在儒家的治国思想中都可以说是“君道”中的问题，至少也同“君道”紧密相关，因为儒家的思想本质上是一种君主主义政治哲学。不过，那是广义上的“君道”，从各个方面研究君主治理其国家应遵循的原则和方法，而本章所讨论的只是狭义上的“君道”，即君之为君的原则和方法。

## 第一节　“君君”正解

孔子说过“君君,臣臣,父父,子子”的话,齐景公听了十分高兴:“善哉!信如君不君,臣不臣,父不父,子不子,虽有粟,吾得而食之者?”①其实,齐景公没有完全明白孔子的意思。

按照齐景公的理解,翻译为现代汉语,大意是:对呀!要是君没有君的尊严,臣不尽臣的本分,父没有父的尊严,子不尽子的本分,我哪里还有荣华富贵可享?!依照这种理解,孔子的“君君,臣臣”就应读成“君就是君,臣就是臣”,就是“君为臣纲”的意思了。

孔子的“君君,臣臣”确有“君尊臣卑”的内涵在其中,所谓“天下有道,则礼乐征伐自天子出”,②“天无二日,民无二王”,③就是强调君臣关系不能颠倒,君为天下之至尊。所以,“君君”,含有“君就是君”的意思。但这还不是“君君”的全部含义。

鲁定公曾问过孔子:“君使臣,臣事君,如之何?”孔子给他来了个限定:“君使臣以礼,臣事君以忠。”④“君使臣,臣事君”的意思就是“君就是君”,君理当役使臣下;“臣就是臣”,他理当尽自己效忠于君主的本分。鲁定公同齐景公一样,都是站在君主自己的立场上来说话的。孔子不完全同意他们的意见,所以作了一个限定:“君使臣以礼,臣事君以忠。”这句话话中有话:其一,“君使臣以礼”是前提,有了这个前提,才有“臣事君以忠”。其二,“君使臣”之“使”不是像役使牛马那样,而必须“以礼”。也就是说,君待臣“以礼”,是臣事君“以忠”的前提。其三,若君不以礼使臣,待臣以非礼,则臣就没有必要事君以忠了。孔子不就是因为鲁君郊祭后,不送祭品于大夫,以非礼对待臣下,就觉得治国无望,而率领弟子离开了鲁国的吗?!

照此理解,“君君,臣臣”这句话中,还含有另一层重要意思,这就是

① 《论语·颜渊》。
② 《论语·季氏》。
③ 《孟子·万章上》引孔子语。
④ 《论语·八佾》。

"君要像个君,臣要像个臣,父要像个父,子要像个子"。而且细究起来,还含有一种前因后果的关系:君像个君,臣才像个臣。

因此,在君臣关系上,孔子不表现为绝对的"君为臣纲"论,而持一种相对的"君礼臣忠"的主张。孟子进一步发挥这种主张,说:

君之视臣如手足,则臣视君如腹心;君之视臣如犬马,则臣视君如国人;君之视臣如土芥,则臣视君如寇仇。①

这完全是一种"君礼则臣忠,君不礼则臣不必忠"的以恩报恩、以牙还牙的关系了。

所以,儒家的君主主义不但是一种民本位君主主义,还是一种君臣关系相对的君主主义,其"君君"命题在肯定的理解中还包含着否定性的理解。换言之,在孔子"君君,臣臣"似乎十分保守的命题中掩藏着积极进取、活泼向上的革命锋芒。这是我们应当注意的。

## 第二节　"正君"与"正太子"

孔子说:"政者,正也。"②"正"即端正,其含义很多,如道德高尚、为人正派、公正廉明、直道行事、以身作则等。儒家是重视人的作用的,主张贤人治国,所以说,搞政治就是自己先要端正。孔子还作过进一步的解释:"其身正,不令而行;其身不正,虽令不从。"③这就是平常说的"以身作则",反之,便是"上梁不正下梁歪"。这里的"正",与《大学》中的"正心诚意修身"中的"正"是一个意思,而且所谓的"正",也主要是指为政者要"正心诚意",自身道德修养要高,叫作德配其位。

为政者中,最主要的自然是君主,所以,"政者,正也"的话,首先是对君子说的。这一点,孔子还说得不够明白,孟子就一语破的了:

---

① 《孟子·离娄下》。
② 《论语·颜渊》。
③ 《论语·子路》。

君仁,莫不仁;君义,莫不义;君正,莫不正。一正君而国定矣。[①]

孟子的话说得明白易懂:君主有仁德,一国臣民没有不讲仁德的;君主有仁义,一国臣民没有不讲仁义的;君主自己端正了,一国臣民没有不端正的。所以君主一旦端正了自己,国家就安定了。

荀子对正君的重要性作了一番解释。他说,君主好像一个盘,老百姓是水,若拿盘来盛水,盘是圆的水也是圆的。又说,君与民像一条河一样,君是源头,民是流,“原清则流清,原浊则流浊”。他还讲了一个历史故事:楚灵王好细腰,大臣们都害怕腰粗而节食,结果朝中有不少人饿死了。[②] 一句话,君主必须首先端正自己。

君主端正自己的方法就是《大学》的“格物”“致知”“诚意”“正心”等“修身”工夫,即实现“内圣”。

可是,有什么东西来保证,或监督高高在上的君主通过刻苦自励的“修身”来端正自己呢?先秦儒家似乎不大关心这一点。在他们看来,君主自然应有这点贤明。因此,儒家“正君”的前提是虚设的。

经过秦王朝的暴政,汉儒似乎发现了这个缺陷,懂得了要想劝说君主端正自己的不容易。汉儒也似乎意识到,所谓“龙生龙,凤生凤”的谎言是不存在的。在世袭的君主制度下,继承君位的子孙不一定都贤,甚至还可能是个不肖子孙,是个白痴。这在以后的君主史上曾不止一次地为事实所证明。不过,在汉代初期,还只有秦王朝二世而亡的教训,刘汉王朝也只传了三四代,在这样的历史条件下,汉儒能发现“正君”之不易,还是难能可贵的。怎么补救呢?汉儒提出了“正太子”的主张,把“正君”的重点转移到“正太子”上。这种主张最典型的代表是贾谊。

贾谊少负才名,见识过人,他被汉文帝任为博士时才 21 岁,不到一年迁太中大夫。然“木秀于林,风必摧之”,不久即被排挤出京,谪为长沙王太傅。三年后召回长安,他曾怀揣治国安邦之策,满以为可一展宏愿,不曾想汉文帝的“宣室”问计,结果却是“可怜夜半虚前席,不问苍生问鬼神”。他仍然未得重用,派为文帝宠爱的少子梁怀王太傅。贾谊在

① 《孟子·离娄上》。

② 参见《荀子·君道》。

这位少年王子的身上委实下了一番“正太子”的功夫，可偏偏天不作美，大约三年后，梁怀王在赴京途中坠马而死。贾谊以为自己身为随从，未尽到保护之责，深自歉疚，第二年竟郁郁而亡，年仅 33 岁。贾谊不愧为优秀的政论家，以其短暂的一生，为世人留下了不少卓越的“西汉鸿文”。《过秦论》《论积贮疏》《陈政事疏》皆为其代表之作。他关于“正太子”的论述，在《汉书》中是这样记载的：

天下之命，悬于太子；太子之善，在于早谕教与选左右。……夫教得而左右正，则太子正矣，太子正而天下定矣。[①]

他认为，夏、商、周三代传国久长，是因为选用德高望重的人作为太子的太保、太傅、太师、少保、少傅、少师，“故太子乃生而见正事，闻正言，行正道，左右前后皆正人也”。到秦代则不然，用奸佞的赵高来教胡亥，非礼义，尚刑罚，这不是胡亥生而性恶，而是赵高教坏的。[②]

“正太子”的主张比起孔孟荀笼统的“正君”学说，确实要来得实在些。第一，太子年幼，易于教导，正如贾谊所说“少成若天性，习惯如自然”。第二，君主与太子之间有个父子关系的约束，使“正太子”有一定的权威和制度上的保证，而老皇帝也怕太子不争气，使其江山不传，所以对教太子有一定的积极性。可见，“正太子”发展了先秦儒家的“正君”之说。

《贞观政要》中有《教戒太子诸王》一篇，唐太宗责成太子的两位老师要常把“百姓间利害事”说给太子听。他认为帝王之子孙“生自深宫之中，长居妇人之手”，不懂“稼穑之艰难”，容易“昵近小人，疏远君子，绸缪哲妇，傲狠明德”。他命魏徵编成《自古诸侯王善恶录》一书，叫太子及诸王“置于座右，用为立身之本”。从这些资料可以看出，像唐太宗之类的君主对“正太子”是足够重视的，但正是这个唐太宗的太子李承乾不成器，先被黜，后被废，终被杀。

可见，儒家用“正太子”来维护“君道”的设想，也是要落空的。政怠宦成，一代不如一代地衰败下去，是帝制君主制度的痼疾。

---

① 《汉书·贾谊传》。

② 参见《汉书·贾谊传》。

# 第十一章　臣　道

——政治之贰佐

曾国藩被誉为晚清“中兴名臣”。他也是清末洋务运动的发动者和领导人之一。他组建和率领的湘军平定洪秀全、杨秀清为首的太平天国运动过程中，清王朝已经腐败不堪，掌握中枢的皇族大臣常常猜疑、压制他们。据说领有重兵的前方将领们愤愤不平，期望他重演出“陈桥兵变”的历史。更有深谙帝王之学的湖湘名士王闿运，进帅船大帐大谈王霸之道，曾国藩一言不发，用手指蘸着茶水在几案上不停地写着一个“妄”字。攻下天京后，曾国荃、彭玉麟等一帮将领再也受不了清廷的窝囊气，到帅府求见。他知道他们来意，就是不见。最后传出一副对联给众将领：“倚天照海花无数，流水高山心自知。”上联截东坡诗句，下联取自王荆公诗，以此表明心迹。

曾国藩服膺儒学，心仪王阳明，立定“内圣外王”志向。这“外王”，并非自己称王称霸，而是奠立“天地心”“生民命”的治国安邦事业。有人品评历代儒家人物，认为“内圣”与“外王”得兼者，秦汉以下两人而已，一个明代王阳明，一个晚清曾国藩。曾氏去世时，他的故交送有一副挽联写道：“尽瘁武乡侯，千秋臣节；望隆新建伯，一代儒宗。”武乡侯是诸葛亮，新建伯即王阳明。传说刘备在奉节白帝城托孤时，对诸葛亮说过，对刘禅可扶则扶，不可扶则替代之。挽联赞美他像诸葛亮一样克尽臣责、鞠躬尽瘁,又如王阳明那样“知行合一”,成为一代儒学大师。

曾国藩可以说是儒家知识分子“内圣外王”的成功典范。儒家知识分子的理想是为人君之师,为人君之相,能师相兼任则更为理想,所以很重视师道,又很重视臣道。

## 第一节　“大臣”与“具臣”

在《论语》中,孔子把臣分为“大臣”与“具臣”两种。有个叫季子然的人问孔子:子路和冉求是否为大臣?孔子回答道:“所谓大臣者,以道事君,不可则止。”并说子路和冉求只能叫作“具臣”。[①]

孔子设定的“大臣”的标准,是用合乎仁义的道理去为君主办事,如果这样行不通,就宁肯辞职不干,也不能牺牲仁义。什么叫“具臣”?“具臣”就是具有相当才能的臣。为什么孔子把子路和冉求称为“具臣”呢?这可从《论语》中找到答案。

有一次,季氏僭越天子之礼去祭祀泰山,冉有(冉求)正在季氏手下做事,跑来告诉孔子,孔子问他:你不能加以劝阻吗?冉有答:“不能。”[②]这事说明冉有不能“以道事君”,也做不到“不可则止”。

又一次,季氏要去消灭鲁国境内的藩国颛臾。子路和冉求正在季氏手下为臣,把消息告知孔子,孔子责备了他们。冉求辩解说,是季氏要这样干的,他们两人本来都是不同意的。孔子批评他说:“有个叫周任的人说过,能够贡献自己的力量,再任职;如果不行,就辞职不干。你的话是错的。”冉求又为季氏作辩解:“颛臾的城墙十分牢固,而且离季孙的采邑费城很近,现今不把它占领,日子久了,一定会给子孙留下祸害。”孔子教训他们道:冉求!君子就讨厌那种态度,不说自己贪得无厌,却另找借口巧辩。……如今你子路和冉求两人辅佐季氏,远方之人不归服,却不能修仁德而招来他们;国家分崩离析,却不能保全它,反而想在国内大动干戈使用武力。恐怕季氏所忧虑的不在颛臾,而在萧墙

---

① 《论语·先进》。

② 《论语·八佾》。

之内的鲁国内部。[①]

从上述两则资料来看,子路和冉求虽有才干,但不能做到“以道事君,不可则止”,只能是“具臣”而未能进为“大臣”。

荀子将孔子对臣的分类作了进一步完善,提出有“态臣”“篡臣”“功臣”“圣臣”四类。所谓“态臣”,指谄媚阿谀之臣。他们对内不能统一人民,对外不能抵御敌人入侵;百姓不能亲和,诸侯当中没有信誉,只会花言巧语,善于博取君主的宠爱。所谓“篡臣”,即篡夺君主权位之臣。他们对君上不忠,善于在人民中骗取声誉,不顾道德和法律,结党营私,专门干一些迷惑君主、谋取私利的事。所谓“功臣”,指有功于国家社稷之臣。他们对内能团结人民,对外能抵御敌人入侵,能使人民亲和,知识分子信任,对君主忠诚,对百姓关爱。至于“圣臣”,上能尊敬君主,下能爱护百姓;在施行政令和教化中,自己带头做出榜样,人们努力效法,如影随形;能十分迅捷地应付突然事变,就像响应声音一样快;能以法类推处理各类事物,从容地对待变化无常的情况,又处处都能符合规章制度。荀子举例说,苏秦、张仪是“态臣”,孟尝君之流属“篡臣”,管仲、咎犯之类为“功臣”,伊尹、姜太公则系“圣臣”。[②]

孔子、荀子通过对臣的分类,进行价值褒贬,高扬“大臣”“圣臣”,鞭笞“篡臣”“态臣”,勉励“具臣”“功臣”,以此对他们的学生进行“臣道”教育。

## 第二节 “从道不从君”

“从道不从君”是儒家“臣道”的核心命题。与“从道不从君”相匹配的还有一句:“从义不从父。”这两句话见于《荀子》(《臣道》篇和《子道》篇)。它也就是孔子说的“直道事君”。

“从道不从君”,指臣下不应一味曲从君主,而应以仁义辅佐君主,君主违背仁义,则应劝谏、匡正,使国家转危为安,使君主免受耻辱,保

---

① 参见《论语·季氏》。

② 参见《荀子·臣道》。

持尊荣。总之,为臣以仁义为最高价值准则,在仁义与君命发生矛盾时,只服从仁义。

荀子把臣下"从道不从君"的行为归结为"谏、争、辅、拂"四种:

君有过谋过事,将危国家、殒社稷之惧也,大臣父兄有能进言于君,用则可,不用则去,谓之谏;有能进言于君,用则可,不用则死,谓之争;有能比知同力,率群臣百吏而相与强君挢君,君虽不安,不能不听,遂以解国之大患,除国之大害,成于尊君安国,谓之辅;有能抗君之命,窃君之重,反君之事,以安国之危,除君之辱,功伐足以成国之大利,谓之拂。故谏、争、辅、拂之人,社稷之臣也,国君之宝也,明君所尊厚也,而暗主惑君以为己贼也。故明君之所赏,暗君之所罚也;暗君之所赏,明君之所杀也。伊尹、箕子可谓谏矣,比干、子婿可谓争矣,平原君之于赵可谓辅矣,信陵君之于魏可谓拂矣。传曰:"从道不从君。"此之谓也。[①]

何谓"谏"?荀子说,商汤王的大臣伊尹、商末的太师箕子便是"谏"臣。伊尹辅佐太甲,太甲破坏商汤王的法度,不理国政,伊尹将其放逐,三年后太甲悔过,又接回复位。箕子多次劝谏纣王,纣王不听,反把他囚禁。所谓"谏",指君主有了错误的政策和错误的行为,将会危害国家,甚至会招致毁灭国家的危险时,大臣能够向君主进言,如果君主采纳就留下,不采纳就离去。

何谓"争"?"争",即诤。争臣,即诤臣。荀子说,吴王夫差的大臣伍子胥、殷纣王的叔父比干是"争"臣。比干力谏纣王,纣王怒,剖比干之心。伍子胥劝夫差拒绝越王勾践求和,夫差不听,子胥力争,夫差怒而逼子胥自杀。所谓"争",指君主有过错,国家将危难时,能向君主直言进谏,君主采纳就留下,不采纳宁愿死。这相当于"文死谏,武死战"。《韩诗外传》说:"天子有争臣七人,虽无道,不失其天下""诸侯有争臣五人,虽无道,不失其国""大夫有争臣三人,虽无道,不失其家"。并举例解释道:殷纣王"残贼百姓,绝逆天道",把清晨涉河而过的祖孙两人捉来砍断脚,将孕妇的肚子剖开,杀鬼侯并把他做成肉干,杀梅伯

---

① 《荀子·臣道》。

并把他煮成肉酱。纣王这样无道却没有亡天下,是因为有箕子、比干等大臣辅佐之故。后来,微子见纣王谏而不听,只能离去;箕子争谏却被囚而罚为奴隶,比干谏而被剖心,这样周武王才起兵伐纣而诛绝之。吴王夫差无道,却没有亡国,是因为有伍子胥辅佐。后来不听伍子胥净谏反而逼他自杀,三年后就被越王勾践灭国。[①] 大意相同的话又见于《孝经》[②],可见这段故事在当时广为流传,荀子则从理论上总结了"争臣"应有的道德和行为标准。

何谓"辅"? 荀子说,赵国的平原君是个辅臣。平原君名赵胜,赵惠文王之弟。赵孝成王七年(公元前259年),秦围邯郸,他组织力量坚守三年之久,后向魏、楚求得救兵,击败秦军。所谓"辅"指能够联合有见识的人同心协力,率领群臣百吏一起努力纠正君主的过失,君主虽感到不舒服,但不得不听从,于是解除了国家的大灾祸,维护了君主的尊贵,使国家得到安定的局面。

何谓"拂"? 荀子举出了魏国信陵君的例子。信陵君即魏无忌,他是魏安釐王之弟。魏安釐王二十年(公元前257年),秦围赵,赵向魏求救,魏王不肯出兵,信陵君设法窃得兵符,击杀将军晋鄙,夺取兵权,救赵胜秦。后十年,又为上将军,联合五国击退秦将蒙骜的进攻。荀子说:能抗拒君主的错误命令,窃取昏庸君主的权力,反对国君的错误行为,解救国家于危难之中,他的征伐之功足以成就国家的大利,这样的大臣便叫作"拂臣"。"拂",即"弼",矫正的意思。

"谏""争""辅""拂"四种做法都是"圣臣""功臣"的"从道不从君"

---

① 《韩诗外传》卷十:"天子有争臣七人,虽无道,不失其天下。昔殷王纣残贼百姓,绝逆天道,至斫朝涉,刳孕妇,脯鬼侯,醢梅伯,然所以不亡者、以其有箕子比干之故。微子去之,箕子执囚为奴,比干谏而死,然后周加兵而诛绝之。诸侯有争臣五人,虽无道,不失其国。吴王夫差为无道,至驱一市之民以葬阖闾,然所以不亡者,有伍子胥之故也。胥以死,越王勾践欲伐之,范蠡谏曰:'子胥之计策尚未忘于吴王之腹心也。'子胥死后三年,越乃能攻之。大夫有争臣三人,虽无道,不失其家。季氏为无道,僭天子,舞八佾,旅泰山,以雍彻,孔子曰:'是可忍也,孰不可忍也?'然不亡者,以冉有季路为宰臣也。故曰:'有谔谔争臣者、其国昌,有默默谀臣者、其国亡。'诗曰:'不明尔德,时无背无侧;尔德不明,以无陪无卿。'言大王咨嗟,痛殷商无辅弼谏诤之臣,而亡天下矣。"

② 《孝经·诤谏》云:"昔者天子有诤臣七人,虽无道,不失其天下;诸侯有诤臣五人,虽无道,不失其国;大夫有诤臣三人,虽无道,不失其家;士有诤友,则身不离于令名;父有诤子,则身不陷于不义。"

的表现。荀子认为,“谏”“争”“辅”“拂”可行还是不可行,可行的话又实行到什么程度,还要视君主道德品质的高下而定。他指出:

事圣君者,有听从无谏争;事中君者,有谏争无谄谀;事暴君者,有补削无挢拂。[①]

对“圣君”无须谏争,只要听从照办就行了,因为“圣君”的德行至圣,自然无不英明正确。其实,这“圣君”只是虚悬一格。因为在荀子看来,尧舜及“三代”圣王之后,不见有圣君出现。谏争主要是对“中君”而言的。对待暴君的办法是尽可能弥补其缺陷、削除其过失,但不可强行矫正。在暴君手下做事是很危险的,稍有不慎,便会人头落地。如照孟子的观点,是不应当为暴君做事的,臣下对暴君可放可伐,也可“易位”,即换个位置。荀子比孟子实际得多,因为战国之世,暴君不少,放伐之事,说说容易,事实上岂能实行得通。后世批评荀子的儒学不纯,其实也是时势不同使然。荀子终究反对助纣为虐,不失儒道之基本精神。他似乎是为自己“事暴君”之说辩护,专门解释了“有补削无挢拂”这句话:如果迫于乱世,穷居于暴国境内,而又无从逃避的话,那是可以不得已而事暴君的,其具体做法便是崇扬他好的、善的一面,回避他为恶的一面,隐而不言他的失败,讲他的长处,不说他的短处,把这些当成既成的习惯来遵守,免得祸及自身。[②] 荀子的方法也确有些明哲保身之术的味道了。

既然“圣君”用不着谏争,其“道”与“君”是统一的,从圣君就是从道,而“暴君”又不可能谏诤,只能是消极地回避做损害于道的事,不跟从“暴君”那些违道的做法,那么,“谏”“争”“辅”“拂”就只能用于“中君”了。这就是荀子“从道不从君”的为臣之术,即视君主的品德、开明度不同而有不同的操作之术。荀子之时,中央集权的君主专制制度已露端倪,荀子之说实为对这种制度的一种适应,他再没有像孟子的可以放言高论的机遇了。

---

① 《荀子·臣道》。

② 参见《荀子·臣道》。

明代有个海瑞,在嘉靖晚年官居户部主事,正六品,官阶不高。当时的嘉靖皇帝热衷于求长生不死之药,玄修荒政,经常不上朝理事,却又乾纲独断,听信佞臣。公元1565年冬,海瑞向嘉靖上了一道"万言书",指出他是一个虚荣、残忍、自私、多疑和愚蠢的君主,在他的治下,官吏贪污,役重税多,宫廷荒淫无耻,各地盗匪滋炽,这都应由您当皇帝的直接负责。奏疏中有一句最尖锐的话:"天下之人不直陛下久矣!嘉靖者,言家家皆净而无财用也。"就是说普天下的官民早就认为你是不正确的了。他还引用"嘉靖嘉靖,家家干净"的民谣来描述重税盘剥的情况和老百姓的怨恨。① 嘉靖帝读罢奏疏,气得跳脚,连嚷"抓住这个人,不要让他跑了"。他的宦官说:万岁爷息怒,这人不会跑,他自知必死无疑,早备下棺材一口,遣散家童,与家人诀别,在家等着你去处决呢!嘉靖听完,只好长叹一声。后来,嘉靖气不过,把海瑞下了大狱,刑部议决按儿子诅咒父亲之律例处海瑞以绞刑,然而嘉靖皇帝不敢贸然批准。就这样,海瑞在狱中关了10个月,直到嘉靖去世。那一天,牢头端来好酒好菜,海瑞以为是最后招待一顿便送他"上路",他神色不变,饮食如常。饭后,牢头告诉他是老皇帝死了,新君不日即位,你老便是忠臣,一定会得到重用。海瑞闻言,"哇"一声大哭起来,把吃的东西都吐了出来。

海瑞确是一个帝制时代的"忠臣",他恪守"从道不从君"的儒家教言,而且耿直不阿。在君主专制制度下,君臣关系不可能纳入法制轨道,臣下的谏、争、辅、拂行为很难有法律保障,而是靠道德人格在维系着。

"从道不从君"这个命题的提出,客观上给君臣关系确立了行为的价值准则,其中包括评价臣民忠与奸、功与过的价值标准。谏、争、辅、拂之臣,由于逆君违上,犯颜谏争,往往触怒龙颜,被贬被杀,被专制君主定为"罪臣"。然历代有良心的臣子秉承这个原则,仍前仆后继,虽百死而犹未悔。他们所追求的,正是那个高于君主的"道"。他们青史留名,千古流芳!后人高度赞美他们的行为,其评价的依据,还是这个"道"。应该承认,儒家的"直道事君""从道不从君"在历史上还是起到

---

① 参见《海瑞集》(上册),陈义钟编校,中华书局1962年版,第218页。

了积极作用的,我们不能说“忠臣”“直臣”比“奸臣”“佞臣”还要坏。

## 第三节　“臣道”模式

孔子、孟子、荀子从他们的古代史和近现代史发掘出不少“从道不从君”的典型人物,加以一定的改塑美化;推荐给人们学习效仿。除上节已提到的伊尹、箕子、比干、微子,还有周公、管仲、柳下惠等,每个人都是儒家所述“臣道”的一种典范和模式。

### 一、周公模式

周公姓姬名旦,是周武王的同母弟,因采邑在周(今陕西岐山北),故称周公。周公一生做了五件大事。一是辅佐武王,剪灭殷纣,创建周王朝。二是受武王托孤之命,负重摄政。武王去世时,周王朝建国才四年,成王年幼,不能视事,政权尚不稳固,周公受命摄政,以其文韬武略精心经营,巩固了周政权,七年后,还政成王,为成康之治奠定了基础。三是出师东征,平定反叛。武王死后,纣王之子武庚鼓动殷遗民,联合东方夷族反叛,周统治集团内部亦发生分裂,周武王的弟弟管叔、蔡叔、霍叔造谣惑众,说周公将篡夺王位,联合武庚一起反叛。当时,一些大臣被反叛势力吓倒,主张讲和,周公力排众议,率兵东征,苦战三年,杀武庚,管叔自杀,蔡叔被放逐,西周政权从此巩固了下来。四是营建洛邑,分封诸侯。平叛以后,周公在洛邑(今洛阳)营建东都,迁殷民到洛邑附近,以便于控制,同时确立分封制度,大封诸侯,以作为周王朝的屏藩。五是制礼作乐,成一代典章制度。洛邑建成,周公将西周之旧礼收集整理,参考殷礼重加厘定,制成完整的礼乐制度,创建了周王朝的一代典章,世称“周礼”,以作为立国础石、治国章程。他还提出了“以德配天”“敬天保民”“明德慎罚”等基本方针和原则。由于周公辅佐武王,成立创建了如此浩浩功业,故被儒家尊为“圣人”“圣臣”。孔子称颂“周礼”说:“郁郁乎文哉! 吾从周。”[①]又说,自己做梦都想见周公。

① 《论语・八佾》。

周公制礼奠定了有周一代的礼法制度,还造就了中华法系的礼法体制这一基本法制范式。在这一礼法制度中,嫡长子继承制是具有相当于今之宪法地位的根本政治制度。周公经过七年血与火的拼杀和苦心经营,巩固了周文王、周武王开创的基业,才安然地还政成王。他在洛邑举行隆重的还政仪式,语重心长地告诫成王:要重视礼法,礼待前朝的贤人,做四方的新主,为周王朝开一新局面。正是礼法制度和还政举措,使嫡长子继承制度得以真正确立。

三千多年前的中国,殷商时期的帝位传承,有“父死子承”也有“兄终弟及”。周公旦为周武王同母胞弟,但他不搞“兄终弟及”,还政成王后也不当太上皇,正是他的“制礼作乐”,尤其是以身作则的还政一举,为古代中国奠定了王位的嫡长子继承制度。这是古代礼法制度的核心,周公旦便是这一根本大法的创制人。

周公摄政又还政的故事告诉我们,嫡长子继承制度的确立,曾经历过东征平乱这样血与火的洗礼,同时需要有像周公旦这样的“先王”“圣人”以身作则,以自己的崇高品德和无上权威模范天下。一项根本制度的创立,是长期历史经验和教训的总结,需要大智,需要大勇,要有无与伦比的德性权威,还要具备一定的历史机遇。时势造英雄,英雄造时势,相辅而相成,相得而益彰。

## 二、管仲模式

管仲名夷吾,字仲,春秋时齐国颍上人,原为公子纠的谋士。公子纠与公子小白争夺齐国国君宝座时,管仲曾射伤小白。最后,公子小白争得君位,史称齐桓公。齐桓公的谋士鲍叔牙竭力推荐管仲,齐桓公不咎既往,任管仲为卿,后尊称“仲公”。管仲辅佐齐桓公,对内实行改革,“相地而衰征”,对外以“尊王攘夷”相号召,使齐国成为春秋时代的第一个霸主。孔子对管仲的“不知礼”等行为有过讥评,却也曾多次称赞过他。

有一回,孔子的学生子路在老师面前贬斥管仲,认为齐桓公杀了公子纠,公子纠的师傅召忽因此自杀殉主,而管仲作为公子纠的另一个师傅却还活着。子路问老师:管仲不是一个有仁德的人吧?孔子不赞成他们的说法。他对子路说:

桓公九合诸侯不以兵车,管仲之力也。如其仁,如其仁!①

他告诉子路,管仲还是仁德的。齐桓公九合诸侯,停止了战争,都是管仲的力量。并连声说:这就是管仲的仁德!这就是管仲的仁德!

又一次,子贡用与子路差不多相同的话评述管仲道:他不但苟活着,还做了齐桓公的国相。孔子又说:

管仲相桓公霸诸侯,一匡天下,民到于今受其赐。微管仲,吾其被发左衽矣。岂若匹夫匹妇之为谅也,自经于沟渎而莫之知也。②

孔子教导子贡,评价管仲应从其大节着眼。管仲做齐桓公的相,辅佐其称霸诸侯,使天下得以匡正,人民到今天还享受着他的好处。假若没有管仲,我们都会披散着头发,衣襟开向左边,沦落为落后民族了。难道要他像普通老百姓一样守着小节小信,在山沟中去自杀,还不让人知道吗?!

孔子对管仲的评价是得当的。孔子曾批评管仲“树塞门”、“不知礼”、讲排场等,③但还是从匡正天下、人民得到实际利益等方面高度肯定了他的大节。后来,荀子称管仲为“功臣”。

## 三、柳下惠模式

柳下惠是鲁国的贤人,本名展获,字禽,又叫展季。孔子曾批评鲁国的权贵臧文仲,说他明知柳下惠是个贤人,却不给他官位,是个“窃位者”。④ 柳下惠本人对不让他做官的事看得很淡漠。他曾多次做过司法官,却因直道行事,结怨权贵,又多次被撤职。有人对他说:您不可以离

---

① 《论语·宪问》。

② 《论语·宪问》。

③ 或曰:“管仲俭乎?”曰:“管氏有三归,官事不摄,焉得俭?”“然则管仲知礼乎?”曰:“邦君树塞门,管氏亦树塞门。邦君为两君之好,有反坫,管氏亦有反坫。管氏而知礼,孰不知礼?!”参见《论语·八佾》。

④ 《论语·卫灵公》。

开鲁国吗？柳下惠却回答道：正直地工作，到哪里去都会被多次撤职的；不正直地工作，我又何必一定要离开自己的祖国呢？[①] 这都说明他有很高的道德品行，一贯坚持“直道”，虽多次被撤职而无悔。孔子还称赞柳下惠为了国家的利益，可以降低自己的志向，屈辱自己的身份（指仅仅担任小小的司法官），但说话符合法度，行为经过再三考虑，所以做得十分恰当。[②] 在孔子的眼中，柳下惠是个“直”臣。

## 四、史鱼模式

史鱼名鰌，字子鱼，春秋时卫国大夫，他多次劝卫灵公任用蘧伯玉，斥退佞人弥子瑕，卫灵公不听。临死时，他对儿子说：“为人臣活着时不能进贤而退不肖，死不当治丧于正堂。”命其子在死后把尸体放在居室内，对卫灵公进行“尸谏”。卫灵公来吊丧，见此情景，问其缘故，史鱼的儿子将史鱼临终前的话呈告，卫灵公不免戚然，立刻召见蘧伯玉委以重任，并斥退弥子瑕，然后将史鱼的遗体迁入正堂。后人赞美史鱼“生以身谏，死以尸谏，可谓直矣”。[③] 孔子也称道说：“直哉史鱼！”在政治清明的时候像箭一样地直，在政治黑暗的时候也像箭一样直。[④]

## 五、子产模式

子产，名公孙侨，又名公孙成子，字子产，一字子美，郑国贵族，是贵族中的开明派，长期执政郑国。在执政期间实行改革，整顿田地疆界和沟洫，明确土地所有权，又创立按“丘”征“赋”制度，有利于农业生产的发展。他还把“刑书”铸在鼎上，以示重视，执法必严。郑国的人在乡校议论政治得失，也对他提出批评，有人劝他关闭乡校，他不答应，说：他们议论中有好的建议，我就采纳实行；有批评得对的，我就改正。为什么要关闭它呢？晋国的占星术者说郑国将发生火灾，子产不信，也不祭祀。第二年，郑国果然发生了火灾，有人警告子产说：如果再不祭祀，郑

---

① 参见《论语·微子》。

② 参见《论语·微子》。

③ 《韩诗外传》卷七。

④ 参见《论语·卫灵公》。

国还要发生火灾。子产坚决不听，说："天道远，人道迩，非所及也。"[①]根据子产的所作所为，孔子称赞他"养民也惠"，[②]是个"惠人"。[③] 听到子产去世的消息，孔子流下了眼泪，赞叹他是"古之遗爱也"。[④]

但儒家也认为子产作为政治家有不足之处。子产主持郑国的国政时，用自己所乘的车辆帮别人渡过溱水和洧水。孟子评议道：这是施行小恩小惠，子产不懂得政治。如果十一月修成走人的桥，十二月修成走车的桥，百姓就再不会为渡河发愁了。[⑤] 荀子也认为，子产能取悦人民，而"未及为政也"。[⑥] 又说："子产惠人也，不如管仲。"[⑦]在儒家学者的心目中，子产基本上属于"功臣"一类的人物。

孔子、孟子、荀子论及的够得上"臣道"的人物还很多，兹不一一介绍了。

## 第四节 "臣臣"和"君为臣纲"

"臣臣"是与"君君"联系在一起的，臣要尽为臣的义务，要忠于君；"臣臣"又以"君君"为前提，君像个君，臣才像个臣，这就是"君礼臣忠"的逻辑。

黄宗羲说，古时候君主对待臣下是这样的，臣下拜于君，君也必然答礼，君臣互拜。秦汉以后，这套君臣互拜的礼废而不讲了，但丞相觐见，天子还是要从御座上站起来的。明王朝罢去了宰相之职，天子与宰相之间就无什么礼了，于是，设立百官都是为了侍奉天子，凡能侍奉我天子者就是贤人，不能侍奉我天子者就不是贤人。这当然不仅仅是废了君相之间的礼仪问题，而是皇帝直接统领六部，君主个人独裁专制进一步强化的政体问题。所以，他认为："有明之无善治，自高皇帝罢丞相

---

① 《左传·昭公十八年》。
② 《论语·公冶长》。
③ 《论语·宪问》。
④ 《左传·昭公二十年》。
⑤ 参见《孟子·离娄下》。
⑥ 《荀子·王制》。
⑦ 《荀子·大略》。

始也。”①黄宗羲的话告诉我们,“君为臣纲”的形成和发展有一个历史过程。

“君为臣纲”的产生、强化基本上与“父为子纲”为同一时序。先秦,儒家宣扬“君君”,尤其是法家鼓吹君主“独断”“独制”,是其萌始。西汉中期,董仲舒用“君为阳”、“臣为阴”、“阳尊而阴卑”以及“王道之三纲,可求于天”的“天人感应”和阴阳关系学说,从理论上论证了“君为臣纲”,这种纲常理论开始形成。东汉班固在《白虎通德论》中征引纬书《含文嘉》之文,明确提出“三纲”是“君为臣纲,父为子纲,夫为妻纲”。随着帝制君主专制的发展,“君为臣纲”也愈演愈烈。

在帝制社会,君臣关系在各种政治关系中占着领导地位,“君为臣纲”为“三纲”之纲。而君臣关系又最集中地表现在君相关系上。

什么叫“相”？孔子说:“危而不持,颠而不扶,则将焉用彼相矣？”②意为:譬如盲人遇到了危险,却不去扶持;他将要摔倒了,还是不去搀扶,那又何必要助手呢？这里的“相”,还是个动词,相助的意思。但孔子这段话已明白说出了后来宰相的含义。宰相,就是辅助天子治国的人。

上古“三代”,并无宰相之名,但实际上有这类职官,如商汤的伊尹,周的周公和召公,他们地位显赫,功勋卓著,实相当于宰相。春秋时期,有管仲相桓公、子产相郑,但这“相”仍是动词,不是官名。当时往往把总领政事者称“执政”。战国以后,各国相继设立丞相辅助国君,“相”由此而成为官名。

宰相制度的真正确立是在秦王朝,经西汉而渐趋成熟。秦置丞相和御史大夫负责国政。御史大夫位居副丞相。吕不韦、冯去疾、李斯、赵高都先后任过秦的丞相。西汉以丞相掌行政,太尉掌军权,御史大夫负责监察百官并作皇帝秘书。三者之中,丞相位高权重,是发号施令的中枢。汉初,萧何、曹参先后任“相国”。曹参死后,废相国而置左右丞相,右尊于左,陈平、周勃、张苍等都是汉初名相。自汉武帝始,丞相权力有所缩小,至成帝时,竟有令丞相翟方进自杀以代皇帝受罪的事发

① 《明夷待访录·置相》。
② 《论语·季氏》。

生。不过,这种情况还是比较个别的。总体上说,汉代丞相处于尊荣的地位,西汉的丞相大多封侯,食邑千户,个别的如萧何、曹参为万户侯,陈平也食邑五千户。当时,确有一种“君礼臣忠”的气氛,丞相觐见君主商议国事,一般能坐着讲话,君相之间虽有矛盾,但相的地位还是比较高的。

据史书所载,汉代丞相“掌丞天子,助理万机”,处于一人之下、万人之上的高位。丞相的权力和职掌主要有六项。第一是谏阻君主。如汉景帝的母亲窦太后欲封王后之兄为侯,丞相周亚夫谏阻,景帝只好放弃。但如果皇帝坚决不听从丞相之谏,丞相就应引退。如周亚夫谏阻封降汉的匈奴王五人为侯,景帝不从,周亚夫即“谢病免相”。这种做法,既表明君权至上,保障君令畅通,又保全了丞相的尊严,可以不做违心的事。日后一旦时转机来,还可以重新起用。第二是荐任官吏。汉武帝时,公孙弘为丞相,曾“开东阁营客馆”,招徕天下之士,以选拔人才。不过,丞相荐任只限于中下级官吏,朝廷大官,位高权重,与宰相同为殿臣,全由皇帝裁断。第三是总领百官。百官奏事,均须由丞相转奏天子,国家的一切重大事项亦均由丞相领衔奏请。第四是有便宜从事之权。有的案子,丞相可以直接处理,不必奏请;发现祸国奸臣,丞相还可以诛杀后再奏。第五是负责考察郡国政治及百官善恶,并可向天子提出赏罚的建议名单。汉代郡国的户口、地势等资料均存相府,由丞相派专人掌管此事。郡国守相,须每年将其施政情况报告中央,由丞相总领。朝中百官亦由丞相、御史大夫负责考详、奏行赏罚。第六是负责地方郡守令长之考绩。丞相府还是京畿诸郡的上诉机关。可见,汉代特别是西汉的丞相是真正可以起到辅弼天子的作用的。这一时期,“君为臣纲”的理论虽已提出,但君权并未完全绝对化。

东汉以后,逐步形成了尚书制度,至于隋唐,发展成三省制,中书省掌决策,门下省掌审议,尚书省掌执行,三省分权,互相制衡。三省长官同为宰相,形成合议制的宰相制度。这是君权凌驾相权的开始。汉代宰相是一个拥有完整权力的机关。因权力太大,天子感到不易控制。三省制的建立,便于皇帝控制,“君为臣纲”开始落实为一种制度,或开始有了制度上的保证。

我国古代君权无限膨胀,真正形成“君为臣纲”的状态是明清两朝,而宋代为过渡时期。宋初,宋太祖鉴于唐末及五代政局紊乱,内则权奸肆虐,外则藩镇割据,从而尽收地方之权于中央,进一步又收中央之权归君主,形成君主绝对专制的局面。在相权上,采取中书省与枢密院文武分权的二府制,以中书省同平章事、参政知事与枢密院枢密使、枢密副使为宰执。这种二府制度,可便于皇帝在上制衡驾驭。

明初曾设左、右宰相,李善长、胡惟庸、徐达、汪广洋先后拜相。洪武十三年,胡惟庸以专权谋逆伏诛,李善长受牵连被杀,汪广洋也于此前被杀。朱元璋于是撤中书省,其权分属六部,由皇帝总其成。从而建立了皇帝直接统领六部的高度集权体制。但天子之辅弼不可无人,乃以内阁大学士入文渊阁值班,协助皇帝处理政务,然不称宰相,只称大学士。这种制度,史家叫作"内阁制"。明仁宗以后,内阁职权有所加重,入阁者近乎真正的宰相,其中如严嵩、张居正等亦曾权倾朝野、位极人臣,但从整个内阁制来看,大学士职掌虽多,大多不过帝王宫廷有关琐事,对重要的军国大事也只是"票拟批答",而不是作决策,也无权指挥其他机关,且本身也不参与重大政事。所以,史家认为明代实无真正的宰相。清代虽以大学士为法定宰相,但其职权始终未能超出"票拟"的范围,以后又被军机处所夺。因此,明清时期,君权已完全压倒了相权,宰相不敢任事,也无从处理军国大事,已失去了作为天子辅弼之臣的作用,事实上已经没有了儒家所说的那种宰相了。黄宗羲说的"有明之无善治,自高皇帝罢丞相始也",其言甚当。然不至"有明"而止,包括清王朝。

明代的"君为臣纲",亦不独废相制一项,君主废相制,除害怕相权侵夺君权外,还有一种心理,即不信任外官。帝王觉得外官靠不住,只好依靠和信任内官,即宦官。明朝特设"东厂""西厂""锦衣卫"等特务组织,由太监负责,主要是侦察、缉捕、审问所谓的有罪官吏。"厂""卫"审案,往往动辄刑讯逼供,经常是"血肉溃烂,宛转求死不得"。明朝又创"廷杖"制度,即对所谓忤逆犯颜的大臣在午门前施行杖刑,由锦衣卫施杖,司礼监(内宫太监的一个机关)监刑。洪武八年,刑部主事茹太素上书太祖,有所忤触,即被当廷杖责,此后廷杖成为常制。明武宗正德年间,武宗突发异想,要去"南巡",大臣苦谏,触怒了武宗,廷杖168人,当场杖死15人。嘉靖年间,明世宗因系兴献王所生,明武宗无子而“兄终弟及”当了皇帝。他亲政后，坚持要把生父兴献王改称“兴献皇帝”，生母改称“兴献皇后”，引发了与外朝文官之间的一场“大议礼”之争。嘉靖三年，明世宗下令加称父母为“本生皇考恭穆献皇帝”“本生母章圣皇太后”。他的亲信张璁、桂萼提出去掉“本生”二字，以迎合世宗的需要。世宗召集众臣至左顺门，下诏去掉“本生”二字，朝臣纷纷反对，200 多名朝臣跪于左顺门请求世宗收回成命。世宗决意借此事件打击朝臣，压内阁屈服，树立皇帝的绝对权威。他随即命锦衣卫逮捕 134 人下狱，两天中，廷杖大臣 180 多人，杖毙 17 人。明代的廷杖，使儒学陶冶出来的“从道不从君”的儒臣们付出了血肉和生命的代价，专制皇权的“君为臣纲”摧毁了这一“臣道”之梦。那些饱读《四书》的科举出身的臣子们，虽然想做“谏”“争”“辅”“拂”的直臣、忠臣，以图青史留名，然自宋代以后皇权的不断扩大和肆虐，使他们再也不可能找到“君礼臣忠”的理想国了。君主个人独裁到如此程度的腐朽帝国大厦再不毁不塌，历史如何进步？！民族如何新生？！天理长流，王道皓皓。人间正道多沧桑！

# 第十二章　师　道

## ——政治之辅弼

《论语》的第一篇为《学而》，第一句话即谈学与习：

学而时习之，不亦说乎？①

《荀子》的第一篇叫《劝学》，第一句话也谈学习：

学不可以已。青，取之于蓝，而青于蓝；冰，水为之，而寒于水。②

这些都是千古名句。儒家这样编书，用意是十分深刻的。一个人，立身始于学习，求道始于学习，从政亦始于学习。学与习，实为一个人做人为政之起点。“学”，古义为“觉悟”的意思。孔子晚年自画人生：“十有五而志于学。”学的内容，主要是诵学诗、书、礼、乐。学了必须行，这就是“习”。“习”，含有“温故而知新”的意义，但不是从书本到书本，闭门读死书、死读书，而是要知而行之，重在落实到行动上。知而不行不是真知。“时习”，把学了知识、做人的道理要时时、处处去实践，且反复去实践。“学”和“习”，都需要有先觉者和后觉者，

---

① 《论语·学而》。

② 《荀子·劝学》。

都需要有人指点、教导，这就是老师。孔子就是中国教育史上第一位老师。什么是老师？老师的职责是什么？唐代大文豪韩愈作《师说》一篇，写尽儒家师道之精义：

古之学者必有师。师者，所以传道、受业、解惑也。人非生而知之者，孰能无惑，惑而不从师，其为惑也，终不解矣。生乎吾前，其闻道也，固先乎吾，吾从而师之；生乎吾后，其闻道也，亦先乎吾，吾从而师之。吾师道也夫！庸知其年之先后生于吾乎！是故无贵无贱，无长无少，道之所存，师之所存也。……是故弟子不必不如师，师不必贤于弟子。闻道有先后，术业有专攻，如是而已！①

老师的职责是“传道、受业、解惑”，谁先闻道，谁先有“觉”，谁就是老师，这里无贵贱、贫富、少长的计较。孔子早就说过：“三人行，必有我师焉！”②儒家“尊师重道”。因为“重道”所以“尊师”，“尊师”是为了“重道”。

孔子说：“学而优则仕。”儒家强调学习，强调修身的一个直接目的，是为了为政，即辅弼君主而成就王道政治。故荀子说：

学恶始？恶乎终？曰：其教则始乎诵经，终乎读礼；其义则始乎为士，终乎为圣人。③

“恶”音“乌”，“什么”“哪里”的意思；“教”，指老师教授的课程；“义”，即原则。荀子承孔子之意，将学习优秀和成功的目标指向“士”“圣人”：以为士为起点，以成圣为终点。“士”即“仕”，是最低级的贵族、公务员。儒家知识分子的理想追求，首先是自己为“仕”，退而求其次，是为师，培养出贤于自己能“仕”，乃至于成圣的高徒。

---

① （唐）韩愈：《师说》，载《昌黎文集》卷十二。
② 《论语·述而》。
③ 《荀子·劝学》。

## 第一节　“有教无类”

春秋以前,“学在王官”。做官是贵族的特权,实行“世卿世禄”制度,读书也是贵族的特权,只有贵族子弟才能进“王官”学习。春秋时代,“天子失官,学在四夷”。也就是说,周天子已失去权威,“王官”之学办不下去了,文化、学术下移到了民间,下层平民和边疆地方的少数民族也有了享受教育的机会。孔子正是在这样的时代,顺应社会历史发展潮流,创办了中国历史上的第一所私学,并提出了“有教无类”的办学方针。

“有教无类”的本义,就是说,人不分贵贱、不分民族和种族,都可以到孔子办的私学中接受教育。孔子说:“自行束脩以上,吾未尝无诲焉。”[①]“束脩”,是十条肉干,这里可理解为学费。古时初次拜见,以“束脩”作为礼物。这一礼物是菲薄的。这句话的意思是,无论是谁,只要提点礼物表示求学的诚意,来拜我为师,我没有不好好教诲他的。

在史无前例时期的“批孔”运动中,有人说,只有交得起十条干肉的奴隶主阶级的子弟,才能到孔子那个贵族学校去读书,他的“有教无类”是虚伪的。这种看法缺乏事实根据。孔子一生收的学生,号称三千,贤人就有七十二人,其中确有贵族官家子弟,但绝大部分却是寒微出身。

从有关资料的记载来看,孔子的学生中,公良儒有“家车五乘”,司马耕为宋贵族桓魋之弟,公西赤可能是鲁国公族子弟,故可以“乘肥马,衣轻裘”。此外,还有鲁国贵族孟孙氏的两个儿子孟懿子和南宫敬叔师事孔子。除这几个人外,其余学生大多家境并不好。七十二贤弟子之首的颜回,“家贫居卑”,住的是“陋巷”,即贫民区,吃的只是“一箪食,一瓢饮”;曾参虽出身贵族,但早已没落,他得参加“耘瓜”等劳动,平时“布衣温饱未得完,糟糠之食,藜藿之羹未得饱”,生活十分贫苦;公冶长因懂鸟语被冤枉,曾“在缧绁之中”,处境显然颇为窘迫;闵子骞曾亲为其父御车,衣着破烂不堪,见孔子时“有菜色”,可见营养不良;冉雍,即

① 《论语·述而》。

仲弓的父亲是个“贱人”，荀子说他家“无置锥之地”；子路，也就是仲由，本系“鄙人”，为孝敬父母，曾“食藜藿”，到百里之外去背米，原先住的是草屋，下雨时，“上漏下湿”；子夏“家贫，衣若县鹑”；子贡、子张曾做过商人，但商贾在古代社会的地位是很卑微的。孔子的学生中，据说还有当过“大盗”的颜涿聚。

以上是说孔子学生的出身，再说其学生的国籍，也已远远超出鲁国的国界。统计数字表明，孔子的七十二贤弟子中，除鲁国外，还有来自卫、吴、陈、齐、宋、楚、晋、秦等国的。当时，楚国和吴国属于“蛮夷”之国，秦国居于“戎狄”之国，这是真正的“学在四夷”了。

前人早已有“孔门多杂”的说法。据前文所述，孔子学生中既有贵族子弟，亦有贱人、农耕之家子弟，还有贾人乃至为盗者，后几类人都是平民出身而大有可教者。《吕氏春秋》赞美的师教是这样的：

> 故师之教也，不争轻重、尊卑、贫富，而争于道。①

孔子正是这样一位“有教无类”的伟大教育家。

作为教师，自尊方受人尊，自重乃人重之。教师不是商人，教育不是搞商业经营，学校不是市场。一个学生是否尊师，关乎他个人品德；一个民族是否尊师，关乎民族传统之道能否得到传承、弘扬，民族之人文、科学素质能否得到整体提升。尊师之法无它，就是教师有尊严，不仅是物质上的，更应有精神上的。师尊则道尊。教育兴则国兴、民族兴！这是儒家尊师重道、“有教无类”留给我们的启迪。

## 第二节　德教为先

孔子的私学里设有四科：德行、言语、政事、文学。孔子根据学生的不同情况在教学上有所侧重，所谓“各因其材而教之”。据说，在德行方面比较出色的有颜渊、闵子骞、冉伯牛、仲弓等；在言语方面较为突出的

---

① 《吕氏春秋·劝学》。

有宰我、子贡等;在政事方面较有特长的是冉有、子路等;擅长于文学的为子游、子夏等。但无论哪一科,孔子都把道德教育和品行培养放在首位。就像他主张“为政以德”一样,在教育上,也强调德教为先。

《论语·述而》篇记载孔子的一条语录:

志于道,据于德,依于仁,游于艺。

“艺”,指技能,这里说的是“六艺”。“六艺”是春秋时代从事社会活动所应具有的基本技能,其具体内容是“礼”(各种礼的内容和程式)、“乐”(音乐)、“射”(射箭)、“御”(驾车)、“书”(书写)、“数”(算术,包括会计之类)。这句话中,“道”“德”“仁”三条都是指道德品行、志向情操、精神境界。分开来说,“志于道”,是说应有远大的理想和抱负;“据于德”,是讲应有高尚的道德情操;“依于仁”,是说应有博大的人道关怀。加上“游于艺”,即广博的业务知识和高超的业务操作技能。这是孔子提出的做人的标准,也是教育的目标,用今天的话来表达,就是“德才兼备”四个字。前三条讲德,后一条讲才,德放在首位。

《论语》中,还有不少语录从各个角度阐明了这一德才兼备、德教为先的教育方针,如《学而》篇说:

弟子入则孝,出则悌,谨而信,泛爱众,而亲仁。行有余力,则以学文。

孔子认为,年轻人要先把孝父母、敬兄长、言而有信、博爱大众、亲近有仁德之人做好以后,再去学习文献知识。这条语录也说明,孔子所谓的德教,主要包括孝、悌、忠、信、仁、义等内容。

围绕这一教育方针,孔子删订六经,以六经作为教材,对学生进行德行和才能的培养。他说:

温柔敦厚,《诗》教也;疏通知远,《书》教也;广博易良,《乐》教也;洁静精微,《易》教也;恭俭庄敬,《礼》教也;属辞比事,《春秋》教也。[①]

---

① 《礼记·经解》。

“温柔敦厚”，指言辞温柔、性情敦厚，这是用《诗经》来进行教育的结果。孔子曾说：“不学《诗》，无以言。”[①]春秋时期，在外交谈判中，以及上流社会日常的社交场合，都要引《诗》来应对，不然，说话就像白开水一样淡而无味，外交办不好，失礼仪风度，就既不温柔也不敦厚，变成粗野、庸俗，丢的是一国的颜面，外交会一塌糊涂。“疏通知远”，是说通达于政事，能懂得以往的成败兴亡之事，预测未来、高瞻远瞩，这是学好《尚书》的结果。“广博易良”，指有无所不包的胸怀、豁达顺畅的性情，这是音乐陶冶的结果。“洁静精微”，指通过《周易》的学习，能知天人玄机，顺天时，尽地利，探赜索隐，致其精微，心里自然洁净如洗，不为物欲，不为利动。“恭俭庄敬”，指通过《礼》的教育，使人谦恭朴实，待人接物庄重诚敬，严肃认真。孔子曾说：“不学《礼》，无以立。”[②]“属辞比事”，指通过学习《春秋》，知道某年某月某日发生了什么事，并能比较列国政事的得失。“属辞”，即以年月日连续相系书写记事，这段话说出了孔子以“六经”教学生的深刻用意，那真是用心良苦、循循善诱。

孔子的教育方针和方法，应该说是成功的。他的弟子中“学而优”而为仕者不少。仅以《论语》所记，就有冉求和子路为季氏宰、子游为武城宰、子羔为费主宰、子夏为莒父宰。另见于《史记》《家语》者，有子路为蒲大夫，孔悝之邑宰，宰我为临菑大夫，子贡相鲁、卫，子贱为单父宰，樊迟仕于季氏等。

不言而喻，各个时代、各个阶级有不同的德的内容和要求，社会进步了，文明发展了，才的内容也要变化。孔子所强调的德和才，其具体内容可以过时，有的也应当过时，但其所主张的德与才的关系的原则是很有深度的，是把握住了人类教育的规律的。因而，德才兼备，以德为先，就其中所表述的德行与才能在教育中所应有的地位和关系这个角度来讲，至今也不失其参考价值。

---

① 《论语·季氏》。

② 《论语·季氏》。

## 第三节 “大儒”“雅儒”“俗儒”

孔子曾告诫其弟子子夏:“汝为君子儒,无为小人儒。”[1]这里的“君子”与“小人”是道德品质高下之分。孔子的话是第一次对“儒”本身进行分类。孔子死后,“儒分为八”。荀子在《非十二子》这篇文章中,对孟子、子思、子张、子夏、子游等儒家学派一概予以了否定性批判。在《儒效》一文中,荀子将儒者分为“大儒”、“雅儒”和“俗儒”三类,此外,在《荀子》书中还有“贱儒”“小儒”等说法。实际上,“贱儒”亦即“俗儒”,“小儒”可归入“雅儒”,所以基本上还是“大儒”“雅儒”“俗儒”三类。荀子对儒的分类虽有党同伐异的味道,但对后世影响较大,如黄宗羲就把那种死守儒家教条、不知应时变通的观点抨击为“俗儒之剿说”。

什么是“大儒”呢？荀子说:

> 法后王,统礼义,一制度,以浅持博,以今持古,以一持万,苟仁义之类也,虽在鸟兽之中,若别白黑;倚物怪变,所未尝闻也,所未尝见也,卒然起一方,则举统类而应之,无所儗怍,张法而度之,则晻然若合符节:是大儒者也。[2]

我们把它翻译成现代汉语,意为:效法后王,能把握礼义的总纲,统一各种制度,以浅显明白的言语表达出广博深奥的道理,将古代的圣王原则贯彻到今天的政治实际中,坚持一个根本原则以应万变,假如是符合仁义的事情,即使在鸟兽之中,也能像辨别黑白一样把它辨认出来;从来闻所未闻、见所未见的奇异事物和奇怪变化,突然发生于一方,能“举统类”而应变自如,毫不存在疑惑不解,人们用法度去衡量他的处理情况,与法度完全相符合。这样的人便是大儒。前文说过,荀子所谓的“后王”,指夏、商、周三代圣王,实际上仍是先王,只是与更远古的先王

① 《论语·雍也》。

② 《荀子·儒效》。

相比称为后王。

荀子还说,大儒是思想上自然而然地一心为公,行为上自然而然地有高尚的品德智慧能够“统类”的人。又说“其言有类,其行有礼”,所兴办的事无所不当,处理危险的局势和突然的事变能无不恰当,不存在后悔;能顺应时代的变化而变化,随着社会形势的发展而发展,无论如何千变万化,其坚持的“道”只有一个。这便是“大儒”的标准。荀子认为,只有孔子、子弓够得上“大儒”的称号。插一句题外话,荀子崇尚孔子自不待言,有学人考释,荀子是子弓的学生,或传人,所以将子弓与孔子并重。在《非十二子》中,除子弓外,孔子以下各派都一概批判。

从荀子的话中可知,“大儒”除了品德高尚,坚持贯彻“道”等特点外,还有一个明显的标志:就是能“统类”自如地应付突然事变,随着社会的变化而变化。问题的关键在如何理解“统类”。

荀子把治国的法律分为“礼义”(也称“法义”)、“法数”和“类”三种。“法数”指法律条文,“类”是按礼义处理的案例。“统类”即把符合礼义的各种案例总括起来,转译一下,指把握礼义的基本原则。“举统类”意为,对既无明确的法律条文可依循,也没有先例的“倚物怪变”、突发事件,能按照礼义的基本原则加以恰当地处理,也就是能创造一种成例。因此,大儒是能得心应手地按礼义原则去顺应时变、处理突发事件的人,他也能创造法律。荀子说:“大儒者,天子三公也。”“三公”既是王者之师,又是王者之相。所以,成为大儒是儒家的人生最高理想,是师道之至尊了。

下面再来看看荀子所谓的“雅儒”。“雅儒”与“大儒”的最主要的区别,是不能“知类”或不能“统类”。

法后王,一制度,隆礼义而杀诗书,其言行已有大法矣,然而明不能齐法教之所不及,闻见之所未至,则知不能类也;知之曰知之,不知曰不知,内不自以诬,外不自以欺,以是尊贤畏法而不敢怠傲;是雅儒者也。[1]

“雅儒”是只能按章办事,按礼义和法律条文处理日常事务的人,如

---

① 《荀子·儒效》。

果发生了闻所未闻、见所未见的突然事变,他们就无能为力了,只好“知之曰知之,不知曰不知”。所以,“小儒者,诸侯大夫士也。”意思是,他们只能充任诸侯和大夫手下的士。

“俗儒”就是儒的等外品了,他们“不知法后王而一制度,不知隆礼义而杀诗书”,然而还高谈先王之道以欺世盗名“而求衣食”,“其衣冠行伪同于世俗矣,然而不知恶焉”。[①] 在《非十二子》中,荀子把子张、子夏、子游统统打入“贱儒”之列。“贱儒”就是“俗儒”。

按照荀子的分类,“大儒”只是极少数人,“雅儒”或“小儒”是大多数。荀子自己是以“大儒”自居的。《荀子·尧问》说:认为孙卿(荀子)不及孔子的说法是不对的。荀子“怀将圣之心”,然“迫于乱世”,无用武之地,“天下不治,孙卿不遇时也。”荀子竭力劝说君主任用“大儒”:

> 用俗儒,则万乘之国存;用雅儒,则千乘之国安;用大儒,则百里之地久而后三年,天下为一,诸侯为臣;用万乘之国,则举措而定,一朝而伯。[②]

这确是他自己谋求积极参与政治、成就王道的一种心声。

荀子关于“大儒”“雅儒”“俗儒”的分类对后世有一定影响。首先是在士阶层中,树起了一个“大儒”的形象,成为历代儒生追求的偶像。荀子所描述的“大儒”的气象和标准,对古代知识分子实现自己的人格理想和经世致用、安邦定国的志向有一种激励、导向作用。

其次是荀子的这一分类对后世创建政治法律制度也有一定的理论启迪作用。西晋时中央廷尉(最高司法官)刘颂曾指出:执法官吏应当严守法律条文,做到“行之信如四时,执之坚如金石”,严格地依法断罪,“不敢错思于成制之外”。至于有些在法律正文中找不到根据的案件,法典的《名例》篇中也未提及者,就应当上报中央,由大臣来作出处理,这便是“大臣论当,以释不滞,则事无阂”。[③] 宋朝的司马光也说:“夫执条据例者,有司之职也;原情制义者,君相之事也。”意为:各级司法官只

---

① 《荀子·儒效》。
② 《荀子·儒效》。
③ 《晋书·刑法志》。

能严格地依据法律条文和已有成例办案断罪，只有君主和丞相才能依据案件的实情作出合理的判决。我国古代政治法律制度的实际情况正是如此，一般地方官员和执法官员，必须依照成文法典和皇帝及政府机关下达的政令处事审案，发现特殊情况，在法律和成命中找不到答案的，或有了疑难案件，必须逐级上报，由中央朝廷召集大臣根据礼义和法理，特别是儒家的经典教义来处理。这个制度中，"大臣"正是荀子说的"大儒"，"大儒"可以担任"三公"，可以"举统类"；而一般的官吏则是"雅儒"，"雅儒"只能担任地方或部门的中下级官吏，他只负守法之责，"知之为知之，不知为不知"，不能在法律明文和诏令之外有所差错。这是保证中央集权、政令、法令统一的需要。荀子所说的"大儒""雅儒"的职责，正好成了帝制政治法律制度的理论渊源之一。

## 第四节　学校议政

公元前 5 世纪中叶，子产相郑国。郑国人在乡校议论子产执政得失，有人劝子产毁乡校，子产不听。从这一记载来看，乡校议政，是古代原始民主制的一种遗存。在古代，不少思想家曾对乡校议政制度提出种种设想，以改善君主专制政治。其中以黄宗羲的设想最有特色，也最有价值。

黄宗羲认为，学校固然是培养官吏的地方，但其作用不仅如此，还应当是个议政机关。他的设想是："必使治天下之具皆出于学校。"[①]黄宗羲改造学校设想中，要点有五条。

其一，中央太学的"祭酒"（今之校长），应"推择当世大儒"来担任，或由退休的宰相担任，其资望和地位都与现任宰相相当。其二，每逢初一，天子亲临太学，宰相、六卿、谏议都一起跟随，祭酒登台讲学，天子坐在弟子位置上听课。政治上有什么缺失，祭酒直言指陈，毫无隐讳。其三，天子之子年满十五，就与大臣之子一样到太学上学，使其知晓民间疾苦，并能学会一些劳作，以避免在宫中闲玩，妄自崇大。其四，将政治

① （清）黄宗羲：《明夷待访录·学校》。

大事交学校讨论,“天子之所是未必是,天子之所非未必非,天子亦遂不敢自为非是,而公其是非于学校”。其五,各地郡县学官,由当地名儒主持。每月初一和十五,学官讲学,郡县官坐在下面听讲,师生之间互相讨论。郡县官政事缺失,小则指正,大则率众挞伐。如郡县官的德行学问很高,学官又无名儒,则由郡县官登讲台讲学;如果郡县官年少无实学,又妄自尊大压抑老儒,则广大士子可以喧哗反对和退席。①

黄宗羲说,他的这一套设想是以“三代”的学校制度为根据的。这套设想显然反映了当时知识分子参与政治的愿望。他以关于“三代”乡校议政的记载为启发,试图把学校改造成既是培养未来官吏的场所,又是议政和监督性质的机关,从而提高知识分子的政治地位。

黄宗羲生当明末清初,帝国的君主专制制度已发展到了登峰造极的地步。他目睹了明末宦官肆虐,残酷镇压东林党人的事件,也经历了李自成起义、明王朝灭亡、清兵入关的巨变。他曾亲自参加南明小朝廷的抗清斗争,也曾直接组织过义军上四明山抗清。清王朝建立后,他发誓不仕清廷;隐居家乡教书著书。晚年,他亲手撰成一副对联,命其后人在他死后刻在墓前的望柱上。其文为:

不事王侯持子陵之风节
诏钞著述同虞喜之传文

子陵,即严光,东汉馀姚人,系刘秀挚友,刘秀做皇帝后,他改名隐居,耕钓于富春山严陵濑,不肯出山做官。传现浙江富春江畔尚有其遗迹。虞喜,即晋时虞仲宁,他拒绝朝廷的屡次征召,不肯为官,朝廷遇有大事,只好派人去咨询。这件事说明,黄宗羲为人具有高风亮节,从不为利禄屈身。所以,“学校议政”的设想,倒并非为了他个人参政作吁请,而是作为当时知识分子的代言人,展革故鼎新之宏图。

黄宗羲生活的时代,社稷易主,生灵涂炭,道德沦丧,堪称世变之亟。国家忧患、民族忧患、天下生民忧患交织其心,他大力弘扬儒家的现实批判主义传统,祭起“三代”先王之道的义旗,高瞻远瞩地批判了秦

① 参见(清)黄宗羲:《明夷待访录·学校》。

汉以来的整个君主主义制度,并努力设计出补救方案。“学校议政”便是其诸多补救方案中的一个。

17世纪,我国市民阶层业已出现,但尚未形成有规模的近代民主思潮。黄宗羲的“学校议政”,已从原始民主制的乡校议政中散发出近代民主的气息,在某些环节上与近代议会民主似有相通之处。这些都是极有理论价值的思想。

不过,以为黄宗羲的“学校”就是议会,把他说成比孟德斯鸠还要早的民主主义思想家,也不免有些过誉。黄宗羲所谓的“学校议政”主要还是一种“清议”,即对政治得失、人物操行进行品评。黄宗羲十分赞赏东汉的清议之风:“东汉太学三万人,危言深论,不隐豪强,公卿避其贬议;宋诸生伏阙槌鼓,请起李纲;三代遗风,惟此尤为相近。”[①]宋靖康元年(1126年)春,陈东等太学生300人跪在宣德门外请宋钦宗重新起用抗金名将李纲,这是古代太学生干政的一起典型事件,也是一种特例,不是学校的常务,更非程序政治。所以,黄宗羲设计的“学校议政”,不具有民主政治最核心的选举权、罢免权,大致还是在君主制度之下的一些补救,是“补天”而不是“变天”,是要求君主赐予一些“清议”民主。简言之,就是搞开明君主制。

---

① (清)黄宗羲:《明夷待访录·学校》。

# 第十三章　礼法与律令
## ——王道政治之法制

史书所谓帝制时代历朝“正律”，如汉《九章律》《唐律》《宋刑统》《大明律》《大清律例》等，都是国家刑法典，称为国家制定的成文法。但仅靠国家制定的刑事成文法惩处犯罪行为和规范社会生活是不够的，古代社会还辅之以无处不在、无时不有的民间礼俗规范和以礼俗为主要内容的家规族训、乡约祠规、寨章社宪等习惯法。它们非国家制定，有的成文有的不成文，但却为国家所认可。如此，褒奖善举德行、惩戒作奸犯科、维持社会秩序才得以全覆盖。所谓“天网恢恢，疏而不失”，此之谓也。

国家制定法中，除刑法典外，还有一部地位更高的成文法典——礼仪法典。礼仪典、刑法典，加上不必由国家统一制定而加以认可之礼俗习惯法，归总到一起，就是礼法社会中的“礼法”。其中，国家制定的刑法典简称“律”，以皇帝或内阁、各部院颁布的政令称“令”，合称“律令”。礼法及其律令，就是本章要讨论的儒家所提倡的王道政治之法制。

## 第一节　何谓“礼法”

“礼法”一词，如今臭不可闻，是彻底的贬义词。抨击者贬之为“杀人不用刀”“杀人不见血”的制度，似乎中国社会的一切落后，中国民众的所有苦难，全在这“礼法”上头。所以展开讨论之前，先向读者澄清，这里讲的是一种历史上客观存在的制度实体，是我们祖祖辈辈曾经赖以生存并维系社会秩序的规范体系。

“礼法”一词，并非笔者臆造。它是古人创造的词汇，是古人对古代中国法律体制之精义的准确把握和高度提炼，体现古贤高超的法律理论修养和法律思维智慧。“礼法”作为一个法律词汇，最早出现在《荀子》一书，如“故学也者，礼法也”“礼法之大分也”“礼法之枢要也”。①《尔雅》是列入十三经的一部训诂字书，其《释诂》云：“典、彝、法、则、刑、范、矩、庸、恒、律、戛、职、秩，常也。”宋朝人邢昺注释说：“皆谓常，礼法也。”②这些词语都有“常”的意思，所以都是“礼法”。北宋著名政治家司马光解释《周易》的“形而下者谓之器”这一句时，说：“有形可考，在天为品物，在地为礼法。”③有形的东西，在自然界表现为各式各样的物体，在人世间表现为“礼法”。

时下的中国法律史教科书中，多见“礼与法”“以礼率法”“礼法结合”“礼法合一”等说法，都是将礼、法视为两个实体，其所称的“法”实质上都是指“律”或者“刑”，也就是现代法学中的刑事法律。这里需要特别强调，“礼法”不是“礼”+“法”，不是“礼”率“法”，也不是“礼法结合”“礼法合一”。“礼法”是一个双音节古词，一个法律学上的法概念，一个法哲学上的范畴，也是中国古代“礼乐政刑”治国方式的统称。

“礼法”一词本已随古代礼法体制的消亡而退出中文常用词库，重新唤起“礼法”记忆的是近现代翻译家们。他们在译介西方法学名著和欧陆英美法律体系时，从中西比较法学的语境中重新起用了“礼法”词语。

我国翻译界的鼻祖严复在翻译《孟德斯鸠法意》的按语中指出：

> 西文“法”字，于中文有理、礼、法、制四者之异译，学者审之。④

---

① 参见《荀子》书《王霸》《修身》诸篇。

② 《十三经注疏》，阮元校刻，中华书局 1980 年版，第 2569 页。

③ （宋）司马光：《温公易说》卷五，四库全书本。

④ ［法］孟德斯鸠：《孟德斯鸠法意》，严复译，商务印书馆 1981 年版，第 3 页。

他从中西比较法学的角度指出中文中所称的理、礼、法、制四者都是西文所谓之“法”。他还特别强调,不能把中国古代法仅仅看作“律例”:

> 若取秋官所有律例当之,不相侔矣。①

严复在翻译该书之时,日本学者关于中国古代法是“律令体制”的观点尚未形成。但他似乎是为我们识破“律令体制”说之谬而准备的。真是一位慧眼独具的大师,有先见之明!

不过,严复尚未找出一个可与西文“法”相匹配的中文名词来表达中国古代法体制。这一任务是由他的译界后起之秀完成的。

吴寿彭先生是一位精通中国古文献和希腊语的翻译大家。他翻译的亚里士多德《政治学》至今仍然是商务印书馆不断重印的中译名著。他指出,“诺谟”(nomos)这个名词包括了“‘法律’‘制度’‘礼仪’和‘习俗’四项内容”,能与之对应的中文词汇还是“礼法”。

> 在近代已经高度分化的文字中实际上再没有那么广泛的名词可概括“法律”“制度”“礼仪”和“习俗”四项内容;但在中国经典时代“礼法”这类字样恰也常常是这四者的浑称。②

正是在这个意义上,只有“礼法”一词才能将中国古代法概而统之,才能比较准确地作为表达中国古代法的名词。由于古汉语的语言特点,中国古代典籍使用双音节的“礼法”一词较少,而往往以“礼”“法”“律”“刑”“宪”“典”“彝”“谟”“诰”“则”“范”之类单音节词汇代之,在阅读时需结合具体语境加以辨析。诚如邢昺所解释的,这些表示“常”的名词,实质上都是“礼法”。质言之,“礼法”即法。确切地说:“礼法”是古代中国的法。

是翻译家而不是法学家揭示了中国古代法制的本质特征。它是一

---

① ［法］孟德斯鸠:《孟德斯鸠法意》,严复译,商务印书馆1981年版,第3页。

② ［古希腊］亚里士多德:《政治学》(卷三章十六译注一),吴寿彭译,商务印书馆1965年版,第170页。

种“礼法”！看来，只有深谙不同语言、不同文化的大翻译家，才能把握古今中西法文化之间的暗通款曲之处，知晓中国传统法文化和中华法系的个中三昧。

美国著名的社会法学家庞德有过一段关于社会控制的经典论述：

> 社会控制的主要手段是道德、宗教和法律。在开始有法律时，这些东西是没有什么区别的，甚至在像希腊城邦那样先进的文明中，人们也通常使用同一个词来表达宗教礼仪、伦理习惯、调整关系的传统方式、城邦立法，把所有这一切看作一个整体；我们应该说，现在我们称为法律的这一名称，包括了社会控制的所有这些手段。①

在古代中国，这种“道德、宗教和法律”浑然不分的行为规范体系，名之曰“礼”，从而有“夏礼”“殷礼”“周礼”之说。荀子揭示其实质，指出它们就是“法”，并称为“礼法”。

“礼法”就是中国古代法，是中国古代文化之“道统”在法制上的体现，是中国古代法之“法统”载体，涵盖了中国古代“礼乐政刑”之“治统”的原则和方法，承载了志士仁人追求“良法善治”的美好设计与愿景。质言之，中国古代法是“礼法”法；中国古代法制是“礼法体制”、“礼法制度”或“礼法体系”。这些名词都是仿照日本学界关于“律令体制”的说法对应着讲的，这里不去深究它们之间含义上的区别。

## 第二节　走出“律令体制”说

“律令体制”，又有“律令制”“律令法”“律令法系”“律令法体系”等说法，始自日本学者。

1933 年，日本著名法律史学家中田薰先生为其弟子仁井田陞教授《唐令拾遗》作的序文中写道：

---

① ［美］罗斯科·庞德：《通过法律的社会控制》，沈宗灵译，商务印书馆 1984 年版，第 9 页。

大概依据可否属于刑罚法规,而把国家根本法分成律和令两部分,这是中国法特有的体系。①

直到20世纪50年代初,中田先生还连发三文阐论中国律令体系及其沿革,②并使用“律令法系”这一概念来定性中国古代法律体系:

所谓律令法系,是指由律和令两种法典形式组成之国家统治的基本法的支那独特的法律体系。③

继起的滋贺秀三在《关于曹魏〈新律〉十八篇篇目》(1955年)一文中明确指出,“律令法体系”始于魏晋。④ 另一位日本学者西嶋定生提出“东亚世界”的“历史文化圈”概念,认为其构成“要素”主要有四项:汉字文化、儒教、律令制、佛教。其中关于“律令制”问题,作者是这样写的:

律令制,是以皇帝为至高无上的支配体制,通过完备的法制加以实施,是在中国出现的政治体制。此一体制,亦被朝鲜、日本、越南等采用。⑤

西嶋把中田氏运用“律令制”“律令法”“律令体制”“律令法系”来定论中国古代法的理论大大推进了一步,扩展了整个“东亚世界”。照他的说法,“中华法系”就是“律令法系”。

---

① [日]中田薰:《唐令拾遗》序文。参见[日]仁井田陞:《唐令拾遗》,栗劲等编译,长春出版社1989年版,第887页。

② 三篇文章分别是:《古法杂观》,载《法制史研究》1951年创刊号;《关于中国律令法系的发展》,载《比较法研究》1951年第1卷第4号;《〈关于中国律令法系的发展〉补考》,载《法制史研究》1953年第3号。三文后均收入氏著:《法制史论集》第4卷(补遗),岩波书店1964年版。参见徐世虹:《秦汉法律研究百年(二)》,载中国政法大学法律古籍整理研究所编:《中国古代法律文献研究》(第六辑),社会科学文献出版社2012年版,第82页。

③ [日]中田薰:《论支那律令法系的发达》,何勤华译,载何勤华编:《律学考》,商务印书馆2004年版,第76页。

④ 该文原刊《国家学会杂志》第69卷7、8号,1955年。中译文载杨一凡总主编:《中国法制史考证》(丙编·第二卷),中国社会科学出版社2003年版。

⑤ 西嶋定生在1962年发表的《6—8世纪的东亚》一文即提出了这一观点,此引自氏著:《东亚世界的形成》,载刘俊文主编:《日本学者研究中国史论著选译》(第2卷),高明士等译,中华书局1993年版,第89~90页。

此后,大庭脩、堀敏一、冨谷至等日本学者进一步研究“律令体制”。[①] 如今,“律令体制”说已成为日本学界研究中国法制史乃至中国史的基础性概念与前提。

如果日本学者仅将日本古代法定性为“律令法”,我们一点疑义也没有。但把这个结论推演到中国古代法,乃至以此定性整个中华法系,那就有问题了。尤其是“律令体制”学说引入中国后,深度影响着国内的中国法律史研究,翻检我们的各种中国法律史教材,大体上是按“律令体制”的模式编写的。所以不得不加辨析。

我们认为,中国帝制时代所崇尚的治国法制体制不是“律令体制”,“律令法”不能正确表达中国古代法,中华法系并非“律令法系”。

中国古代法在夏、商、周三代的法律样态是礼与刑,可称为“礼刑体制”。这是一种原始形态的“礼法体制”结构。后经秦汉以降帝制社会的改造发展,除形成完备的“律令体制”外,至少还包括以下一些法律和规则。

一是“天道”“天理”“大经大法”“先王之法”“祖宗之法”。“天道”“天理”是一种宗教、伦理和政治法律混沌一体的信仰,但与我们所熟悉的世界性三大宗教信仰不同,它不是外在和超验的,更多的却是理性的,而且常常成为民心和民意的代称。“大经大法”实为以儒家经典为载体的“经义”。“先王之法”传自尧、舜、禹、汤、周文王、周武王、周公旦等古代圣王。“祖宗之法”指本朝开国皇帝定下的“祖制”、“祖训”、遗命。前引西嶋定生所谓“律令制,是以皇帝为至高无上的支配体制”,其实在中国传统法理中,比皇帝与律令更高的“高级法”“法上法”“理想法”却是“天道”“天理”“大经大法”“祖宗之法”等。它们才是良法善治的渊源,也是评价当时政治法制的标准。一朝一代政治统治的合法性,刑律和令甲令乙的正当性,一些重大的疑难案件定谳的合理性,全由它们作为最后的终极标准来评判。它们才是中国古代法的灵魂所在,亦即中华法系的生命活力和定力之所在。

---

① 如[日]堀敏一:《律令制与东亚世界》,汲古书院 1994 年版、[日]大庭脩:《秦汉法制史研究》,创文社 1982 年版、[日]冨谷至:《通往晋泰始律令之路》,载《东方学报》(第 72、73 册),2000~2001 年版,中译文载中国政法大学法律史学研究院编:《日本学者中国法论著选译》(上册),中国政法大学出版社 2012 年版。

二是大量的乡规民约、家法族规以及习俗等非制定法。它们虽非国家制定,法律位阶不高,但为国家所认可,并同样得到国家权力的维护,成为规范和调整古代中国社会的真正"实在法"之组成部分。中华民族历史悠久,地广民稠,民族众多,环境复杂,业态繁富,能几千年一以贯之地保持基本的生活样式和秩序,所依持的便是这些底层"法下法"。如今法学界称道的"私法",正潜涵在这样的"法下法"之中。这是中华法系之法体系自洽圆融的奥妙之所在。

"律令体制"说的持论者,往往是"法典论"的偏爱者,其视野所及,每囿于国家制定法和成文法形态,前述的中华法系中居于"法上法""理想法"和处于"法下法"、非制定法、习惯法的两个层面,也就难以入"律令体制"说的法眼。

对于用"律令体制""律令国家"来界定古代中国的法制,日本的中国学学术界早有异议。享有日本京都学派"史学集大成者"荣称的汉学家宫崎市定在其代表作之一的《中国史》中曾写道:

> 从日本模仿中国制定律令这件事,有了"律令国家"这个词……如果因为同为律令国家,便从中国的情况来推断日本的情况,那还算好。要是从日本的情况来推测中国的情况,那就非常危险。就算都有"律令"这个名称,在自发产生的地方和将之引进的地方,其存在基础不一样,存在形态也不一样。①

质言之,中国古代法和中华法系包含了"律令法""律令体制",但不限于"律令法""律令体制",而是一种"礼法法""礼法体制"。中华法系不应定性为"律令法系"。

## 第三节 "礼法体制"的构成

清乾隆年间编定的《四库全书·政法类·法令之属按语》中,对刑

① [日]宫崎市定:《中国史》,焦堃、瞿柘如译,浙江人民出版社2015年版,第10页。

律及其所规定的刑罚在治国中的地位下了一个断语：

刑为盛世所不能废，亦为盛世所不尚。

这可视为古贤哲总结四千年治国经验之论。那么，帝制时代的统治者治国安邦所“尚”的是什么呢？答案很清楚，它就是“礼法”。中国古代“礼法”是一个复杂的构成体，博大精深，内含三个子系统。

一是礼典子系统。“礼典”，就是朝廷编纂、颁布的礼仪大典。在“礼法体系”中，礼典的地位是最高的。礼典的历史源远流长，从考古材料和传世文献可知，商、周两代都有名目繁多的典礼、繁缛复杂的仪节。现存的《仪礼》《周礼》《礼记》是帝制时代制定国家礼典的基本法源，也是民间厘定礼俗习惯法的原初依据。帝制时代的第一部成文礼典，是晋惠帝元康元年（公元 291 年）颁布的《新礼》，史称《晋礼》。《晋礼》的体例成为隋唐编制礼典的基本轨式。李唐王朝特别重视礼典制定，陆续出台《武德礼》《贞观礼》《显庆礼》，至开元年间集其大成，编定并颁行《大唐开元礼》，是为中华法系中成文礼典之典范。

礼典的第一要旨是昭示一代王朝的正统性、合法性。“国之大事，在祀与戎。”①祀，即祭祀。礼典中详尽规定了祭天、祭地、祭山川神祇、祭祖、祭孔等祭祀活动的祭祀主体权力、祭祀规格和程序，无不是其统治合法性的自证。礼典的另一个重要功能，是确定王朝内部的内朝外朝、省部院寺、中央和地方，以及中央王朝和藩属国之间的权力与责任，规范君臣使佐、文武百官、士庶百姓的尊卑秩序。

那么，违反了礼典条款，是否会承担法律后果呢？现代法理学有一个关于“什么是法律”的定式：一切法律规范都要具备假定、指示、制裁三个要素。礼典对各种礼仪的规格、程序规定得非常具体，具备了“假设”和“指示”两个要素，却没有规定对应的罚则，好像缺乏了一个“制裁”要素。其实，对违礼行为的制裁，由律典来完成。如《唐律疏议》第一百条规定：“诸祭祀及有事于园陵，若朝会、侍卫、行事失错及违失仪式者，笞四十。”从《明律》开始，专门设立了“礼律”的条目，规定各种违

① 《左传·成公十三年》。

礼行为的制裁方式。需要强调的是,“礼法”是一个整体,“出礼入刑”,触犯礼典条款如何处罚,由律典兜着。

二是律典子系统,也就是以成文刑律典为主干的“律令法”系统。“律典”,就是朝廷编纂、颁布的刑事法大典。在礼法体制下,律典以礼典为依归,不能违反礼典的精神原则和具体规范,否则就不具有合法性。

前贤瞿同祖先生曾详尽研究并阐述中国古代法律的儒家化过程。[①]近两年有文章认为,中国古代法律是“法家化”,而非“儒家化”。其实,瞿先生所谓之中国法律的儒家化,是以《秦律》、汉《九章律》为法家之立法作为立论基点的。秦帝国采用李悝《法经》体例,刘汉王朝又在《法经》之盗、贼、囚、捕、杂、具六篇之外,加增户、兴、厩三篇,形成《九章律》。这个《九章律》为后世刑事立法所宗,但在立法思想上却倚重商鞅、韩非的法家严刑重罚观念,是法家的立法。瞿先生逐一考证了诸如“亲属相为隐”、丧服制度、“存留养亲”、“十恶”、“八议”等儒家之家族伦理礼仪揉入刑事法典的过程,将之命名为“儒家化”。如果离开了这个讨论范围,泛论中国古代法是儒家化还是法家化,或其他的什么化,就失去了意义。

中国古代刑事法律自两汉历经魏晋南北朝的“儒家化”改造,至隋唐律而定型,是一个有史实可考的过程。瞿同祖先生的命题及其研究路径都是成立的,具有很高的学术价值。

举个例子,儒家推崇孝道,其表达方式主要有三个关键环节:一是尊亲生前的孝顺敬养;二是亲亡时丧事哀戚庄重;三是祭祀的准时周全。这三个环节的具体程序都是礼仪中规定的。其中,礼仪法中的“五服制度”是讲依照与亡者血缘亲疏不同而规定的丧服颜色和服丧时间的。西晋《泰始律》将“五服制度”引入,确立“准五服以定罪”的刑事法律定罪量刑原则。据统计,《唐律疏议》第502条中,直接准照五服制度定罪量刑的有81条;涉及五服制度的有154条,两项占到全部条文的47%。[②] 所以,《四库全书总目提要》定性唐律为“一准乎礼”。“一准乎

① 参见瞿同祖:《中国法律与中国社会》,中华书局2003年版,第355~374页。

② 参见丁凌华:《五服制度与法律传统》,商务印书馆2013年版,第218页。

礼”，标志着“儒家化”刑事法典的定型。

如果说瞿同祖先生的“中国法律之儒家化”命题还可表达得更确切一些的话，那么，或可将“中国法律”改称“中国古代刑事法律”，也许更为确当些。因为，中国古代法律中，礼典以及以礼俗为核心的习惯法原本就是儒家设计和制定的，是儒家之立法，不存在“儒家化”。所以，“刑事法律”的“儒家化”标志着中国古代法中最难儒家化的一块阵地被攻克了。

三是习惯法子系统。这是一个以礼义为旨归、礼俗为基础的以乡规民约、家训、家法、族规等为具体内容的博杂庞大的行为规范群。“礼从俗”，[①]习惯法起于民间习俗，规范着老百姓的日用的方方面面，“合乎礼教”[②]是其首要原则。自宋代以降，名臣大儒如司马光、朱熹、方孝孺、曾国藩等皆热衷于家礼、家法的制定，使习惯法系统愈加成熟地圆融于礼法体系之内。

这个礼俗规范群不需要耗费国家立法资源，但都是得到国家认可，并由国家强制力为后盾的，是国家制定法的补充法、下位法，不应视为外悬于国家法系统的“民间法”。

古代礼法社会的维系，仅靠礼典和律典自上至下的规范和强制是远远不够的。正是这些习惯法，使礼法精神扎根于社会土壤、渗入百姓之心田，成为一种信仰，成为一种生活的常理、常情、常识。人们从幼年开始就接受老人的言传身教，并在实际生活中反复训练。因此，当他们成年后，便能成为合格的礼法社会之社会人，都能清楚地知道，依据自己的身份地位、年龄、性别，应该怎样视听言动。同时，他们也都能预计得到，如果自己有违礼行为，肯定会受到制裁，而且也大体上知道将面临什么样的制裁。这是一种在空间上全覆盖、在时间上全充盈的规范群，一种无处不在、无时不有的“无法之法”。中国古代的民事关系基本上依赖于这样的“无法之法”加以规范和调整，以至于无论朝代如何更替，民间物权和债的关系、婚丧嫁娶和祖宗血脉、财产的承继关系得以维系而不败乱。

---

① 王斯睿：《慎子校正》，商务印书馆 1935 年版，第 17 页。

② 费成康主编：《中国的家法族规》，上海社会科学院出版社 1998 年版，第 26~27 页。

礼典、律典、习惯法三个子系统互相之间关系紧密。从立法精神来看,律典子系统、习惯法子系统都要合于礼义、礼制,不然就不具备合法性。礼典子系统、习惯法子系统构成了上和下两道防线,为天子以至于庶人提供了积极的行为规范,并以律典子系统为保障,惩罚一切违礼行为。三者各司其职、相辅相成,共同构成了多层次、多面相、多功能的礼法体系。

中华法系走向"礼法体制",不是儒学家们头脑风暴的产物,而是渊源于中国特有的礼法社会。鉴于篇幅,本节不再展开讨论。

## 第四节　关于"梅因定律":再论走出"律令体制"说

亨利·詹姆斯·萨姆那·梅因(1822—1888 年)是 19 世纪英国著名的法律史学家。1861 年发表名著《古代法》,成为欧美法学界的经典之作,西方学者公认他为英国历史法学的创始人和集大成者。《古代法》的最早中文译本于 1933 年由商务印书馆出版,对中国法学界有过很大影响。

"梅因定律"是本书为表述的简捷明快而姑且用之的一个词语。梅因提出两个评价法律文明高低的"定律":其一,大凡半开化的国家,民法少而刑法多,进化的国家,民法多而刑法少;其二,法律文明只有一条线性演进轨道:"从身份到契约"。

鸦片战争后逼迫清政府让出"治外法权"的西方列强,坚称中国古代法落后的日本"律令法"持论者,在法学理论依据上,都基于这一"梅因定律"。

平心而论,百多年来,我们民族对自己祖先创造和传承的文化缺乏敬畏之心和理解之情。这种现象在对待中国古代法律文化、中华法系的评价上尤为突出,误读、误解和误判随处可见,如"诸法合体,民刑不分,以刑为主""民法不发达,始终固守身份法而未进至契约法""严刑重罚,用刑罚手段处理民事纠纷"等,不由自主地甘愿落入这一"梅因定律”陷阱。追根究底，这些都是“律令法”“律令法系”视野中的结论。要打破这个“梅因定律”，必须走出“律令法”说，回归到古代中国法固有的“礼法体制”上来。连古人都一再申明刑为“盛世所不尚”，今人为什么非要将“民法少而刑法多”强加到古制头上！

已如前述，在“礼法体制”下，无成文民法典不等于没有民法，或民法不发达。我国早在春秋战国时代，就有陶朱公、子贡、郑弦高这样的巨商大贾。据《晏子春秋》等古书记载，当时齐国临淄市场上人流如云，“张袂成阴，挥汗成雨，比肩继踵”。中国古代农业社会，是一家一户的小农经济形态，不像欧洲的大庄园经济，能够自给自足。古代老百姓要满足正常的生活需要，必须以己之物通过市场交换来其他必需之品。而有市场交易就要有交易规则。在一个开辟了陆上与海上丝绸之路、茶马古道的国度，其疆土博大、民族众多、历史久远、业态繁富，而它的国内外贸易、动产不动产买卖不需要几千上万条民事成文法典来维持，却能基本保持物流通畅、交易频繁、秩序井然，物权债权明晰，即使延续几代仍能保障权益，“童叟无欺”“父债子还”并非虚言。这种“无法之法”的民事法则和民法信仰真是独步天下，岂非无民法？

“无法之法”，是为有法。法生于民俗，植根于民心，才是良法。迄今发现的大量中文民事契约文书表明，古代中国的事实是有身份也有契约。身份与契约在同一时空下并存不悖，不需要一条“从身份到契约”的线性时空隧道。“礼法体制”下的这种身份与契约共生的民法现象对梅因“从身份到契约”论断的正面挑战及其中的奥秘，还需要我国法史学者和民法学者认真破译。

“律令体制”之说，及由此推演出来的“民刑不分，以刑为主”结论，正好把自己一头塞入了“民法少而刑法多”的“半开化的国家”落后法系“梅因定律”之陷阱，真是自诬自辱！走出“律令体制”说，回归“礼法体制”之本然，方能廓清强加在中国古代法和中华法系之上的肆意贬辱之词，破解其中的法律文化遗传密码，重新认识中华法系，从而在当今法治中国建设中汲取其积极元素，弘扬其正面价值。

## 第五节　礼法之治与良法善治

近世以来,民主法治已提升为相比于其他治理模式有更多优越性的政治法制价值,但对于古代中国,“法治”“人治”这些贩运进来的概念和思维方式,无助于破译中华法系及其治道奥妙。自秦汉至清代,一直是君主私天下的帝制社会,从总体上说,实行的并非法治。法治是与人治相比较而存在、相对立而发展的。由于古代中国无论在法理上还是在法律实务上均不存在法治,提出法治与人治这对范畴也就失去了价值,更谈不上以它为“主线”去解读中华法系及其治国之道。虚构的“主线”,必然导致对法的历史的误判。①

就治国方略而言,历代志士仁人所追求的是一种“礼法之治”,并津津乐道之为“良法善治”。

古贤之“良法善治”追求,大致有六个面向:以“礼法”为良法善治之“治法”②;以“中道”为良法善治之治道;以“君子”为良法善治之“治人”;以“德政”为良法善治之善政;以“乡治”为良法善治之基础;以“祥刑”为良法善治之利剑。

### 一、“礼法”:良法善治之“治法”

上节已述,古代“礼法”是一个复杂的构成体。从法律形式上说,有成文法和不成文法、法典法和非法典法;从法的层级上说,有居于“法上法”的理想法、正义法,有相当于现今之宪法性章程的国家、皇室礼制,以及被视为“国之大事”的祭礼和军礼,还有得到国家认可和维护的家法族规、礼俗习惯法等。自不待言,还包括称为“律令体制”的历朝历代“正律”与政令。正是“礼法”,成为古代贤人追求善治之良法。

---

① 关于中国古代法不存在一条“人治与法治对立斗争”主线的论析,可参见俞荣根:《儒家法思想通论》,商务印书馆 2017 年版,第 34~48 页。

② “治法”“治人”之说源于《荀子》。

## 二、“中道”：良法善治之治道

《中庸》论曰，“中”为“天下之大本”，“和”为“天下之达道”，“致中和，天地位焉，万物育焉”。又说：“从容中道，圣人也。”朱熹在其《中庸章句序》中明确指出，“中道”就是传自尧舜的“道统”。“中道”一以贯之于古代中国良法善治之始终。它是中华法系之法的精神，或曰“法统”。

法是一定的社会关系的调节器、稳定器，它所维护的是现存社会关系的平衡、稳定和秩序。“中和”之道求统合、求和谐、求稳定的价值取向正好与法的这一属性和功能相契合。“中正”而不偏颇，其核心是追求公平、正义。这也正是法的基本价值和属性。“时中”讲动态的“中道”，在动中求稳，在变中求衡，在变动中求宜，在发展中求正。

## 三、“君子”：良法善治之“治人”

“君子”，是有高尚道德品格的人。孔子认为，理想的君子人格应具有“仁”、“知”（智）、“勇”三大基本品质[①]和“中庸”之德。[②] 孔子留给后世的政治遗训是“为政在人”。[③] 君子有德且有位，是“德政”的基本前提。荀子说：“有治人，无治法。”[④]“治法”即“良法”，“治人”即“君子”。荀子认为，有“治法”不一定有善政。有“治法”而无“治人”，照样会亡国。“贤者在职，能者在位”，德与位相匹配是良法得以实施，善治能够成功的要件。

## 四、“德政”：良法善治之治政

“德政”，也称“仁政”。它以“民本思想”为核心，要求为政者修身正己、遵礼循法、关心民瘼、德以化民、富以裕民、取信于民、制民恒产、轻徭薄赋、反对不教而诛、实施中刑中罚和恤刑慎刑等。

“德政”主要是针对“为政者”即君主和官员们说的。它包含两个

---

① 参见《论语・宪问》：“君子之道者三，我无能焉。仁者不忧、知者不惑、勇者不惧。”
② 参见《中庸》：“君子中庸，小人反中庸。”
③ 《中庸》。
④ 《荀子・君道》。

相辅相成的方面:“德政”主体和“德政”客体。“德政”主体是“为政者”。这一“关键的少数”能正心诚意、修身齐家,方可国治天下平。“德政”客体是民众、老百姓。“德政”必须脚踏实地施德惠于民,让老百姓得到实实在在的好处。它得有一套安民、宽民、养民、惠民、利民、富民的措施,使老百姓安居乐业、老有所养、幼有所教、壮有所业。“德政”是古代儒家民本政治的实体性内容。诚然,它也只是一种理想政治。

民本政治在本质上不同于现在的民主政治。它不是民为主,而是君为主;它不是民有、民治,而是君有、君治;它也不是民享,只是不赞成君主独享,官员独享,而是要求民众分享、君民共享,说到底就是对老百姓赐予阳光雨露,给他们分一杯羹。

德政的反义词是暴政、虐政、劣政、恶政。我们之所以予“德政”以正面评价,是因为其具有反对鱼肉百姓、竭泽而渔的人道性政治光辉。

“为政以德”有别于“以德治国”。前者是传统词语,后者是时兴话语。无论从法理学还是伦理学上说,道德只能律己、治己,不能律人、治人,不能治国。“治”字在汉语中是个多义词。“治国”之“治”,是统治、管治、管理之意,带有明显的国家强制性;“治医”“治药”“治学”“治陶”“治木”等之“治”,是专研医药、学问或某种技术;“治身”“治心”之“治”,则是修身养性。后两类“治”均无国家强制性。“德治”之“治”,当属于第三类。“德治”,其实就是“治德”。准确地说,所谓“德治”,是官员“治”自己的“德”、正自己的“德”。为上不正,焉能正人?还是孔夫子那句话,只有“为政以德”,才能“众星拱之”。

## 五、“乡治”:良法善治之基础

“乡治”,就是乡村自治。中华民族自古崇尚“调处息讼”。《周礼·地官》中有“调人”一职,是一个从事纠纷调处的“中间人”。由“调人”调处纠纷,相当于后来的官府调处和官民合力调处。还有一种民间自行调处,方式有乡里调处、邻里调处和宗族调处等。古代农耕经济安土重迁,王权不下县,乡村自治。调处“细故”纠纷,[1]是“乡治”的主要职

---

① “细故”,又称“细事”,举凡婚姻、继承、承嗣、家产、钱粮、债贷、田土、坟地等纠纷,以及一般的偷盗、斗殴、轻伤害之类案情,大多归入其中。

能。孔子说:"听讼,吾犹人也。必也使无讼乎!"[1]意思是,审理案件,我与别的审判者并无不同(得按法定程序和法律规定审理)。他所关注的,是不发生诉讼案件。这个对"无讼"的追求,多半依托于"乡治"。

去过婺源李坑的人对村中高耸的"申明亭"都记忆深刻。"申明亭"兴建于明初朱元璋时代。据明代福建惠安知县叶春记载,惠安境内的43个乡村均置有"申明亭"。[2] 如今的河北、河南、山东、四川、重庆、广东、福建等省市,仍保持不少以"申明亭"命名的"申明亭村""申明亭街""申明亭站",它们都是当时的历史遗存。明朝洪武年间,"申明亭"曾遍布全国乡村,犹如今之村建文化室一样。朱元璋发布的《教民榜文》规定:"民间户婚田土斗殴相争一切小事,不许辄便告官,务要经由本管里甲老人理断。"[3]也就是说,里中民人凡遇婚姻、田产、宅基、斗殴等纠纷,须先在"申明亭"调解,少数经调解无效者,才移送官府。

历代类似"申明亭"的民间调处机制是古老礼法传统的产物。在礼法规则匡范和教化下,人的社会化便是礼法化,在礼法社会中,一切"细故"纠纷,概由乡党、缙绅、宗族依礼法的原则和规则进行调解作为首选的救济渠道。我国古代法之所以不必将婚姻家庭、物权和债的民事规则制定为成千上万条成文法典加以调整,其全部奥妙即藏匿于这种礼法制度之中。那是一种"无法之法"的高超法律智慧。

诚然,"乡治"的职能不只是调解"细故"纠纷。它有一套完备组织制度和机构运作规程,举凡纳粮完税、征工服役、天地山川神祇和祖宗祭祀、婚丧嫁娶、乡村安全、公共娱乐、经济生产、子弟教育等统统包揽无遗。

1925年,梁启超深情回顾其家乡茶坑"乡治"实况,用2000多字作了简明扼要的介绍,为后世留下了中国南方农村"乡治"传统极为宝贵的历史记载。文中记有民事纠纷和轻微刑事案件的处理方法:

"每有纷争,最初由亲友耆老和解,不服则诉诸各房分祠,不服则诉诸叠绳堂,叠绳堂为一乡最高法庭,不服则讼于官矣。然不服叠绳堂之

---

① 《论语·颜渊》。

② 参见(明)叶春:《惠安政书》。

③ 杨一凡、曲英杰:《中国珍稀法律典籍集成》(乙编·第一册),科学出版社1994年版,第635页。

判决而兴讼,乡人认为不道德,故行者极希。子弟犯法,如聚赌斗殴之类,小者上祠堂申斥,大者在神龛前跪领鞭扑,再大者停胙一季或一年,更大者革胙。……犯窃盗罪者缚其人游行全乡,群儿共噪辱之,名曰'游刑'。凡曾经游刑者,最少停胙一年。有奸淫案发生,则取全乡人所豢之豕悉行刺杀,将豕肉分配于全乡人,而令犯罪之家偿豕价,名曰'倒猪'。凡曾犯倒猪罪者,永远革胙。"①

这是传统社会按礼俗习惯法处理"细故"纠纷的真实写照。梁氏不无赞叹地说:"此种乡自治,除纳钱粮外,几与地方官全无交涉(讼狱极少)。"②

梁启超描述的茶坑"乡治",不可能在今天的农村复制。类似"鞭扑""游刑""倒猪"等处罚方式,在人权观念发达的现代法治社会早已被视为野蛮而予以绝对排斥。一种制度、一个组织,往往积久弊生,"乡治"组织也不例外,况且族老、缙绅的剖理往往有过多的道德审判从而侵害了人的基本权利。

如今重提这些故事,为的是汲取先辈们在"乡治"问题上的智慧,启迪我们的思路,传承并推进乡村、社区的基层自治,在统筹城乡发展的总局中造福百姓。

## 六、"祥刑":良法善治之利剑

刑罚,一把不吃素的利剑。它在"礼法之治"序列中,是保障良法善治的最后一道不可逾越的底线、一种最为严厉的惩罚犯罪的手段。"刑为盛世所不能废,而亦盛世所不尚",③这是清代有识之士总结出来的关于刑罚与治国之间关系的主张。这样的刑罚观,古人称为"祥刑"。

"祥刑"一词,出于《尚书·吕刑》:"有邦有土,告尔祥刑。""祥刑"之旨,在善用刑罚。按阴阳气运,德为阳,刑则属于大阴不祥之物。滥刑酷刑,久必伤及国本。所以,古代治道的经典要诀是"德主刑辅"。

关于"祥刑"的含义,曾有"详细""慈祥""中道"等说法。"详细"是指审理刑案要仔细周密,弄清客观要件和主观要件的各种细节,亦即

---

① 梁启超:《饮冰室·专集》(第五册),中华书局 1989 年版,第 59 页。

② 梁启超:《饮冰室·专集》(第五册),中华书局 1989 年版,第 60 页。

③ 《四库全书总目提要·政法类·法令之属》,按语。

“慎刑”之意。“慈祥”，说的是司法官应抱有“哀敬”的审判心理和态度，说的是“恤刑”之意。三者之中，关键还在一个“中”字。明代丘濬说：“夫是之谓中，夫是之谓祥刑。”①“中”，即“中刑”“中罚”，已如前述。

古代刑罚史上，存在两种错误倾向。一种是酷刑滥罚。商鞅、韩非的“严刑重罚”“轻罪重刑”为之提供理论依据，历代酷吏揣摩君主私意，变本加厉，制造了大量冤假错案，尤其是政治性冤狱，史不绝书。另一种是一些腐儒、俗僧鼓噪的无底线轻刑、宽刑。魏晋以后，佛教鼎盛，倡说六道轮回、善恶相报，流弊所致，司法官员为求福报，一味宽宥、放纵犯罪。朱熹曾为此上奏扎，加以痛斥：“鄙儒姑息之论，异端报应之说，俗吏便文自营之计，则又一以轻刑为事。”②“今之法官，惑于罪福报应之说，多喜出入人罪以求福报。夫使无罪者不得直，而有罪者得幸免，是乃所以为恶尔，何福报之有？”③

“祥刑”所持，恪守“中道”，既反对酷刑滥刑，也摒弃一概宽囿，要求不轻不重、不枉不纵、不高不低、不偏不倚、无冤无滥、无过无不及、刑当其罪、罪刑相应。用现在的话说，必须以事实为依据，严格遵照法律定罪量刑。“祥刑”才能既实现刑罚的特殊预防作用，又发挥它的一般预防效果，从而震慑犯罪、维护社会秩序。这才是“良法善治”的利剑，“礼法之治”之兜底的保障手段。

礼法体制、中道精神、贤人治国、仁德之政、乡村自治、祥刑保障，六者相辅相成，综合为用，构成古代以“礼法之治”为方略的良法善治理想体系，尽管存在体制性、时代性缺陷，其蕴含的治国智慧仍值得重视。

---

① （明）丘濬：《大学衍义补·慎刑宪·总论制刑之义》。

② （宋）朱熹：《朱子大全》卷一四。

③ （宋）朱熹：《朱子语类》卷一一〇。

# 第十四章　天理、国法、人情

## ——儒家政治探秘

中国自秦汉至清末的两千多年中，社会性质未变，政治结构未变，法律体系也未变。有人称为“一个超稳定的系统”。那么，在政治法律层面是如何保持系统的稳定，如何求得各种政治势力、法权主体之间的调谐的？换言之，是如何实现这个系统的动态的、有机的平衡的？前面十三章从各个方面讨论了儒家治国之术的内容。然儒家的治国之术并非一些原则、方法的杂乱堆积，而是有着内在的结构和联系的，是一个动态的有机系统。“三纲八目”“法先王”“大一统”“仁义”“德礼”“中庸”“重民”“孝亲”“礼贤”“君道”“臣道”“师道”“礼法”等，只是这个系统的构成要素，是在确定的范畴内表述的显见的东西。这个系统要正常运行，似觉确有一些内在的奥秘值得探析。这些奥秘如人体的经络，看不见，也摸不着，它们是一种文化密码，破译这些密码才能说得清儒家政治之奥秘和精微之所在，才能理性揭示这个政治文化传统是否蕴藏着可资转化创新的现代政治法治资源。当然，要破译这些密码是比较有难度的，这里只是试而为之。

## 第一节　一个三角形结构：天、天子、民

儒家王道政治有一个十分古老又十分流行的观念：

天之生民，非为君也；天之立君，以为民也。①

这里讲到了天、君、民三者之间的关系。“天”是什么？有人把它说成是神学意义上的上帝，其实不见得确切。孔子说：

天何言哉？四时行焉，百物生焉，天何言哉！②

天是一种人力无法抗御的运动，它化生万物，造天设地，以成四时。孔子又说：“唯天为大”，③“五十而知天命”，④“获罪于天，无所祷也”。⑤他相信宇宙中有一种不可解释的秩序安排，一种支配人生和万物的神秘力量，一种还不能把握的规律，所以他“畏天命”，⑥努力于“知天命”。⑦

荀子说，天有“天职”。什么是“天职”？他举例说：星辰的旋转，日月的照耀，四时的交替，阴阳的变化，风雨的博施万物，万物得到它们各方面的调和得以生存，得到它们各方面的滋养得以成长。人们看不见它做了什么事情，却可以看见其功绩，这就叫作“神”。⑧“神”，绝不是人格神，不是上帝，而是自然界、宇宙巨系统的功能，即今天常说的“出神入化”的“神”，是至高至大至精至微的一种运动趋势。

---

① 《荀子·大略》。
② 《论语·阳货》。
③ 《论语·泰伯》。
④ 《论语·为政》。
⑤ 《论语·八佾》。
⑥ 《论语·季氏》。
⑦ 《论语·为政》。
⑧ 《荀子·天论》。

当然,也有的儒家把“天”说成是一种人格化的至上神。例如,董仲舒说:“天者,百神之大君也。”[①]又把天比作人的“曾祖父”。[②] 但董仲舒的“天”同时也是最完善的至上的道德体现者,如他说:“仁之美者在于天。”[③]这还是一种自然运动的规律:

天之道,有序有时,有度而节,变而有常,反而有相奉,微而至远,踔而至精,一而少积蓄,广而实,虚而盈。[④]

所以,“天”在董仲舒那里也并不是完全神学化的,他把天说得至高至大,是为了让人们敬畏它,尤其是让君主敬畏它。与其说董仲舒把“天”神学化,倒不如说他是将“天”神圣化。

儒家将“天”神圣化,作为一种政治之术,是试图赋予“天”以最高地位,最高权威,使“天”成为最高的创制者、立法者,还是能公正公开地赐赏罚罪的最高执法者,从而建立一种“天子受命于天”,又受“天”监管督察的权力格局。

“君”,用儒家的话来说,叫“天子”。孔子主张“君君,臣臣”[⑤],又说“礼乐征伐自天子出”。[⑥] “天子”是万民的最高统治者。但儒家说,这种统治权力源于“天”,是“天”授予的。孟子引《书》中的话来表明这个道理:

天降下民,作之君,作之师。[⑦]

天降生万民,并立一个君主来管治他们,立导师来教化他们。董仲舒说得最为明白,“唯天子受命于天”。[⑧] 天子既为天命所授,其权威自

---

① 《春秋繁露·郊语》。

② 《春秋繁露·为人者天》:“人之(为)人本于天。天亦人之曾祖父也,此人之所以乃上类天也。”

③ 《春秋繁露·王道通三》。

④ 《春秋繁露·天容》。

⑤ 《论语·颜渊》。

⑥ 《论语·季氏》。

⑦ 《孟子·梁惠王下》。

⑧ 《春秋繁露·为人者天》。

然至高无上，谁也不容怀疑。但这句话还要反过来读。天既然可以授权于天子，自然也有权收回这种授命；天子既然从天那里获得了权利，自然应负有对天尽义务的责任。权力与责任、权利与义务应该是相对应的。这一个道理在殷周之际就已被人发现了，那时叫作"天命靡常""以德配天"。[①] 天命并非常归一人、一家独得；有德者受天命，失德者失天命。

董仲舒说：

故号为天子者，宜事天如父，事天以孝道也。[②]

天子应像儿子孝顺父母一样孝敬天。儿子不孝，父母可责可罚，天子不孝，天也可责可罚。所以，"天子不能奉天之命，则废而称公"。[③]

天子如何才知道天在赏他或罚他呢？董仲舒说，天与人是相互感应的：

国家将有失道之败，而天乃先出灾害而谴告之，不知自省，又出怪异以警惧之，尚不知变，而伤败乃至。[④]

自然界的灾异是天用来谴告天子的，而祥瑞则是天用以嘉奖天子的。这就是董仲舒"天人感应"学说中的"灾异谴告说"和"祥瑞嘉奖说"。不过，董仲舒的书中总是灾异谈得多而祥瑞谈得少，说明了他对汉代政治的不满。所以有的学者说，天人之学是"当时儒者以为人主至尊，无所畏惮，借天象以示儆，应使其君有失德者犹知恐惧修省"。[⑤] 用天变来示儆君主，效果是极有限度的。但由于大自然变化无穷，宇宙中奥秘太多，与浩瀚无限的环宇相比，人确实显得太渺小，因此又不得不敬畏天道之神圣。应该承认，儒家用"天"把君主压低一级，在古代政治伦理和法理学上不失普适有效的学理意义，亦足见其良苦之用心。

---

① 《尚书·康诰》。
② 《春秋繁露·深察名号》。
③ 《春秋繁露·顺命》。
④ 《汉书·董仲舒传》。
⑤ （清）皮锡瑞：《经学历史》。

现在我们再来谈“民”。“民”,相当于我们所说的人民,或曰老百姓,古代往往称“民人”。这里说的“相当于”,是指在量的理解上,儒家的“民”与我们现在所说的“人民”有相同之处。但在质的方面则不然,儒家的“民”绝不是今天当家做主、享有国家主权、作为政治范畴意义上的“人民”,也不是享有平等权利主体,并承担相应义务的公民。儒家的“民”,只是儒家的政治和法理体系中的一个范畴,是与“天”“君”相对应而存在的一个政治、法律实体,是“天”之“天民”,是“君”之“子民”。

前文已说过,儒家主张民本主义,是比较重视“民”的。儒家认为,天子应当“为民父母”,重视民心的向背,“得乎丘民而为天子”,失去人民的拥护,就“不保四海”。[①] 但这只是儒家民本主义学说中关于君民关系的一个方面。还有更值得注意的一个方面,就是天与民的关系。儒家认为,天意就是民意。《尚书》中说:

天聪明,自我民聪明。天明畏,自我民明威。[②]

“天”无所不能,他耳聪目明,见微知著,君主的所作所为、黎民百姓的喜怒哀乐,他都能看得见、听得到,能察知一切。为什么能这样?因为他来自亿万“天民”的耳聪目明。“天”的明正威正令人敬畏,来自亿万“天民”的明正威正令人敬畏。

孟子也引《尚书》的话表达同样的意思:天所表达的意见,来自民的意见;天所观察到的问题,来自民的观察。

天视自我民视,天听自我民听。[③]

这样一来,天的所见所闻就是民的所见所闻,天的意志即为民的意志,听命于天,或受命于天,实际上是听命于民,受命于民。反过来,“民之所欲,天必从之”。[④] 因此,“天”表彰、奖掖好的天子,警戒、惩治坏的

① 《孟子·梁惠王上》。
② 《尚书·皋陶谟》。
③ 《孟子·万章上》:“《泰誓》曰:‘天视自我民视,天听自我民听’,此之谓也。”
④ 《尚书·泰誓上》:“天矜于民,民之所欲,天必从之。尔尚弼予一人,永清四海,时哉弗可失!”

天子,都是根据民的意见来做的。尧舜禹汤文武之得天下,是天予之,也是民予之;桀纣秦二世的失天下,是天弃之,也是民弃之。所以孟子得出这样的结论:

> 桀纣之失天下也,失其民也。失其民者,失其心也。得天下有道,得其民,斯得天下矣;得其民有道,得其心,斯得民矣。[①]

所谓"天子不仁,不保四海"[②]"获罪于天,无所祷也"[③],正应从这个意义上去理解。"获罪于天",便是"获罪于民"。这就是儒家的"天民"观念。同样的道理,董仲舒的所谓"谴告""嘉奖",是天的"谴告"和"嘉奖",也是民的"谴告"和"嘉奖"。他用一个神秘主义的形式表达了一种非常现实主义的道理。如图 14-1 所示,现实的君与民的统治与被统治关系,由于天的介入而形成一种大三角关系:

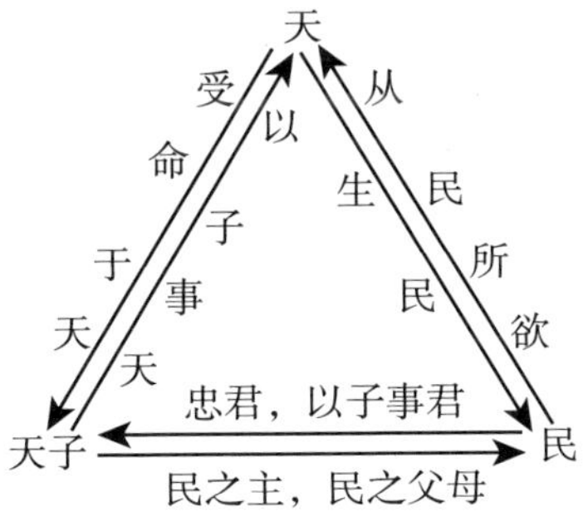


**图 14-1　"天"、"天子"与"民"的关系**

在这个结构中,"天"生民、养民,也从民之所欲,代表民意。天子受命于天,代天治民,遵从天意,以子事天。天子又是民之父母,万民之主,民应以子事君,做天子的子民,忠于君。

按照儒家的设计,天—天子—民之间是一种服从与被服从的关系

---

① 《孟子·离娄上》。

② 《孟子·离娄上》:"天子不仁,不保四海;诸侯不仁,不保社稷;卿大夫不仁,不保宗庙;士庶人不仁,不保四体。"

③ 《论语·八佾》:"王孙贾问曰:'与其媚于奥,宁媚于灶,何谓也?'子曰:'不然,获罪于天,无所祷也。'"

链,民从君,君从天,天从民。因而,从法理上来说,三者是相互制约的,平衡的。但是,这三者关系中,实际上除君与民是实实在在的以国家暴力为后盾的统治与被统治的政治法律关系外,天与天子、天与民两对关系都只是虚拟的道义关系。所以,这个三角形结构的纽带及其平衡都是脆弱的,两千多年君主专制的历史证明了这一点。

## 第二节 另一个三角形结构:天理、国法、人情

中国人在正义终于得到伸张时会说“天理昭昭”,在谴责特别恶劣的犯罪时会说“伤天害理”“天理难容”“国法不容”,在讥讽死抱法条不切实情时会说“不通情理”。中国历史上的立法者都会说,他们制定的法是“明天理,顺人情”的。“天理”“国法”“人情”是中国古代政治法律生活中的常用词汇。它们三者的关系不仅是中国古代官吏,也是普通老百姓的政治法律思维中的关注点。处理案件、评价事件或人物,其中一个重要方面,是看“天理”、“国法”与“人情”之间的关系是否摆得平、摆得合理。

“天理”“国法”“人情”之间的关系源于“天”“天子”“民”之间的关系。在相当大的程度上,这两类范畴是相互对应的。“天理”即天之道、天之理。“国法”就是“王法”,代表“天子”。“人情”稍复杂一点,有时说的是私情,这时候说“人情大于王法”是贬义的;但在“天理”“国法”“人情”这一序列关系中的“人情”,其含义是“民情”“民心”,是“民”的对应概念,这种情况下说“法顺人情”是褒义的。

与“天”—“天子”—“民”的关系相似,“天理”—“国法”—“人情”也形成一个三角形关系。“天理”来自“人情”,“天理”的内容就是“民情”“民心”。“国法”源于“天理”,以“天理”为最高法源依据,而“国法”之“应天理”,就是“顺民情”“从民心”。所以,是否合乎“天理”是评价“国法”好坏的标准,违背“天理”的“国法”会被认为是恶法、“非法之法”。“人情”必须得到“国法”的控制和矫治,不然,一切都顺着人情,人人都顺着人情,就会导致无序状态。但反过来,“国法”对“人情”的矫治和控制也必须顺人情而为,不是逆人情而为,必要时,还得应人

情而有所变通。这是一种极高的治国和执法艺术了。它们三者之间的关系如图 14-2 所示：

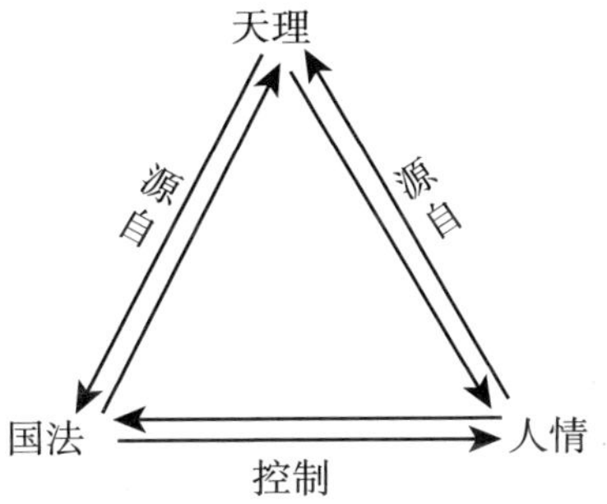


**图 14-2　“天理”、“国法”与“人情”的关系**

中国古代司法制度中，执法顺民情，乃至曲法而伸情的情况十分普遍。

早在《周礼》中就有“以五声听狱讼，求民情”①的规定。我国汉代，司法中提倡“《春秋》决狱”，即引用《春秋》这部儒家经典中的“微言大义”来断案。儒家的其他经典也可以被引用来作为判决的依据，所以又叫“经义折狱”。“《春秋》决狱”或“经义折狱”的最主要的原则是“原心论罪”，也叫“论心定罪”，就是根据犯罪人主观恶性的有无和大小定罪。董仲舒曾解释过这一原则：

> 《春秋》之听狱也，必本其事而原其志。志邪者不待成，首恶者罪特重，本直者其论轻。②

也就是说，按《春秋》经义来断狱，必须在弄清犯罪的事实的基础上追究其犯罪的主观动机，如主观上有犯罪的故意，用心特别险恶，那不待犯罪事实发生就应从严究治，首恶者应从重论处，本心正直无犯罪动机纯属过失、偶然或不可抗力者，则从轻发落。《盐铁论》则解释说：“志

---

① 《周礼·秋官·小司寇》。
② 《春秋繁露·精华》。

善而违于法者免,志恶而合于法者诛。”[①]照这一说法,只要主观动机是好的,即使违法也无罪;相反,如果主观动机是恶的,即使行为合法也应受到惩罚。董仲舒就亲手处理过这样一个案子。

为叙述方便起见,权将案件称为“误伤亲父案”。董仲舒曾亲自编著《春秋决事比》一书,内收232个“经义折狱”的案例。可惜这部书早已佚失,现存5个案例散见于一些古籍之中,都是董仲舒本人处理的,有很高的研究价值,“误伤亲父案”为其中之一。对于此案始末,古籍中记载如下:

> 甲父乙与丙争言相斗,丙以佩刀刺乙,甲即以杖击丙,误伤乙,甲当何论?或曰:“殴父也,当枭首。”论曰:“臣愚以父子至亲也,闻其斗,莫不有怵张之心,扶杖而救之,非所以欲诟父也。《春秋》之义,许止父病,进药于其父而卒,君子原心,赦而不诛。甲非律所谓殴父,不当坐。”[②]

“误伤亲父案”的案情并不复杂:甲的父亲乙因与丙争辩发生斗殴,丙拔出佩刀刺向乙,甲见状急忙救援父亲,持杖向丙砍将过去,不料误伤了父亲。承办官吏认为儿子犯了殴父罪,依律应处“枭首”刑。董仲舒认为:“父子之间是至亲骨肉,儿子闻知父亲与人斗殴有人身危险,无论是谁都会产生怵惧惊恐紧急的心理状态,甲持杖是为救援他的父亲,并非律文所谓的殴父,所以不当坐罪。”在此案中,董仲舒依据“君子原心赦而不诛”的“春秋大义”,认为甲基于父子至亲之情,执仗救父而非殴父,是出于孝心,动机是善的,所以不应将其治罪,应予赦免。

“《春秋》决狱”促进了法律的儒家化,至隋唐时期,中国古代法律基本定型,不少“人情”的内容已渗入法律,成为礼法体制中刑事法的基本原则。

宋代大儒程颢、程颐的高足谢良佐体会程氏的理学说:“所谓天者,理而已。”又说:“所谓天理者,自然的道理,无毫发杜撰。”[③]这话不错。

---

① 《盐铁论·刑德》:“春秋之制狱,论心定罪,志善而违于法者免,志恶而合于法者诛。”

② 程树德:《九朝律考》,中华书局2006年版,第164页。

③ 《上蔡语录》(上)。

儒家所谓的“天”,其实主要是一种“天道”或“天理”,一种不假人为的自然趋势。所以,“天理”自然如此,你知道它或不知道它,顺应它或不顺应它都是如此。只是如不顺应它,“天”就会惩罚人。汉儒说,这种惩罚立即可见,其表现就是灾异。汉儒的说法是神秘主义的,不可取,但背“天理”而行,惩罚却是一定的。例如,人们破坏大自然的生态平衡,迟早会受到“天”,即大自然的报复,这是不可抗御的。

“天理”和“人情”介入司法,使“法者,因天理,顺人情”①不只是一种理论,而成为一种政治法律实践,它软化了“国法”,也韧化了“国法”。确实,由“天理”—“国法”—“人情”的三角形链组成的古代法律系统有着超乎寻常的稳定,两千年中没有一种力量能够打破它。直到20世纪初,由于鸦片战争后西方文化和西方法理、法制的涌入,才动摇了它的平衡,于是而有清末变法修律的发生。

清末修律的基本趋势是引进西方近代资产阶级法理和法制原则改造中国旧法。这是一种质的变化,必然要打破旧法在旧质之下的量的平衡。其中首先的一条,是要把纲常伦理清除出法律,使法律与“旧的道德”脱钩。这一举动引起了轩然大波。于是有了“法理派”(变法修律派)与“礼教派”的大争论。“礼教派”攻击“法理派”起草的新法是“悖逆人伦”“不合人心天理之公”“显违父子之名分”“溃男女之大防”,是“离经叛道”之举。当时的大理院(相当于最高法院)正卿(相当于最高法院院长)张仁辅在反对新法时说的一番话很有代表性:

> 夫礼昭大信,法顺人情,此心此理,原可放之四海而准;先王法制,本足涵盖寰宇。……一国之民必各有其特性,立法之人未有拂人之性者也。……故一国之法律,必合一国之民情风俗。……中国文教素甲全球。数千年来礼陶乐淑,人人皆知尊君亲上,人伦道德之观念,最为发达,是乃我国之国粹,中国法系即以此。特闻立法者,必以保全国粹为重,而后参以各国之法,补其不足。②

---

① (明)薛瑄:《要语》:“法者,因天理,顺人情,而为之防范禁制。”

② 《清末筹备立宪档案史料》(上),中华书局1979年版,第843页。

这段话说出了中国古代法律体系中“天理”“国法”“人情”相调谐的基本面貌。“一国之法律,必合一国之民情风俗。”这话从一般道理上来看并不错,但社会在发展,法律在进步,人情也在变化。古代社会有古代水平上的人情与法律的平衡,近代社会应当在近代水平上实现人情与法律的新的平衡。张仁辅和其他礼教派企图保全纲常礼教等古代社会“人情”,把它们全塞到近代法中,显然是冥顽不化的迂腐主张。通过清末变法修律,中国古代那种“天理”—“国法”—“人情”的三角形关系链基本上被打破,中国政治法律发展到了一个新的阶段。

## 第三节　屈法伸情:相隐、复仇、矜恤、留养

儒家在“天理”—“国法”—“人情”的三角形链中说的“天理”,主要是政治法律方面的。而儒家的政治学、法理学是伦理的政治学、伦理的法理学。所以,其“天理”的内容主要是指家族主义的伦理,如二程曾说:“夫有物有则。父止于慈,子止于孝,君止于仁,臣止于敬。”①“则”,即“天理”。这个“天理”便是父慈子孝、君仁臣忠等伦理,或“人情”。于是,亲属犯了罪相互隐瞒、父兄弟被杀要报仇,就成了父慈子孝的表现,成了自然的趋势和法则:单丁的孝子贤孙误触刑网,亲老无人侍奉可以“留养”,且允其生子承祀,是弘扬孝道的仁政,也是自然的趋势和法则;老幼有罪要减免刑罚,同样是君仁的表现,还是自然的趋势和法则。“天理”大于“国法”,高于“国法”。最后,“三纲五常”便成了最大的“人情”,也成了最大的“天理”,当然也是“国法”的不容移易的原则。所以,在中国古代,“罪刑法定”的原则不是绝对的,以撰写《中国科技史》闻名于世的英国汉学家李约瑟博士,正确地指出中国古代的裁判原则是“就事论事”:

中国人有一种深刻的信念,认为任何案件必须根据它的具体情况

① 《二程遗书》卷十五。

进行裁判。也就是说，就事论事。[①]

应当补充一句，“就事论事”是综合“天理”“国法”“人情”三个方面的因素加以折中平衡。

国法之应天理顺人情，或曰曲法伸情，其中主要的有“同居相为隐”、允许复仇、“矜恤老幼”、“存留养亲”等制度为其载体。

## 一、“同居相为隐”

前文已作过一些叙述。“同居相为隐”是《隋律》和《唐律》中规定的一个诉讼原则，意为同居在一个家庭内的人，同姓直系血亲、非直系族亲犯了罪可以相互隐瞒；同居的无血缘的异姓之人，主要指家内奴仆，可以为主子隐瞒。凡相为隐之人，自然不必承担举告和举证责任。汉代对相隐虽无法律规定，但有“亲亲得相首匿”的皇帝诏令。“首匿”即包庇、隐瞒。诏令也是政令，在法律位阶上低于正律，稳定性也不够。但它是隋唐律“同居相为隐”条的立法之滥觞。

“同居相为隐”的立法思想源于孔子。孔子周游列国来到楚地，当地一位叫叶公的贵族，不无自豪地给孔子讲了一则故事：他们那里有个憨厚直性的人，其父亲“攘羊”，他跑到官府去举证揭发。孔子听了很不高兴，便说：“吾党之直都异于是：父为子隐，子为父隐——直在其中矣。”[②]在孔子看来，父亲偷羊是不对的，做儿子的可以“几谏”、劝阻，但不能去告发。如果父子之间为小偷小摸行为相互告发，此风一开，进而兄弟姐妹之间、家族内部之间、所有邻里之间、左右同事同窗之间、师生之间、上下级之间都以相互告密为直、为荣，那不就成了父不父、子不子，家庭、社会失序，孝不孝则国不国，无人伦之直，哪还有法律之直?!“同居相为隐”的原则就是根据孔子的这条语录发展而成的。

“同居相为隐”的原则规定，隐藏亲属中的犯罪可疑分子不为罪，相反，如果去揭发犯罪亲属则要犯不相隐之罪。这正是“志善而违于法者

---

① [英]李约瑟：《四海之内》，劳陇译，三联书店 1987 年版，第 77 页。

② 《论语·子路》。

免,志恶而合于法者诛”。当然,可以“相为隐”的是一般性犯罪,如果是“谋反”“谋大逆”“谋叛”这样危害帝制统治的政治性大罪,则不但不应当隐瞒,而且要立刻举报、揭发,否则也有罪。①

## 二、允许复仇

复仇问题,前边已有专节讨论,此处不必赘述。古代因报仇杀人然后投案自首而得到减免的事,几乎历朝皆有。复仇原是原始社会的一种遗俗,经儒家的提倡,成为一种维护家族共同体的孝行,对古代立法、司法产生了深远的影响。人们认为,复仇是符合人情、顺应人情的,顺人情也就合天理。把复仇视为高尚的“孝行”的文化心理,在中国人心中可以说是根深蒂固的。人们以复仇为“人道”(人情)、“天理”。前面说过,复仇被认为是“孝行”,所以,“人情”和“天理”的具体内容就是“孝”,也就是家族伦理。

## 三、“矜恤老幼”

据《周礼》记载,西周有“三赦”制度:

一赦曰幼弱,再赦曰老耄,三赦曰蠢愚。②

“幼弱”,即未成年人;“老耄”,泛指八九十岁的老人;“蠢愚”,包括智力低下的智障人和精神病患者。这三类人犯罪可以酌情减免。书中说,这样做是为了“求民情”。

中国古代是个典型的农业社会,在农业自然经济及其基础上生长的宗法制度是敬老恤幼的文化精神赖以存在的根据。

儒家推崇的礼仪制度中有一种乡饮酒礼,即在一定的节日里父老乡邻在一起聚会,入席时按年岁大小排座,老年人受到特别的优待。实

---

① 关于“亲亲相隐”“同居相为隐”问题,笔者在持续研究中有所心得。参见《私权抗御公权——“亲亲相隐”新论》,载《孔子研究》2015 年第 1 期,后编入《礼法传统与中华法系》一书,中国民主法制出版社 2016 年版。

② 《周礼·秋官·司刺》。

行这种礼仪就是为了敦厚民风、尊敬长者、和睦乡里。[①] 与矜老恤幼的礼仪对应的就是老幼蠢愚犯罪可减免刑罚，不然将被认为有失仁政、"刻薄寡恩"、违背人情、悖逆天理。

1959年，在甘肃武威磨咀子出土了10支汉代竹简，都捆绑在一根鸠杖上，这就是考古发现上著名的"王杖十简"。1981年，当地农民又在相同地点挖得竹简26支，最后一支简上写有"王杖诏令"字样。这两次发现的竹简内容相同，记载着汉代的一个制度：年七十以上的老人赐"王杖"一根，受有"王杖"的老人应受到尊敬，只要不是犯首谋杀人罪，其他的违法犯罪行为都不予追究，有胆敢辱骂殴打"王杖"老人则从重按"逆不道"罪论处；年七十以上的"王杖"老人相当于"六百石"的官爵，进入官府时不必下拜。"王杖诏书令"中还规定了其他有关尊长敬老，抚恤鳏寡、孤独、残疾者的措施。[②]

这表明，史书中关于汉王朝矜恤老幼的记载不是虚假的。汉代制度规定，年七十以上、十五以下可以减免刑罚。魏晋的规定同于汉代。《唐律》中有关于矜恤老幼的系统规定：凡年七十以上、十五以下以及残疾者，犯应处流刑以下的罪，可以用金钱赎罪而不必服刑；凡八十以上、十以下犯一般的罪可以免刑；年九十以上、七岁以下除受到连坐（唐代只有谋反、谋大逆等严重危害皇权的罪才连坐）以外，虽犯罪亦予免刑。[③]

这一规定从宋、元、明、清一直沿用下来，到清末为止，其遗风则在

---

① 《仪礼·乡饮酒礼》中对举行乡饮酒礼的礼仪程式有详尽叙述。《礼记·射义》："乡饮酒礼者，所以明长幼之序也。"《礼记·乡饮酒义》："乡饮酒之礼，六十者坐，五十者立侍以听政役，所以明尊长也；六十者三豆，七十者四豆，八十者五豆，九十者六豆，所以明养老也。民知尊长养老，而后乃能入孝弟。民，入孝弟，出尊长养老，而后成教，成教而后国可安也。君子之所谓孝者，非家至而日见之也，合诸乡射，教之乡饮酒之礼，而孝弟之行立矣。"乡饮酒礼的要义在于序长幼，别贵贱，以养成就孝弟尊贤、敬长养老的乡风民俗。

② 参见《武威磨咀子汉墓出土王杖十简释文》，载《考古》1960年第9期；陈直：《甘肃武威磨咀子汉墓出土王杖十简通考》，载《考古》1961年第3期；臧知非：《"王杖诏书"与汉代养老制度》，载《史林》2002年第2期；刘德增：《汉代养老述论》，载《山东师大学报》（社会科学版）1988年第6期等。

③ 《唐律疏议·名例》："诸年七十以上，十五以下及废疾，流犯以下，收赎；八十以上，十岁以下及笃疾，犯反叛、杀人应死者，上请；盗及伤人者亦收赎。余皆勿论。九十以上者，七岁以下者，虽有死罪不加刑。"

民国时期犹存。1930年《中华民国刑法》规定:年八十以上犯罪得减轻刑罚。

古代的帝王通过"矜恤老幼"可以博得一个"仁民爱物"的好名声。不过从这一制度本身来说也还是有其合理的一面。这种合理性,古人称之为"人情""天理",我们叫作人道精神。所以,"人情""天理"并不是不可捉摸的事情。

## 四、"存留养亲"

"存留养亲",简称"留养",这一制度创自北魏。公元488年,北魏太和十二年,孝文帝拓跋宏下诏,对于身犯死罪,父母、祖父母陷入绝嗣和无人赡养者,经一定程序审定后,可让犯者暂留在家,待把尊亲养老送终后再执行死刑。

古代中国礼法之敬畏天理人情,宣称"以孝治天下",从而有所谓的曲法伸情,当以"存留养亲"之制为最。这里有一桩清代案例,可以证明"存留养亲"在中国司法史上的真实存在。

清道光元年,山东发生"刘法楷因听从逸犯刘重辉贩私盐拒捕"一案。刘法楷贩卖私盐被捕,审讯时招供,说是听从了刘重辉的引诱。而刘重辉拒捕在逃。依《大清律例》,凡贩卖无引私盐者,加重一等处刑,杖一百流二千里;从犯减一等,杖一百徒三年。刘法楷自称从犯,因刘重辉尚未归案,旁无佐证,依例应监候待质。但刘法楷是个独子,家有老母需要侍奉。当地邻里乡绅签名上书官府,请求"留养"。山东省官府将此案情由上报请示。刑部山东司便向朝廷呈上一份拟同意"该省所咨"的"说帖",认为既然首犯可以"例准留养",即使将来拿获刘重辉后证明刘法楷就是首犯,可提案补足刑罚,现下则应"准其存留养亲",如此,"尚得情法之平"。清廷最后批示:"应请先照现定罪名枷责发落,取具的保,准其存留养亲。"①

清道光元年(公元1821年),距北魏孝文帝创行"存留养亲"之制已经过去了1333年,说明这一制度在中国古代礼法体制中还是稳定有效的。《刑案汇览》之卷二、卷三均有"存留养亲"专集,收有此类案例81

① (清)祝庆祺撰:《刑案汇览》卷三《犯罪存留养亲》。

件之多。

"存留养亲"的立法有一个相当漫长的完善过程。

北魏孝文帝的诏令后来编入北魏刑事正律：

> 诸犯死，若祖父母、父母七十以上，无成人子孙，旁无期亲者，具状上请；流者鞭笞，留养其亲，终则从流，不在原赦之例。①

《北魏律》给留养开出的必备条件是：祖父母、父母年七十以上；家无成年子孙和期亲。根据律文，死罪犯、流刑犯均可留养，区别是前者须"上请"皇帝批准，后者可由地方官府直接裁决。留养之犯人在亲老去世服丧三年之后，死刑犯仍执行死刑；流犯从流，不予赦宥。

此后，中华大地社稷数度易主，留养的基本制度得以传承，其细则规定则随时宜而有所更新。

唐代留养制度比较完备，立法趋于成熟。例如，增加祖父母、父母"笃疾"作为留养理由；死罪非十恶重罪才可留养，亲老死服丧一年后仍执行死刑；流罪均可留养，且不附加鞭笞，除会赦外，亲老死后守孝一年后从流等。留养制度自此定型。

宋代沿用唐制，明清两朝代有所改作。例如，唐代留养之流刑犯在亲终服丧一年后仍须服刑，明代则杖一百，余罪收赎，亲终后不再从流。清代律例并行，例优于律，其"留养"律文未改，而有关例条富出。依清例，凡呈请留养之杀人犯，须先查明被杀者是否为独子，若受害人亲老无人奉养，则杀人者不得留养，并要追银若干养赡死者亲老；一旦准许留养，刑犯不再被处死；留养扩及独子孀妇，寡妇守节逾二十年，其犯罪独子准予留养；留养罪犯必须是尽孝之人。清代秉承"不孝有三，无后为大"的观念，将留养与承祀相联系。承祀是古代礼法制度中综合家产、血缘、祖宗祭祀等权利义务关系的一项特有的继承制度，称为"宗祧继承"。留养犯人自然可娶妻生儿育女，延续祖宗血脉，完成宗祧继承。

历史上出现而又能续承的制度，都有其合理性。留养与承祀，被歌颂为合天理、顺人情，并非虚誉。然而，世上任何一项制度，有利亦能有

---

① 《北魏律·名例》。

弊。且所有制度,都有时宜性,实施过程中还免不了滥用和恶化,久必生弊,在所必然。在这方面,“留养”制度更甚于前述几种。

清末法制改革,沈家本与劳乃宣、张之洞等人辩论留养制度之存废。沈举出历史上曾有两位皇帝对之表示异议。一位是金世宗完颜雍,他就不批准殴死人的死刑犯留养,下了道上谕:“以一朝之忿忘其身,而有事亲之心乎?”犯人处死,其亲由国家供养。另一位是清仁宗爱新觉罗·颙琰,他在嘉庆六年上谕中称:那些身系单丁的凶恶之徒,知道有这条法律,不会处死,于是逞凶肆恶,“是承祀、留养,非以施仁,实以长奸,转似诱人犯法”。[①] 20 世纪初,留养承祀制度终于寿终正寝。

时下,我国社会老龄化势头不减,在弘扬优秀传统文化的大氛围下,媒体上有不少文字呼吁借鉴古代“存留养亲”制度,说是有利于敬老恤老、弘扬孝道,避免因犯罪导致的“留守老人”“留守儿童”问题而加重社会压力;还认为“留养”制度中所体现的“恤刑”“慎刑”思想,有利于促进刑罚制度的“轻缓化”“人性化”,如此等等。

“留养”制度是宗法社会的产物,在现代公民社会中已失去其存在基础。罪犯的家庭老小与人民大众的所有老幼一样,一视同仁地纳入社会养老保障制度和义务教育制度之中,使之老有所养、幼有所教。“留养”导致对受害方的不公正,在古代社会中已备受责难,更与我们现代的法律正义和司法公正相扞格。儒家的“恤刑”“慎刑”思想确有值得借鉴的积极价值,但却不需要以“留养”作为借鉴之途。在古代社会,“留养”确被视为最大的曲法伸情制度,但与现代法治不相兼容。

中国古代政治法律制度中,有关于伸情曲法的制度和故事尚多,这里就无法一一介绍了。

## 第四节 天理、国法、人情与现代法治

综上所述,中国古代政治结构和法律体系的稳定,其中一大奥秘就在

---

① 转引自沈家本:《寄簃文存书·劳提学新刑律草案说帖后》,载沈家本:《历代刑法考》,中华书局 1985 年版,第 2283 页。

于“天理”—“国法”—“人情”三角形链的动态平衡，三者不断冲突，又不断整合。

20 世纪以来，人们惯于用西方政治学和法律学中提出的法治与人治二元对立的思维模式来将中国古代政治和法制对号入座。就秦汉以后的历代王朝都是实行君主至上的专制制度而言，它们无一例外地都是人治之制而非法治之制。但这样的结论，于深入探析中国古代政治文化和法文化，似乎并无正面助力，而对历史的深切理解和对未来的忧患关切中来转化创新、推陈出新，则更是隔空喊话，无甚回响。其实，中国自汉以后的古代政治和法制，既不全是孔子的“为国以礼”“为政以德”，也不全是商鞅韩非的“以法治国”“垂法而治”，更非法治与人治的非此即彼之二分对立模式，而是天理、国法、人情的整合为治。

儒家的人伦，或曰伦理，作为天理和人情的主要内容，不是抽象的、永恒的，而是具体的、历史的、时代的。这种人伦或伦理，其核心无非是纲常礼教。它们是自然经济、血缘社会的产物，也是为适应这种经济水平和社会结构的君主主义政治制度和法律制度所论证了的。经济发展了，社会前进了，儒家这一套纲常礼教注定是要过时的。儒家之徒们说，纲常礼教万古长青显然是错误的。

西方政治法律文化中一直有自然法的传统。这种自然法或许是逻各斯，或许是神的意志，或许是理性。它们或许驾驭于人类社会之上，如阿奎那的“上帝”；或置身于人类社会之外，如康德的“彼岸世界”，人定法只是它们的摹本，并得以它们之是非为是非。儒家与之不同。它的天理虽将“理”之高之大推之于“天”，却不在天上，也不在天外。天理大化流行，“致广大而尽精微，极高明而道中庸”，“可以赞天地之化育”“可以与天地参”，①并不高玄莫测，而是切入人生，贴近生活，融于父子、兄弟、夫妇之间，可予经世致用，可予齐家治国的日用理性。

天理，即人理，人伦，或曰伦理。儒家之法以天理为指导，以天理为标准，即以伦理为指导，以伦理为标准。所以说，它不同于西方的自然法，而是一种中国特有的伦理法，或家族人伦法。②

---

① 《中庸》。

② 参见俞荣根：《儒家法思想通论》，商务印书馆 2018 年版，第 143～168 页。

以儒家伦理为精神的中华法系,未能自觉主动地转化为近现代法律体系,这是不争的事实。20世纪以来,面对救亡图存的燃眉之急和近现代化进程的艰难曲折,不断有言论提出应彻底抛弃古老的法律传统及其整个价值体系,全盘引进西方先进的现代法律制度及其价值体系。

然而,法之可能移植和继受者大致限于制定法的部分,其非制定的礼俗习惯法,以及蕴含于制定法和习惯法之中的法价值、法精神,还有全社会性、全民族性的法行为、法思维、法心理等,怕是难以从别国、别的法系全盘继受过来的。所以,就法的文化传统而言,则难说中华法系已经死寂。因此,在我国,法的现代化、世界化不应只是西化一个面向,不能只靠继受西法来完成。为此,我们在实现法的现代化、世界化和人类性的同时,不得不考虑法的民族性和本土化问题。我们对西法的继受和对法治、西方文化的学习,不能不以中国文化为基础,并需要中国文化的接引。实际上,中西文化、中西法律在相互冲突中,各自都得不同程度地改变自己,容纳对方,形成相互交融。重要的问题在于,中国传统法文化究竟有没有可资开发利用的资源,并具有接引西方现代法和法治的能力?总体估计,答案应该是肯定的。这里以儒家所设计的天理、国法、人情整合为治的学说为例加以说明。

其一,法治必须以完备的法律制度体系为基础,但这还不够,法治还必须具有超越于刚性法律条文之上的正义价值。现代法治已形成了一套普世性的正义价值体系,它们包括安全、秩序、权利、自由、效益等。然而,正义价值在不同的法治模式中自应有不尽相同的理论形态和实现方式。中国现代法治之正义价值的理论形态从客观上分析,至少应包含以下三个要素:(1)法治的普世价值;(2)社会主义理念;(3)中国气派和中国文化特色。在构建中国气派与中国文化特色的过程中,儒家的天理、国法、人情三者动态整合的思维方法和智慧具有一定的借鉴意义,而其伦理理性中的家庭价值仍有被适当重视的必要。也就是说,在实现安全、秩序、权利、自由、效益等法治所承载的正义价值时,仍可考虑家庭在其中可能发挥的作用,而不是一概仿照自然理性所强调的排他性的原子化个人本位。

其二,中国在建设现代法治国家时,至少在很长一段时间里仍须把社会的安全和秩序摆在重要地位来加以关注。这不仅是由于中国国情的制约,还由于我们法文化遗产中家庭本位的价值取向和心理积淀。举例来说,改革开放以来,几千万农村剩余劳动力如潮水般涌向城市或奔向沿海打工,却始终没有引起西方学者所曾预言的那种社会大动乱,其原因说起来很简单,正是一个"家"字,一个发家致富、娶妻生子、孝亲扶幼的意愿拴着他们的心。那曲唱遍大江南北的《九月九的酒》便是问题的答案。再看1998年夏季大洪水时,那些在外打工月挣上千元的农民竟毅然决然辞职返乡奋战洪魔,冒着生命危险保卫家园,这仍是一个"家"字在牵动。还有,在少年监所、戒毒所、监狱的探视日,到处呈现的父教子、母诫儿、妻劝夫、儿呼爹的场面,不正是血缘亲情的文化魅力吗?!我国法治就其秩序价值而言,应当从中汲取一点转化的资源。

其三,怎样实现中国社会主义的民主与法治?法治有一个发展完善的过程,西方各法治国无不如此,我国的社会主义法治建设也不会一蹴而就。这就是说,中国社会主义民主和法治有自己的实现方式。它大致可分为两个阶段:初级阶段和高级阶段。前者或称为工具型的法治,后者可暂名为体制型的法治。

工具型法治,即"民主与法制"建设的法治,是"有法可依、有法必依、执法必严、违法必究"的法治,法律尚处在作为"治国之具"的阶段。这一阶段的主要任务,一是国家依照人民的意志,科学制定各种法律,特别是加快制定与社会主义市场经济相适应的有关法律法规,逐步完善我国的法律制度,使政府和公民在经济、政治、文化、知识创新等各个领域都有法可依;二是加强法制教育,做好普法工作,提高公务员和广大人民的法律意识及法制观念,使全社会尊重法律权威,每个公民明确自己的权利与义务;三是严格执法、公正司法,抵制和惩治司法腐败,克服法制疲软,从制度和司法道德上维护司法独立和法律面前人人平等。实现工具型法治可能需要相当长的时间。

体制型法治,指高级的成熟的现代法治阶段。它的前提和基础是我国社会主义民主制的完善、成熟、健全、稳定和有序,在执政党与人大、执政党与政府、执政党与司法等关系方面形成一套具有中国范式的科学模式,并实现法制化、程序化。从而使无论执政党内的、行政的还是立法的、司法的等各种权力都能得到有效的制约和制衡。在这一阶段,社会生活各个领域所需要的基本的和主要的法律法规不但已经完备,而且实现了世界化和民族化、现代化和本土化的良性结合,形成了适合中国社会经济、政治、文化的良好体系,并得到了广大公民和公务员的敬畏和自觉遵守。此时,人们所呼唤的那种"凡非法律所允许者,行政机关和公务员均不得为之;凡非法律所禁止者,一切公民均得为之"的法治社会将呈现于世人面前。体制型法治,将成为我国成熟的社会主义市场经济的治国模式和管理模式。

邓小平于1992年南方谈话中指出:"恐怕再有30年的时间,我们才会在各方面形成一整套更加成熟、更加定型的制度。"[①]体制型法治正是这样一种"更加成熟、更加定型的制度"。

在我国法治的实现方式由工具型向体制型的发展过程中,法文化传统资源的利用、改造、转化、创新是不可或缺的一个方面。就工具型法治而言,古代法文化传统在这方面的资源比较丰富。先秦时代,法家的"以法治国""法不阿贵",儒家的"为政以德""为国以礼",以及"以刑弼教"、"直道"司法、"徒善不足以为政,徒法不能以自行"[②],都有不同程度的借鉴价值。自西汉以降,通过以经释律、引经入律、儒法合流,逐步形成德礼为本、刑罚为用的君主主义治国理论和实践模式。这一模式的内在精神便是上文揭示的"天理"—"国法"—"人情"三角形链,也同样具有鉴今意义。

至于体制型法治,则是现代一些发达国家的法治理论和实践经验、社会主义原则同民族文化传统资源创造性转化并相互融合的产物。

以上三点并非递进关系,只在从不同侧面说明古老的"天理"—"国法"—"人情"三角形链中蕴含着值得重视的现代法治的传统文化资源。资源并非可以直接拼装入现代法治机器的零部件,它必须经过开发、筛选、创新、转化。文化资源不同于别的资源,它是一种无形的"场",一种社会的习惯,一种历史的积淀,一种民族的心理,一种精神的力量,其中所含的法文化资源无法与整体的文化资源相分离,"天理"—"国法"—"人情"三角形链作为传统法文化资源之一更不能与之割裂,因而,文化和法文化资源的开发创新只能是整体的开发创新。凡此种种,已是文化与现代化研究中的共识。

---

① 《邓小平文选》(第3卷),人民出版社1993年版,第372页。

② 《孟子·离娄上》。

# 第十五章　“维新”与“革命”
## ——王道政治之救济

在漫长的帝制社会中，“天理”—“国法”—“人情”的三角形关系链曾被一再打破。那时候，天理失维，道德沦丧，民失所养，啼饥号寒，社会失去平衡，秩序开始紊乱，天下大乱的局面就要发生。但古代政治法律制度总是一次又一次地渡过难关，在其赖以存在的经济关系、政治关系没有发生根本性的变化之前，社会结构基本上被恒定在旧有的模式之中。这就是人们所谓的“合久必分，分久必合”，或云“乱而后治”。总之是在“合”与“分”、“乱”与“治”之间循环往复、周而复始，进行周期性的振荡。有人说，这是一个超稳定的社会系统。其稳定的基本原因，自然在于延续了两千多年的农业自然经济和宗法制度，它们的重心是那样地稳固，使这个社会的每一次振荡最终都回到原来的恒定位置上。

那么，除这些基本原因之外，有没有理论学说上的支撑呢？回答是肯定的。在儒家的治国之术中，原有关于王道政治的救济和修复方面的理论，这就是“维新”与“革命”。

## 第一节　“周虽旧邦，其命维新”

“周虽旧邦，其命维新”，是儒家尊崇的经典——

《诗经·大雅》的《文王》一诗中的两句话,意为:周国虽是西边岐地上的一个旧邦国,但接受了天命以后就有了新气象。

实际上,“维新”二字对于我们而言并不陌生。康有为、梁启超发动和主持的“戊戌变法”就又称为“变法维新”或“戊戌维新”。在政治术语中,“维新”就是改良、求新的意思。“改良”与“改革”只有程度上的区别,这种区别也只是现代政治生活中才加以区分的。在古代,“改良”与“变法”“改制”,也就是“改革”,基本上是同义的。

商朝中期,水患频繁,贵族荒淫,国势衰弱,商王盘庚为复兴殷商实行改革,第一个举措便是迁都。当时遭到了贵族们的反对,盘庚矢志不移,他威胁利诱,威德并作,逼使贵族们离开经营了几代的安乐窝,随他迁到新都去,振作精神,重新创业,在劝说贵族们时,他说到了一条自己奉行的政策原则:

> 人惟求旧;器非求旧,惟新。①

其意为:用人应用世世代代是贵族的旧人,用器物就不应寻旧的,而要用新的。后来,儒家主张打破世卿世禄制,选用贤人,唯贤是举,于是,“人惟求旧”有了些改变,但“器惟求新”则被确认下来。它同汉代董仲舒的“天不变,道亦不变”相结合,形成了古代“道不变器可变”,或曰“变器不变道”的“道器论”。

《易传·系辞上》说:“形而上者谓之道,形而下者谓之器。”“道”指精神方面的原理、规律;“器”指具体的事物。但“道”和“器”在不同的领域中有不同的内涵和外延。在政治法律领域中,“道”指仁义、德礼;“器”包括法律制度、法律条文。因此,“道不变器可变”正是历代改革家变法革新的理论武器。在“器惟求新”的“维新”思想的指导下,创制改革历代皆有。

西汉中期,地方诸侯尾大不掉,借口奉行黄老之术,意欲使“中央无为,地方有为”,进一步扩大割据势力。汉武帝“独尊儒术,罢黜百家”,颁布“推恩令”“左官律”等削藩法令,实施盐铁禁榷制度,从政治上、经

① 《尚书·盘庚上》。

济上打击和削弱地方割据势力，消除了危害中央政权的隐患。汉武帝此举，改变了汉初以来尊崇黄老无为而治的“成法”，为刘汉帝国政权开拓了新的发展前景。

西汉末年，政令废弛、法纪紊乱、民不聊生、物价飞涨。米贵至万钱一石，一斤黄金只能易豆五斤，“农商失业，食货俱废，民人至涕泣于市道”。刘秀做了东汉光武帝以后，为摆脱危机，实施改革，颁布“度田令”，在一定程度上抑制了豪强势力的恶性膨胀；煞住了他们大肆吞并贫苦农民土地的趋势。刘秀还果断地连续颁发释放奴隶的诏令，大规模地解放奴婢。这些变法措施收到了较好的效果，史称“光武中兴”。

唐王朝崛起于亡隋的废墟之上，“贞观初，户不及三百万，绢一匹易米一斗”。唐太宗“改革旧弊，兴复制度”，[①]在政体上建立门下、中书、尚书三省分权和政事堂集议的新体制，又在经济领域推行“均田”制和“租庸调”法，并“从谏如流”，对贪官污吏“置以重法”“必无赦免”，对王公、外戚、妃嫔之家严加“制驭”，使“大姓豪猾之伍，皆畏威屏迹，无敢侵欺细人”，从而带来了“囹圄堂空，马牛布野，外户不闭”[②]的“贞观之治”。唐朝中后期，又有杨炎的“两税法”税制改革以及“二王八司马”这一旨在制约藩镇、打击贪官污吏的改革。后者虽然没有获得成功，但其影响也足以牵动全局。

北宋范仲淹的“庆历新政”和王安石变法可以说是家喻户晓的。北宋中期，由于连年对西夏用兵，兵额剧增，军费巨大，民力不支。“冗兵”“冗官”“冗员”像一个灾难性的嗜血群体，广大农民辛劳一年，“谷未离场，帛未下机，已非己有”。[③] 庆历三年（公元 1043 年）九月，范仲淹给宋仁宗《上十事疏》，以《易经》关于“穷则变、变则通、通则久”的“损益”“变易”观为理论依据，以“先天下之忧而忧，后天下之乐而乐”的儒学人格精神作支柱，提出了以改革官制为中心的十条主张，在他任参知政事期间，竭力推行这项改革，史称“庆历新政”。

王安石在宋神宗熙宁年间（公元 1068～1077 年）继续“庆历新政”的未竟之业，主持“熙宁变法”。他摒弃《春秋》“微言大义”，创造“荆公

① 《贞观政要·政体》。
② 《贞观政要·政体》。
③ 《宋史·食货志》。

新学”,重新解释《尚书》《周易》《周礼》等儒家经典,提出了“度世之宜而通其变”的变法革新论。王安石认为,德礼教化是政治之“本”,德教的内容是父子之亲、君臣之义,“天下之君君臣臣、父父子子、兄兄弟弟、夫夫妇妇,皆吾教也”,[①]放弃德教而“劬劬于法令诰戒”,那是“失其本”。但他同时指出:“法令诰戒,文也。”[②]“文”,即文饰。“本”是“道”,不可变;“文”是“末”,是“器”,是可变的,应当变的。他所谓的“度世之宜而通其变”者,就指的是“法令诰戒”。他认为,北宋中期的种种社会危机的症结在于法制不明,“今天下之财力,日以困穷,风俗日以衰坏,患在不知法度。”[③]正是在改善“法令诰戒”的“文”的层面上。

王安石主张学习商鞅“能令政必行”的精神,来推进改革。王安石提出的“募役法”“方田均税法”“青苗法”等具体的改革主张,在他看来都是属于“法令诰戒”的“文”的范围之内的,即都是属于“器”的层面,这仍然是一种“变器不变道”的“维新”论。

“变器不变道”的“维新”变法论,不仅是古代社会改革派经常使用的思想武器,在一程度上也是统治集团,包括最高统治者皇帝在内都可以接受的。前文提到的宋仁宗、宋神宗都曾一度接受过“庆历新政”和“熙宁变法”。实际上,在君主制度下,范仲淹、王安石若不能得到皇帝的认可是不可能进行变法的。至于汉武帝、唐太宗等则亲自主张过某种“器”的方面的变革。这是因为,在总的方向和利害关系上,“器”的方面的“维新”是有利王朝摆脱危机、缓和矛盾,以达到“天理”—“国法”—“人情”的某种新的平衡的。所以,20世纪初,在国内外错综复杂的矛盾的交互作用下,甚至连以慈禧太后为首的清廷顽固派也不得不同意变法修律:

> 世有万古不易之常经,无一成不变之治法。穷变通久,见于大《易》;损益可知,著于《论语》。盖不易者三纲五常,昭然如日星之照世;而可变者令甲令乙,不妨如琴瑟之改弦。[④]

---

① 《王临川集·原教》。
② 《王临川集·原教》。
③ 《宋史·王安石传》。
④ 《光绪实录》卷四七六。

这里说的就是中国古代社会中变法维新的基本观念：“三纲五常”之“本”不能变，而“令甲令乙”之法制、法律等“末”是可变的，换言之，“道”不变而“器”可变。

在帝制制度还未走到末路，还有活力的时候，儒家的这种“维新”理论，的确为维护它的稳定。或者说，使它摆脱危机走向新的稳定，立下了汗马功劳。这正是儒家治国之术的一个奥妙之处。

不过，清廷的这道上谕并没有给它带来预期的效果。这是因为它发布的不是时候。康梁“百日维新”不幸成为传承两千年帝制“维新”之绝唱。20世纪初，革命的民主共和运动已经掀起，帝制制度失去了其存在的理由，这时对它要做的不是“维新”，而是“革命”。

## 第二节 “汤武革命，顺乎天而应乎人”

“革命”，指革去天命。它最早出现于《周易》中。《周易·革卦》的《彖传》说：

> 天地革而四时成，汤武革命，顺乎天而应乎人，革之时大矣哉！

《彖传》为孔子及其后学所写。他们认为“革命”就像春夏秋冬交替一样是合乎规律的事。春夏秋冬四时交替是“天地革”的结果，人类社会也同样是“革”的结果。商汤王放桀，周武王伐纣，都是顺天应人的革命。以革命来顺应天时是伟大的事业。在中国古代思想史上，儒家是第一次，也是唯一一次这样赞美革命。

孔子以后，对“革命”思想发挥得最彻底明快的是孟子。孟子认为，君贤则可克尽臣职相辅弼；君不贤，则谏之争之；如不听谏争，异姓之臣可弃君而“去之”，贵戚之臣可将君“易位”；[1]对于昏君、暴君，臣民可以将其放逐或诛伐。所以他说“汤放桀，武王伐纣”根本不是“臣弑其

---

① 《孟子·万章下》。

君”,而是“诛一夫纣矣”。[①] 孟子的话使人有振聋发聩之感。

孟子以后,荀子继承发扬儒家的“革命”学说。明确肯定:“诛桀、纣若诛独夫。”[②]但当时有一种“世俗之为说者”,认为臣民无论在什么情况下都不应当诛杀、讨伐君主,提出“桀、纣有天下,汤、武篡而夺之”的观点,反对“革命”学说。这种“世俗之为说者”是谁呢?原来正是荀子的学生——法家韩非。韩非批判儒家的“革命”主张,说尧、舜、汤、武是“反君臣之义”,是“乱后世之,教者也”,污蔑汤武革命是“汤、武为人臣而弑其主、刑其尸”。[③] 照韩非的说法,君主哪怕是个白痴,是个暴君,是个杀人狂,臣民也只能服服帖帖地当奴才。这是一种极端君主专制主义的理论。在这个问题上,荀子与韩非师徒二人发生了尖锐的对立,儒法两派存在重大的分歧。荀子斩钉截铁地指出,汤武诛伐桀纣不是“弑君”行为,而是“功参天地,泽被生民”的“革命”行为。

在儒家看来,当“天理”—“国法”—“人情”,或者说“天”—“天子”—“民”的三角形链严重平衡时,当君权肆虐,“国法”残酷无道,“天理”荡灭,民陷于水火之中时,“革”去旧王朝的“命”,是天经地义的事。顾炎武曾说:

> 易姓改号,谓之亡国;仁义充塞而至于率兽食人,人将相食,谓之亡天下。[④]

在天下将倾的危急情况下,儒家选择的是宁“亡国”而不能“亡天下”,实行“易姓改号”的“革命”。诚然,这“革命”不是现代意义上的实现社会制度根本改造的质的“革命”,而仅仅是君主易姓,国家改个名号,其帝制君主制度仍然不变,也就是改朝换代而已。

儒家是赞成这种改朝换代的“革命”的,并也积极参加。秦末农民大起义时,孔子的八代孙孔鲋曾抱着礼器投奔陈胜、吴广的起义军。另外,像叔孙通等一批经学博士和儒生也参加了刘邦的队伍。秦汉以后

---

① 《孟子·梁惠王下》。
② 《荀子·议兵》。
③ 《韩非·忠孝》。
④ 《日知录·正始》。

每当王朝末世，都有一批儒生甘冒生命危险从事这种改朝换代的事业。像宋初以“半部《论语》治天下”自诩的赵普，明初的刘基、李善长等。

在一个王朝发生危机时实行“维新”改革，在这个王朝无可救药时举行“革命”，易姓改号，这便是儒家王道政治的救济良方。它们确实维护了一个超稳定的结构，使它具有极强的修复功能。然而，也正由于此，中国历史上往往呈现“合—分”“治—乱”的大循环。当一个王朝走到尽头的时候，社会危机四伏、秩序大乱、生产力大破坏，内忧既重，外患日逼，这个王朝已回天无术，于是下层儒家知识分子和农民揭竿而起，“革命”被提上议事日程。经过一个时期的社会大动乱、大分裂，新王朝崛起，经济缓缓复苏，秩序重新建立，紊乱的道德体系再度确立，社会又进入一轮新的由乱而治的循环。在这个过程中，农民运动也好，豪强纷争也好，少数民族入主中原也好，都只是改朝换代的工具，或曰“易姓改号”的工具，它们没有带来新的生产力和新的生产关系。

中国的历代王朝，由于本质上是君主专制，缺乏代表新的生产关系的思想理论指引，因而，其内部自我革新，也就是“维新”的成功率总是太小，往往弄到弊政日深，积重难返的地步，最后只有靠刀枪来说话，靠改朝换代的“革命”来摆脱危机。也就是说，错总是要错到尽头才能改正，一改正就非引起社会大动乱不可。结果，社会政治、经济只能在低水平上循环往复。所以，儒家虽然也讴歌“革命”，但这种改朝换代式的“革命”并不能成为刺激社会由低级进到高级、由帝制跃入民主共和的社会质变力量。

这种“治—乱”“合—分”的循环，一直到近代才真正被打破。在西方资本主义的坚船利炮面前，儒家旧有的“维新”和“革命”再也救济不了行将倾覆的天朝大厦，一种全新的旨在改天换地而不是改朝换代的真正的革命如春雷轰鸣，响彻于华夏大地，资产阶级以“维新”为名义的君主立宪革命和民主共和革命揭开了中华五千年历史的新篇章。从此，儒家的王道政治连同它的救济之术——“维新”和“革命”一起进入了历史博物馆。

以理性冷静的眼光审视儒家的“维新”说与“革命”论，从它们对社会生产力的破坏、对社会秩序的颠覆、对社会民众的伤害三个维度上作比较，和风细雨的“维新”显然比血雨腥风的“革命”来得有利，更值得有识志士选择。但这样的选择需要胆识、智慧、担当、勇气,需要至公大义精神与牺牲气概,还需要浩荡的时代潮流。时势造英雄,中华民族从来不缺乏这类英雄人物。

“维新”事业宁至康梁而终乎?!

# 第十六章　儒学政治智慧及其现代命运

这本小册子初版时是按非学术著作来定位的。这次修订，也尽量往通俗而可读方面努力，落笔比较随意。在有关章节中，思绪上来时，就“续条尾巴”，说到了对现代政治和法治建设的影响，或有可鉴今之处。为避免重复，本章着重谈些宏观性、整体性的看法。

## 第一节　关于儒学的复兴

1988年1月，全世界的诺贝尔奖得主在法国巴黎开会祈求世界和平。11年后，国内广泛报道，儒学界学者纷纷征引，说那次会议结束时发表了一个宣言，破天荒地宣称：

如果人类要在二十一世纪生存下去，必须回头到两千五百年前，从孔子那里去吸取智慧。

首先披露这则消息的是《北京晚报》。1999年12月5日，它以《诺贝尔奖获得者巴黎宣言》的引人标题刊登了这段“宣言”。《北京晚报》并非主流平面媒体，新闻报道又不像学术论文那样有严谨的引证注释规范。

令人怀疑是必然的,于是掀起了一场小小的墨池波澜。

多亏热心人多方查找,[①]证实《北京晚报》的报道不是空穴来风。消息源于澳大利亚《堪培拉时报》。堪培拉是澳大利亚首都,《堪培拉时报》乃当地大报。1988 年 1 月 24 日,该报发表了一篇来自巴黎的文章,题为《诺贝尔奖获得者说要汲取孔子的智慧》,作者是帕特里克·曼汉姆。文中引用了这句名言。不过,《北京晚报》的报道也与之稍有出入,这个会议并无"宣言"。这句话是瑞典物理学家汉内斯·阿尔文博士在会议结束时的发言中讲的。汉内斯·阿尔文博士是 1970 年诺贝尔物理学奖获得者。帕特里克·曼汉姆在文中不无动情地写道,"在其等离子物理学研究领域中的辉煌生涯将近结束时,得出了如下的结论",接着推出了他的这句名言。《北京晚报》冠以"宣言"的小差错,可能是翻译环节导致的。

物理学家如此关心人类命运和世界和平!汉内斯·阿尔文博士值得我们敬佩!他对孔子智慧的赞许和期望对我们有相当的启迪意义。这个地球村中,尊重孔子文化和儒学价值的不止汉内斯·阿尔文博士,不只是那些诺贝尔奖得主。

有报道说,1993 年芝加哥世界宗教议会大会通过了一个"宣言",把孔子的"己所不欲,勿施于人"作为四条"黄金规则"之一。据说八个字被译成英文悬挂在联合国总部大楼里,还写进了联合国《人权宣言》和世界宗教领袖的《世界伦理宣言》。

凡此种种颂扬中国传统文化、孔子与儒家精神的消息,笔者听到时也不无兴高采烈。而后冷静下来想想,这还不是"以西方之是非为是非"吗?!鸦片战争以来,中国文化渐渐衰落,先是被外人视为腐朽落后,进而接受了外人的观点,进一步被自家污名化、妖魔化。人必自侮而后人侮之。

中华民族很荣幸。在儒学备受白眼的困境中,"东亚四小龙"横空出世,研究者立即发现,它们都具有"儒教文化圈"的背景,说明儒家文化与现代化、与民主法治并非水火不容。持异议者说,"东亚四小龙"不

---

① 这位热心人是中国兵器工业第五设计院的高级工程师胡祖尧先生。参见李存山:《孔子智慧与实践》,载《寻根》2003 年第 6 期。

是儒家文化核心地带，不算数。那么，作为儒家文化母国的中国，短短40余年的改革开放，社会发展，经济腾飞，成为全球第二大经济体，应当可以摘掉"儒学阻碍现代化"的帽子了。儒学与现代化、与民主法治兼容并包，预示着儒学复兴之帷幕已经慢慢开启。

儒学的复兴不是复辟。它将承接先秦儒学、汉代儒学、宋明儒学的合理内核，又有别于它们那种特殊教义与基本形态，是一种创新发展的新形态。儒学复兴有三个必备的基本条件：

第一，经济发展，百业兴旺，国力强盛，民众富庶。这是基本的基本。这一条，我们已经具备，或即将具备。

第二，领导重视，定为国策。这一条也已经具备，或即将具备。我们有"集中力量办大事"的传统，文化振兴、儒学复兴，只有纳入为"大事"，成为国家战略，才有实现的保障。这也是我们的国情使然。

进入21世纪第二个十年以后，这方面似有积极的气势。其中最有标志性的事件是习近平总书记连续几次进行关于弘扬优秀传统文化的视察活动和讲话。

2013年11月26日，在曲阜专门视察孔子研究院。

2014年3月7日，第十二届全国人大第二次会议期间，参加贵州代表团会议时指出，王阳明在贵州悟道，贵州有弘扬传统文化的独特优势，要创出新经验。

2014年5月4日，视察北大人文学苑，与《儒藏》编纂主持人——87岁的著名哲学家汤一介教授促膝交谈。

2014年9月24日，出席在北京人民大会堂举行的"纪念孔子诞辰2565周年国际学术研讨会暨国际儒学联合会第五届会员大会"开幕式，并发表重要讲话。

2014年10月13日，主持第十八届中共中央政治局第十八次集体学习，主题是弘扬优秀传统文化，肯定儒家"主张民惟邦本、政得其民，礼法合治、德主刑辅，为政之要莫先于得人、治国先治吏，为政以德、正己修身，居安思危、改易更化"等的"重要启示"作用。

习近平总书记是中国共产党历史上唯一一个肯定儒家传统文化价值的最高领导人。

第三，民众的认同和参与。改革开放后，各地的儒学团体如雨后春笋破土而出。孔子基金会、国际儒学联合会是有事业编制的群团性质单位,在儒学学术团体中起着引领作用。1980 年,笔者搜寻到的儒学研究论著 2000 多种,这几十年中,每年都以几何级数增长。

对儒学的认同和参与,仅停留在大学国学院、知识阶层是远远不够的。普通市民、大学生、中学生们,他们认同吗?

2011 年初,我在西南政法大学几位同事的协助下,做过一次“孔子,还受国人崇敬吗”的民意调查,得到下列结果:在 12,280 份有效的问卷调查表中,认为孔子最受崇敬和应受崇敬的占 65%,远远高于中国古代的其他历史人物;在网络关注度统计中,以 10 分为满分的话,孔子在几家大网站上的平均得分为 9.5 分,高于第二名 0.5 分。① 我们的调查统计比较匆忙,问卷表的设计上也存在一些缺陷。但在儒学研究史上从未有过这样的民意调查经验可供借鉴,所以它一经公布,还是引起了学界的关注。它至少提供了这样一个基本的概念:在 1919 年“五四运动”宣称“打倒孔家店”的一百年后,在 1966 年开始的“文化大革命”,经过“破四旧”“批林批孔”“评法批儒”风暴半个世纪后,孔子仍是这个民族值得崇敬的伟大思想家,孔子和儒家思想在现代中国人中仍存活着。

“艰难困苦,玉汝于成。”中华民族自形成儒学为主流的文化传统,近三千年来,亦曾遭遇政治野蛮势力和境内外不同文化的扼制、挑战,出现过诸如“儒门淡泊,门可罗雀”的窘境,但最后终能自新自强,吸收融合不同文化,实现“有容乃大”,更上层楼。

近现代中国人忍辱负重,坚韧地向侵略者学习,以英为师、以欧为师、以美为师、以日为师、以俄为师,引进、移植西技、西艺、西学、西教、西政、西制、西法已有一个半世纪之久,中西文化的交融、重构,必将孕育出具有中国面孔而又携带西方文化基因的新生儿。尽管我们还不知道要等待多少年,但这一天终究会降临!那便是儒学复兴的新形态。守先待后。这便是我们这一代人的职志与愿景。

---

① 参见俞荣根:《礼法传统与中华法系》,中国民主法制出版社 2016 年版,第 140~154 页。

## 第二节　文化传统与现代法治

儒家思想中最为人们所诟病的地方之一是缺乏法治观念。于是，有这样一种看法，以为要提倡现代法治，就必须抛弃儒家思想；以为儒家的治国之术既然缺乏法治意识，那在现代社会就没有价值可言。

这种议论在20世纪二三十年代就有，不过那时有的学者把法家的主张称作法治，认为要提倡法治就得表彰法家。对此，曾是现代新儒家学派中的新心学代表的贺麟先生有过一个辩正。他说：

譬如，就中国现在须厉行法治而言，便须知有所谓法家的法治，亦有所谓儒家的法治。前者即申韩式的法治，主张由政府或统治者颁布苛虐的法令，厉行严刑峻法，以满足霸王武力征服的野心。它是刻薄寡恩、急功好利、无情无义的。现代法西斯主义的独裁，即是基于申韩式的法治。这只能满足霸王一时的武力征服，绝不足以谋国家的长治久安和人民的真正幸福。而儒家式的法治，亦即我所谓诸葛亮式的法治，则与之不同。它是法治与礼治、法律与道德、法律与人情相辅而行、兼顾并包的。法律是实现道德的工具，是人的自由本性的发挥，绝不是违反道德、桎梏自由的。西洋古代如柏拉图，近代如黑格尔所提倡的法治，以及现代民主政治中的法治，都可以说是与儒家精神相近，而与申韩式法家精神相远的。以为儒家反法治，以为提倡法治即须反对儒家，皆是不知儒家的真精神、真意义的说法。①

贺麟先生早年留学柏林大学、哈佛大学，是老一辈中著名的德国古典哲学专家，对西方近现代哲学有极高造诣。他回国后一度成为现代新儒家中"新心学"的创始人。他的这段关于"法治"的文字，逆当时之舆论和时贤，特别值得玩味。

他指出儒家不反对法，儒家的法不同于法家的法，儒家的法是天

① 贺麟：《文化与人生》，商务印书馆1988年版，第13～14页。

理、国法与人情的相辅而行,实现现代法治仍需要从古代儒家中吸取其有利因素,这些主张和意思都是有道理的。

当年一些学者,深感于学习西制西法之迫切,在西方文化价值中心论的氛围中,用“法治”“人治”来给中国思想家们分类排队。贺文也用了“法治”这个概念。“法治”一词当时确实用得很滥,但严格来说,法家之法和儒家之法都不得称为法治。这一点已在本书中不止一次作了说明。贺先生大概是“以其人之道还治其人之身”,别人提出“法家是法治”,也针锋相对地提出“有儒家的法治”,这样一来,却把“法治”的含义搞得更含糊了。也正因为误用了“法治”这个概念,所以又误认为儒家的法律与道德、法律与人情相辅而行与西方现代民主法治相近。

其实,“法治”是个地道的西方概念,法治与人治的对立是西方文化“二元论”思维方式的典型杰作。早在古希腊哲学家那里已提出了法治学说。亚里士多德明确指出,“法治应当优于一人之治”。“一人之治”便是人治。他给法治下了一个界说:“法治应包含两重意义:已成立的法律获得普遍的服从;而大家所服从的法律又应该本身是制定得良好的法律。”他认为,“人民可以服从良法也可以服从恶法”,“服从恶法”不得称为法治。① 近现代西方学者又进一步完善发展了亚里士多德的法治学说。综合他们的学说,法治的主要特征或要素有这样三个方面。其一,法治,必须与民主制相联系,而同君主专制制度水火不容。这是判断人治与法治的一个基本前提。其二,法治须以根本法为国家权力的最高依据,而这种根本法所应确认的主要原则是“主权在民”,一切公民享有同样的主权,在法律面前人人平等。其三,法治制度要求,政府及其官员必须在法律明确允许的范围内行事,而公民则可以从事法律不加禁止的一切行为。有的学说还强调,法治须以立法、行政、司法三项权力分立并相互制衡为基础。

很明显,不管是儒家还是法家,他们关于法的学说都不同于这种西方文化中的法治主义。实际上,用西方的法治学说来比附,说法家是法治,儒家是人治,或者认为儒家有儒家的法治,法家有法家的法治,都还

---

① 参见[古希腊]亚里士多德:《政治学》,吴寿彭译,商务印书馆1981年版,第167、199页。

是一种西方中心主义的文化思维，是以西方的政治法律价值作标准来思考中国的问题、衡量中国的学说。那么，中国古代是什么“治”？其治国方略是什么？这在前文已讲到，它是一种“礼法之治”，通过“礼法之治”追求“良法善治”。

西方中心主义思维方式注意到了世界上各种文化的趋同性的一面，却忽视了它们的特殊性的一面。世界文化是多元的，它们的趋同性永远消弭不了各自的特殊性。所以，中国固然也可以制定出欧美那样的具体的法律法规，但不可能实现欧美那种模式的法治。这是中国的文化传统所致。举例来说，西方法治主义以个人为中心、为本位，这一点同中国的文化传统就大相径庭；中国以儒家为主流的政治法律文化是不取个人本位而主张家庭本位的。因此，中西的治国之术就应当有所不同。关于此，独具慧眼的孙中山先生很早就指出来了。他说：

> 中国几千年以来社会上的风土习惯，和欧美的大不相同。中国的社会既然和欧美的不同，所以管理社会的政治自然也是和欧美的不同，不能完全仿效欧美……如果不管中国自己的风土人情是怎么样，便像学外国的机器一样，把外国管理社会的政治硬搬进来，那便是大错。①

那么，中国社会主义政治民主化建设到底要不要厉行法治？答案应当是肯定的。但这种法治，是基于中国文化传统之上，吸收融合西方民主法治文化的法治。

顺便说一下，法治不同于法制。“法制”一词，一般指法律制度，重在“制”，即有制度实体。“法治”则是一种基于法制之上的治国机制，一种与文化传统相一致的类似于生命有机体的运动态势或趋势。任何国家都有法制，有民主式的法制，亦有专制式的法制，有秦始皇式的法制，也有林肯式的法制。一个国家在不同的时代可以有不同的法制，如隋唐的法制不完全同于秦汉的法制，民国的法制不同于明清的法制。几个不同的地区和国家也可以有大致相同的法制，如大陆法系国家和地区具有大致相同的法制，英美法系的国家和地区也具有大致相似的

---

①《孙中山全集》（第九卷），中华书局 1986 年版，第 302 页。

法制,古代中国和东南亚地区具有大致相同的中华法系的法制。法制尽管也与一个民族、国家或地区的文化传统有关,但它对文化传统的作用远不如法治那样举足轻重。实现法治必须以法制作基础,但有法制还不等于有法治,而且专制主义的法制越强烈就与法治越相背离。所以,人类历史上确有法治主义的法制,也有人治主义的法制。我们的目标,是要建立和完善具有中国特色的社会主义民主与法制,进而建成法治国家。

## 第三节　求统一的文化价值取向

孔子祈求“天下有道,礼乐征伐自天子出”①的统一、有序政治,孟子高呼“保民而王”从而“定于一”,②荀子也主张“天下为一”。③ 儒家的王道政治陶铸了中华民族求统一的文化心理和价值取向。

中华民族总是把捍卫国家的政治统一当作自己的神圣职责,当作爱国主义的崇高事业。历史的事实证明了这一点。自公元前 221 年秦始皇统一中国以后,直到 1840 年鸦片战争之时为止,在长达 2000 多年的历史中,我国统一的时间占 1300 多年,分裂的时间只占 700 多年。世界上没有一个国家能像中国这样统一得这么久长、坚固,没有一个国家能像中国这样大分裂之后又重新走向新的高度的统一。

苏联解体,东欧剧变后,国际上有人怀疑,中国会不会发生同样的事情。那段时间,国外媒体上唱衰中国的占主流。30 年过去了,事实证明那个主调不对,错了。但当时不乏明智者,这里举出两位:一位是美国人;另一位是法国人。

苏联解体,东欧剧变不久,美国前国务卿基辛格博士发表谈话说:

关于历史背景,中国与苏联截然不同。苏联采用多民族的联合方式,通过强有力的中央政府保持了统一。中国基本上是同一民族。另

① 《论语·季氏》。
② 《孟子·梁惠王上》。
③ 《荀子·议兵》。

外,从根本上说,中国人民是充满企业家精神的人民。而且,儒家是基础,国家起着作为真理的教育者的作用。①

法国前部长、中国问题专家阿兰·佩雷菲特也认为:

中国不会变。……中国有悠久的文明史,中国是世界上唯一有长达 5000 年不间断的文明史的国家。埃及的文明史虽然也很久长,但它是间断的。中国文明是一脉相承的。中国独特、内容丰富多彩、历史悠久的文明,没有其他民族可比。②

也许是旁观者清。基辛格和阿兰·佩雷菲特的一个共同点是,在肯定中国不会发生像苏联、东欧那样解体的变化时,都强调了儒家文化及其对中国文明的作用。

这就是说,儒家文化求统一的价值认同增强了中华民族的内聚力。这对于今天在民族大团结中齐心合力建设现代化国家是不可低估的精神资源。

儒学求统一的心理情结和文化价值取向,对于促进香港澳门回归祖国,对于加快实现海峡两岸的统一也有着积极的作用。海峡两岸的同胞,都是炎黄子孙,有共同的语言、文化心理、历史和传统,统一是民族大义所在,人心所望。正如邓小平同志所说:

中国的统一是全中国人民的愿望;是一百几十年的愿望,一个半世纪了嘛!从鸦片战争以来,包括台湾在内,中国的统一是中华民族的共同愿望,不是哪个党哪个派,而是整个民族的愿望。③

这种愿望的形成,则是同儒学求统一的政治文化价值取向和中华

---

① 《世界在变——前首相中曾根同基辛格博士的对话》,载日本《读卖新闻》1990 年 1 月 12 日。转引自高令印:《简明中国哲学通史》,厦门大学出版社 2002 年版,第 19 页。

② 王运久:《法国前部长、中国问题专家阿兰·佩雷菲特说:中国不会发生类似苏联东欧的变化》,载《参考消息》1991 年 11 月 17 日,第 2 版。

③ 《邓小平同志重要谈话(1987 年 2 月—7 月)》,人民出版社 1987 年版,第 17 页。

民族以统一和谐为荣的历史传统有关的。

可以坚信,港澳在“一国两制”框架下的繁荣发展,两岸统一愿景的实现,仍需要创造性地运用民族历史文化传统中求统一的政治智慧。

## 第四节　重农传统的现代意义

英国著名汉学家李约瑟在《四海之内》这样描写 50 年代我国的国家领导人参加农田水利劳动的文化含义:

> 在中国社会中有某些特性是非常牢固不变的。……我只是想说明在中国的传统中,一贯强调人民之间的团结和领袖与人民的统一。这并不是什么新的东西,在历史上的太平盛世都是这样的。“天视自我民视,天听自我民听。”举例说,1958 年夏天我在北京,那时候正掀起了首都人民义务劳动修水库筑坝的热潮,要在北京北郊干燥的沙土高原上,靠近明陵的旁边,建造一个人造湖以利灌溉。值得注意的是毛泽东自己和中央委员会的领导人都和北京大多数的市民一起参加劳动:在那里干一两天铲土之类的活。这是一种象征性的祈愿运动……说实在的,我觉得这种表现形式实际上是一种古代仪式扩大范围的现代翻版。古代皇帝和大臣们每年都要举行礼节性的耕田。每年要在北京的先农坛举行大典,这象征着皇帝和百姓在自然权力之前的有机结合。①

李约瑟对领袖和干部参加修十三陵水库的劳动的文化阐释可能不很正确,但他从中看到了历史的文化传统与现代政治的联系,却也是一种有益的角度。

秦汉儒家吸取先秦农家的有益思想,在礼经中强调“帝亲耕,后亲蚕”的籍田礼,以表示重视农业生产,祈求农业丰收。在古代农业社会中,君主带头提倡农业生产,是有助于农业的发展的。这种籍田之礼从古代一直延续下去,直到晚清而未中断。黄仁宇先生在《万历十五年》

---

① [英]李约瑟:《四海之内》,劳陇译,三联书店 1987 年版,第 33~34 页。

中曾详细描述了万历皇帝行籍田礼的景况：

皇帝是全国臣民无上权威的象征，他的许多行动也带有象征性，每年在先农坛附近举行“亲耕”就是一个代表性的事例。这一事例如同演戏，在“亲耕”之前，官方在教坊司中选取优伶扮演风雷云雨各神，并召集大兴、宛平两县的农民约二百人作为群众演员。这幕戏开场时有官员二人牵牛，耆老二人扶犁，其他被指定的农民则携带各种农具，包括粪箕净桶，作务农之状，又有优伶扮为村男村妇，高唱太平歌。至于皇帝本人当然不会使用一般的农具。他所使用的犁雕有行龙，全部漆金。他左手执鞭，右手持犁，在两名耆老的搀扶下在田里步行三步，就完成了亲耕的任务。耕毕后，他安坐在帐幕下观看以户部尚书为首的各官如法炮制。顺天府尹是北京的最高地方长官，他的任务则是播种。播种复土完毕，教坊司的优伶立即向皇帝进献五谷，表示陛下的一番辛劳已经收到卓越的效果，以致五谷丰登。此时，百官就向他山呼万岁，致以热烈祝贺。①

在我国古代以农业经济为主的社会里，提倡以农为本是很自然的事，是有积极意义的。除先秦农家以外，古代重农思想可以分为两种形式。一是法家，主张“重农抑商”“尚农除末”。例如，商鞅规定，凡从事工商等“末”业者，要罚为奴隶。二是儒家，主张实行重农而不抑商的政策。相比之下，儒家的主张显得更为理性。

孔子提出“使民以时”、②“因民之利而利之”，③重农但不抑商。他的弟子子贡出身商人，自己也很会做生意，孔子并不歧视。孟子和荀子继续坚持孔子关于轻徭薄赋的主张，以利农业的发展，同时又都要求“关，讥而不征”，用免税或轻税的办法促进商业的繁荣和发展。

儒家还综合阴阳家的思想成果，按季节制定出一套从事农业生产的政事程式，并注意保护人类生存环境的生态平衡。例如，《礼记·月令》中规定：

---

① [美]黄仁宇：《万历十五年》，中华书局1982年版，第6页。

② 《论语·学而》。

③ 《论语·尧曰》。

孟春之月,“王命布农事”,内容包括“修封疆”,察看沟渠情况,并制订好因地制宜地种植五谷的计划;“禁止伐木”,不准捣毁鸟巢,不准杀幼虫和刚生下的幼兽、雏鸟、幼鹿、鸟卵等;“毋聚大众,毋置城郭”,以使农民安心春耕生产。

仲春之月,“毋作大事,以妨农之事”。“毋竭川泽,毋漉陂池,毋焚山林。”

季春之月,要命令主管农田水利工程的官员,“循行国邑,周视原野,修利堤防,道达沟渎,开通道路,毋有障塞”。

孟夏之月,“毋起土功,毋发大众”,以保证农业所需的劳动力。“毋伐大树。”“驱兽毋害五谷,毋大田猎。”命农官巡视田野,“为天子劳农劝民,毋或失时”;命司徒巡视县、乡,“命农勉作”。

仲夏之月,“门闾毋闭,关市毋索”。

季夏之月,“树木方盛,乃命虞人入山行木,毋行斩伐”。“不可以兴土功,不可以合诸侯,不可以起兵动众,毋举大事以摇养气,毋发令而待,以妨神农之事也。”

孟秋之月,“是月也,农乃登谷。……命百官始收敛,完堤坊,谨壅塞,以备水潦”。

仲秋之月,“是月也,可以,筑城郭,建都邑,穿窦窖,修囷仓。乃命有司趣民收敛,务畜菜,多积聚。乃劝种麦,毋或失时,其有失时,行罪无疑”。“是月也,易关市,来商旅、纳货贿,以便民事。四方来集,远乡皆至,则财不匮,上无乏用,百事乃遂。”

季秋之月,“乃命冢宰农事备收。举五谷之要,藏帝籍之收于神仓,祗敬必饬”。

孟冬之月,“坏(应作‘坿’)城郭,戒门闾,修键闭,慎管籥,固封疆,备边境,完要塞,谨关梁,塞徯径”。

仲冬之月,命令有关官员,“土事毋作,慎毋发盖,毋发室屋及起大众,以固而闭”。“是月也,农有不收藏积聚者,马牛畜兽有放佚者,取之不诘”。“山林薮泽,有能取蔬食,田猎禽兽者,野虞教道之。”

季冬之月,“令告民出五种,命农计耦耕事,修耒耜,具田器”。①

① 均见《礼记·月令》。

中华传统文化有着深入人心的“天人合一”观念。“民吾同胞,物吾与也”,即认为天下万物、人与人、人与自然应当“和谐共生”。《礼记·月令》讲的是顺应季节从事农耕,以及林、牧、渔、猎等生产活动,其实也是讲的应天时尽地利的“生态伦理”。在古代中国的“礼法制度”体系中,它既是“大经”也是“大法”,是政府制定法令的“法上法”。

《月令》是一部完整的一年四季十二个月的农事程式表,简言之就是春播、夏锄、秋收、冬藏。它体现了古代农业文化的顺天时特征,神秘中带有科学的理性。儒家把农事程式、纳入礼经之中,要求君主作为政事活动的头等大事来重视,表现出了极强的重农意识。

帝王们也深知无农不稳,粮食乃安国定邦、长治久安的根基所在。汉代的帝王就不断颁发重农诏书,以明确农业立国的国策。如汉文帝刘桓的诏书称:“农,天下之大本也,民所恃以生也。”[①]汉昭帝刘弗陵也下诏曰:“天下以农桑为本。”[②]

历史是向前发展的,在实现现代化的过程中,不但重农抑商不符合时代潮流,就是重农不抑商也远远不适应时代的要求。但我国又是一个农业人口占绝大多数的国家,农村尚有1660万人处于贫困状态之中(2018年统计数字。统计显示,这个数字在2012年为9899万。写初稿时的1994年,我得到的数字是8000多万)。在建设社会主义现代化的事业中,不能忘记这一基本国情,因此,我们仍需要从儒家以农为本的治国之术中吸取积极因素,长期不懈地重视农业和农村建设。因为没有农业和农村的现代化,就没有我国的社会主义现代化。“无粮不稳”,这个奉行了几千年的治国箴言,至今仍未丧失它的真理性。

## 第五节　儒学政治智慧的积极层面

任何一个文化和智慧体系,都免不了有积极层面和消极层面,然而这两个层面是交错地共生共存的,犹如一只手之手心手背难以分离。

---

① 《汉书·文帝纪》。

② 《汉书·昭帝纪》。

在批判继承一种文化和智慧体系时,如果只要积极的,不要消极的,理论上虽说得通,实际上却难以办到。因为当你从这个文化或智慧体系的整体上割取所谓的积极层面时——且不说这种积极层面能否顺利地剥离割取出来,它就被切断了与原生机体之间的活生生的联系,就不再是鲜活的积极层面,而是死了的模本或标本。这正如把一只手的手心与手背相分离,那么这只手就不再是一只有功能的生命意义上的手,而只是人体解剖学上的标本了。解剖学上找不到中医特别重视的经络,就是这个道理,因为经络只在鲜活的人的生命体中才通过功能显示它的存在。

所以,要分清儒学政治智慧中的积极层面和消极层面本来就是件不容易的事,甚至是不可能做得好的事。实际情况可能是这样:积极中有消极,消极中有积极;此时此地是积极的东西,彼时彼地也许成为消极的东西,反过来也一样。但是,为了写作的方便,为了让读者明白,笔者在技术上又不得不"话说两头,先表一枝",不得不将对象作出大致的积极层面和消极层面的处理,这是无可奈何的事情。因此,这里所谓的积极层面就只能是相比较而言具有较多积极因素的方面。

儒学的积极层面,归总言之,就是一句话:寻求王道政治。分疏表述,难以列举完全而无遗珠。试述如下:

第一,"重民富民""民为邦本""民水君舟""民贵君轻"的民本主义思想。在古代的君主主义治国之术中,有轻民贱民,专事残民苛民的政治,与之相比,重民富民的政治要来得人道得多、有人民性得多。儒家认为,立国、治国之本在民不在君,政治的最终目的也在民不在君,这种思想,实具有超时代的恒常价值。

第二,"举贤才""举直错诸枉""学而优则仕"的举贤、任贤思想。在古代君主制度下,按当时的道德标准举荐和提拔德才兼备的人才,特别强调任用品德"正直"的人,反对任用奸佞邪恶、心术不正的人,这是大有积极意义的。这种政治制度尽管十分民主,选举十分公正,但仍存在相当部分干部和官员是需要任命的,因此仍有一个任人唯贤,避免任人唯亲的问题。至于"学而优则仕",则无论是我国当前的干部制度,还是西方的文官制度,可以说都在一定程度上遵循着这一原则。"学而优"者不一定是个德才兼备的好官员,但这只有通过不断的考绩和严格的监督来辨识，人们似乎至今还找不到一种更好的选任官员的办法，因此“仕”者必须“学而优”仍是基本的条件。

第三，“中庸”主义，也就是“中和”“中正”“时中”的思维方式和工作方式。20世纪人类文明的一个最大的成就，就是意识到地球只有一个，人类是一个共同体，政治是多元的，文化也是多元的，和平与发展是我们时代的主旋律，对话和调谐是解决人类各种利益集团之间冲突和矛盾的主要方法。因而，儒家求中和、求和谐，以及依时而取中的思想越来越显示出其智慧和价值。

第四，“己所不欲，勿施于人”的思想。人类也越来越发现“己所不欲，勿施于人”、己立己达必先立人达人的原则，比“己所欲，必施于人”以及利己主义的原则更文明、更人道、更有前景。日本东京大学名誉教授、大东文化大学教授沟口雄三说：“现在，人类面临着利己主义还是共生主义的问题。……儒学的共生主义正体现在‘达己必先达人’的精神中。达己必先达人，并不是否定人的欲望，而是要调和人的欲望，使人我欲望相协调，这是‘仁’的思想。”①

第五，重视“义利之辨”的思想。一事当前，确实有个是“义”字当头，还是“利”字为先的问题。以为儒学的重义轻利是反对工商业、反对个人利益，这种理解是没有根据的；以为发展市场经济就可以不辨义与利，甚至可以重利轻义更是错误的理解。“义”与“利”的问题，是个宜与不宜、当与不当、可与不可的问题。儒学主张重公利（义）轻私利（利）、重民利（义）轻官利（利）、重群利（义）轻己利（利），这些原则未曾过时。我们任何时候都应当反对损公肥私、损民利官、损人利己的行为。搞市场经济尤应重信义、守合同、童叟无欺、诚实信用。我们应当多一些“儒商”，少一些奸商。

第六，尊重“师道”的精神。韩国成钧馆（相当于中国古代的国子监）大学教授安炳周博士认为，“儒家思想对韩国的现代化和经济发展是起促进作用的”，这种促进作用中，首先的一点是，“儒家强调注重对学问的研究，这对普及教育，扫除文盲是很有意义的”。② 古代社会，

① 方江山：《达己必克达人——访日本大东文化大学教授沟口雄三》，载《光明日报》1994年10月7日。

② 安炳周：《吸收、革新儒家思想有利于现代化》，载《光明日报》1994年10月16日。

“学而优则仕”要靠教师。现代社会,不但“仕”应是“学而优”者,工、农、商、学、兵各行各业都需要“学而优”者,不重“师道”,我们凭借什么来提高国民的教育程度和文化素质?! 又凭借什么来培养大批德智体全面发展的合格的社会主义劳动者?! 儒学的尊师重教传统、“有教无类”原则,以及“先天下之忧而忧,后天下之乐而乐的”的知识分子献身精神,对于实现教育的现代化,促进经济的现代化与政治的民主化,是有着不容否认的积极意义的。李光耀深有体会地说:“一个成功的社会,必须有受过良好教育,终身不断学习的人民。”①

第七,儒学“法先王”的现实批判主义精神,“从道不从君”的追求真理的精神。经过改造和创新性转化,这些思想对于完善现代人的人格,促进政治民主化、法治化是有正面价值的。

第八,“政者正也”“身正令行”、以身作则、严于律己的思想这些对于我们搞好干部队伍的自身建设,做到为政清廉、勤政爱民,无疑具有很好的借鉴意义。特别在今天,惩治干部队伍中的腐败作风,一要严肃法纪,有贪必肃,绝不手软;二要靠教育,尤其是高级干部以身作则的身教,显得格外重要。“政者,正也。”孔子这句话可谓千古名句。

第九,与时更新的“维新”精神。儒家的治国之术从学说到走向政治实践,从汉唐到明清呈现一个不断发展、与时更新的态势。在这一过程中,虽然有着严重的因循守旧的僵化倾向,有着“祖宗之法不可变”的顽固情结,但最终还是被“日新又新”的“维新”精神所冲破。这种“维新”精神。经过创造性的转化,也是现代政治改革可以利用的思想资源。

第十,兼蓄并包、有容乃大的博大精神。儒家的治国之术是兼蓄了法家、墨家、道家、阴阳家、农家的思想成果才成为一个博大的思想体系的。汉初至隋唐的援道入儒、引礼入律,宋明时期的援佛入儒,都给儒学的政治哲学带来了新气象。在现代历史条件下,我们应当发扬光大这种兼容精神,以博大的胸襟,吸收西方文化的优秀成果,实现文化传统的现代更新,寻找一条符合中国特色的文化发展、政治发展、经济发

① 李光耀:《在北京国际儒学联合会成立仪式上的致词》,载《光明日报》1994 年 10 月 16 日。

展的道路。

第十一,法律和政策与道德相向而行的治国之术。“礼之所去,刑之所取”。[①] 在立法、执法和司法的理论和实务上,要保持法律与道德的相向而行、相辅相成。凡是道德上应受谴责的行为,也为法律所禁止;反之亦然。美国著名比较法学家伯尔曼在其《法律与宗教》中指出:“法律必须被信仰,否则它将形同虚设。”如果一项法律或政策有意无意地违背社会道德和公序良俗,那它实际上便成恶法,若强行实施,必成恶政。其后果远不止“形同虚设”和失去对法律的信仰,而是会进一步损害民众,伤及民心。社会上曾流传“依法缺德”“依法损德”的俚言讽语,讥刺有的法规政令、司法判决损害亲情、道德和公序良俗,[②]值得警惕。

第十二,以“礼法之治”为治国方略,追求“良法善治”目标。详见第十三章。

第十三,求统一的文化精神。详见本章第三节。

第十四,重农的政策思想。详见本章第四节。

儒学政治哲学和治国之术中的积极层面只是一种潜在的思想资源,它们能否在现代社会中起到作用,并起到积极的作用而不是消极的作用,关键在于我们的工作,这就需要我们重新进行阐释,并经过创造性的转化,把它们吸纳到现代的政治哲学和治国之术中去。

## 第六节　儒学政治智慧的过时和消极层面

已如前文所述,儒学政治法律思想体系中,积极面并不是单独存在的,而总是与消极的东西互生共存的。

---

① 《汉书·陈宠传》。

② 例如,在严格实行一对汉族夫妇一孩政策时,离异重婚可视双方情形或可再育一孩;房屋拆迁或单位福利分房、集资建房,规定一户一套;房贷或限购房亦有以户为根据的等。这些法律政策曾经制造出不少离婚、假离婚。一些人视婚姻为儿戏来钻法律和政策空子固然不对,但这类法律和政策实际上以合法的名义践踏了婚姻道德,被民众讥讽为“依法缺德”“依法损德”,其对中华民族向来重视婚姻道德之优良传统造成的破坏力、杀伤力相当巨大。

譬如,在其高扬民本主义的同时,存在以民奉君的消极面;其“举贤才”的主张,由于宗法“亲亲”的牵制,总免不了“任人唯亲”的弊端;“中庸”主义也掺和着均平和安于现状的负面因素;“义利之辨”发展到董仲舒的“正其谊不谋其利,明其道不计其功”,难免有一种不鼓励人们去争取功利的退让意识;“仕”必须“学而优”固然在所必需,但“学而优”者则“仕”又加剧了社会的“官本位”观念;“法先王”的理想确实高远,然而一切都“言必称尧舜”,而且“述而不作”,却会抑制人们面向未来的创造热忱;重农固然对头,但仅仅不轻商也远不能适应商品社会的要求……

总之,儒学治国之术的每一项似乎是积极层面的内容,都同时有其时代的局限性,含有消极层面的因素。这并不奇怪,一种 2500 年前产生的思想体系,怎么可能十全十美呢?!

不仅如此,儒学政治哲学和治国之术中还存在主要属于消极性的层面的内容,它们是儒学中的糟粕。不过,消极中也不免包含一些合理的成分。试析如下:

其一,将“纲常”绝对化的思想趋势。“三纲”虽然不是先秦原始儒家提出来的,但孔、孟、荀的言论却为其打下了基础。汉以后,“三纲五常”成为儒家治国思想的核心部分,自宋明开始,又向着绝对化的方向推进,成为禁锢人们思想和社会发展的枷锁。“五四”以来,中国知识界的新文化运动和全民性的反礼教,主要是针对“纲常”开展的。将“纲常”伦理绝对化的思想给中国的政治、生活中带来了严重的权威主义、“一言堂”、家长作风等消极影响,与现代民主政治格格不入,至今仍需要我们花大力气加以清除。

“纲常”是可以拆分的。有学者认为,“三纲”是糟粕,但“仁、义、礼、智、信”这“五常”需要发扬。发扬的前提是与时俱进、重新诠释:

“仁”是“仁民爱物”,民为国主、政自民出、立政为民、服从民志、遵照民意、关切民瘼、改善民生的新仁政;“义”是“正义公直”,“义者,宜也”,要求与时俱进、随时之宜的法律和国内外政策的宏观调整;“礼”是“尚礼守法”,在礼仪衰亡,无礼可尚的情况下,应遵循“黄宗羲定律”,先定“治法”,即制定国家新礼典,以规范国家之吉、凶、军、宾、嘉各方面仪制,以及民间相见、乡饮、宾朋、婚丧的礼仪细则;“智”是“崇智求真”,是提升全民的文化素质,充分调动全民族聪明才智,尊重人才、尊重知识、尊重科学、鼓励创新;“信”是“诚实守信”,是扎实建立政府信用,信守宪法法律、信守合同、兑现承诺,建设诚信社会。

关于“三纲”,在前文有关章节中已经论及,儒家还有“从道不从君”“从义不从父”的一面。“纲”就领,即政治学上的领导,管理学上的主管,企业中的董事长、总经理之类。古代帝制制度,诸臣为目,君为纲;古代家族社会,诸子女为目,父为纲;多妻制或一妻多妾制下,诸妻妾为目,夫为纲。由是而纲举目张。其中有一层含义,叫作尊重领导、服从管理、听从指挥,也还是有正面的价值。

其二,尊卑等级观念。“三纲五常”中最为人诟病的是尊卑等级观念。尊卑等级观念是“三纲五常”存续的土壤。中国古代政治是建立在身份制度之上的,缺乏原子式自由人之间的平等意识。按儒学的理论,父子之间,父尊子卑;长幼之间,兄尊弟卑;夫妇之间,夫尊妇卑;师生之间,师尊生卑;乡党之间,老尊幼卑。尊卑之间权利不平等、人格不平等、法律也不平等。其刑事法律规定,以卑犯尊加重处罚,以尊犯卑减免处罚;血缘关系越近,则前者越重,后者越轻。在民事上,以卑侵尊,血缘关系越近,处理越轻。儒学的治国之术,可以说整个是建立在这种尊卑等级之上才得以运作的。这是古代农业社会文明留下的时代局限性,完全不能适应现代文明的需要。

在第十三章中已说到,以前都认为法律文明进步只有梅因在其《古代法》指明的“华山一条路”:“从身份到契约”。而古代中国的民事不成文法却呈现身份与契约并存不悖的形态。由此提醒我们,对身份制度及其尊卑伦序的历史作用与文明价值,还值得深入探讨。

其三,保守观念。儒家关于“远人不服,则修文德以来之”的思想,虽然反对以武力征伐异国异族,但却以为自己是文化的中心,视自己为文明的最高峰。儒家“法先王”的思路,总是重于纵向比较,而疏于横向比较。诸如此类观念,养成了中国古代政治思维中以天朝大国自居,封闭和故步自封的保守思想。中国进入近代社会以来,有识之士都在致力于打破这种保守思想,努力向西方文明寻求先进因素,在当今改革开放的新形势下,我们更需要进一步打破封闭保守观念,大胆地取人之长,以发展壮大自己。

其四,非民主法治观念。儒家的治国之术中含有丰富的德主刑辅、礼法之治的思想,但缺乏民主法治的传统。中国古代政治未能走上民主法治轨道尽管理有固然,但民主、自由、平等、人权、法治、科学等毕竟是现代文明普遍公认的价值,汲取西方文明中的这些成果,从而实现中国文化的创造性发展,达到固有文化传统的自我更新,是摆在我们面前的艰巨任务。譬如,儒家追求"良法善治"的一系列主张和措施,其中不乏可作为现代法治借鉴创新的元素。

走笔至此,顺便再赘言几句。一讲到法治资源,有人总以为非法家莫属。前文已述,中国先秦儒法两家有对立有争鸣,但不是人治与法治的纷争。儒家主张民本位的开明君主制度,法家主张君本位的独裁君主制度,这是先秦儒法两家分歧之要义。所以,缺乏民主法治观念,不只是儒家思想的短缺,也是古代思想整体性的缺陷。法家之严刑滥罚的"以法治国"与现代民主法治根本门不当户不对。对那种借法治之名,大肆赞美先秦法家和秦代法式的做法,作为一个经历过"文化大革命"的过来人,我从内心怀着一种隐忧,甚至深深的恐惧。

儒学中有些内容,如"孝道",我们曾把它视为很消极的糟粕,但东南亚的一些地区,如韩国、新加坡、我国台湾地区等地则不这样看。例如,韩国成钧馆大学的安炳周教授认为:

> 儒学要再创造、重建的根本是孝的何题,这是核心和关键。现在要吸取的儒学思想主要是仁,即"民本思想",它体现在爱心上,具体的就是孝,这是儒学的根本。对孝道给予提倡和奖励,造成一种社会气氛,必将对社会的稳定和发展起到积极的作用。①

国内也有人认为"孝"并不是完全消极的。可见,有些在过去或今天的价值评价上属于消极的因素,对其评价在时代变化了之后就可能发生改变;有些在这一地区和国家被认为是消极的东西,在另一地区和国家也许被看作有积极意义的思想成果。凡此种种,都应当作具体的分析,不可能"一刀切"。

---

① 安炳周:《吸收、革新儒家思想有利于现代化》,载《光明日报》1994年10月16日。

关于"孝道"的正面价值,改革开放以后有一个活生生的群体性行为可作为经典案例。

20世纪80年代,大量农民终于从田土的束缚中解放出来,潮水般地涌入城市打工,形成一支浩浩荡荡的"农民工"大军。西方有学者好心地提醒中国政府:流动人群是社会不安定因素,甚至会造成社会动乱。40多年过去了,事实完全不像西方学者担心的那样。农民工为中国的现代化建设做出了伟大贡献。中国的现代化城市、现代化企业、现代化交通设施、现代化基础设施,哪一样能离开这些勤劳勇敢的农民工?哪一样都离不开!一时一刻也离不开!他们是积极的建设者,不是消极而具有破坏性的流民。中国农民进城打工,为的是发家致富。他们的根在农村,赚钱回家、盖房娶妻、孝敬老人、供娃读书是他们追求的目标。试看!每年春节前后,几千万、上亿、几亿人口在中国大地上流动,比麦加朝圣壮观多了。麦加朝圣经常发生安全事故,中国春节的人口大流动却有序进行。这就是中国式的"朝圣":回家过年!他们不远千里、几千里路途劳顿,只为回家与老人、妻儿吃顿团圆饭,亲手给老人穿上新棉衣、给孩子发个红包,享受亲情、叙叙乡情、消解乡愁。

"礼失求诸野"。亿万不懂得《论语》可以当"心灵鸡汤"喝的农民兄弟用他们在穷乡僻壤的生活中习得的礼俗,以史无前例的群体性"孝"行,有力地证明了儒家"孝道"思想是中国现代化的助力。

李光耀在国际儒学联合会成立仪式上的致词中说:

> 起源于2500年前的儒家思想,是中国农业社会的产物,是为中国农业社会服务的。如果把这个思想原封不动地照搬到今天资讯发达的工业社会里,是绝对行不通的。比如,我们不再重男轻女,儿女都有平等的教育机会,也有平等的就业机会。因此,夫妇有别的观念就必须改变。①

可见,儒学有消极面,需要转化创新,这是大家的一种共识。

---

① 李光耀:《在北京国际儒学联合会成立仪式上的致词》,载《光明日报》1994年10月16日。

由于儒家思想在中国文化中占有过主导的地位,因此,在一定意义上可以说,中国文化传统的现代化过程就是儒学的现代化过程。这种现代化不是让儒学重新成为社会的主导,也不是简单地进行弃其消极面、取其积极面的工作,而是一个复杂的整体性的自我更新的过程,是将以儒学为主的中国文化传统的精华和西方文化的优秀成果,以及近代以来特别是"五四"以来的新文化整合成新的有中国特色的文化体系。

儒学不可能也不应当政治化、意识形态化,它只能是我们整合地创造新的文化体系的一种根基,一种思想文化资源。同样,儒学的政治哲学和治国之术,也只能作为我们现代政治和政治家的参考和借鉴,作为一种资源来利用;资源是一种无价之宝,我们没有权利浪费它。

孔子有句箴言:"人能弘道,非道弘人。"愿我们的政治有了儒学政治智慧和治国之术的借鉴而更加开明、清廉、民主、自由、法治、公正,在五千年文明的基础上再造辉煌。愿中华文化传统,依托儒学思想文化资源,融合中西、打通古今,创新出新的文化体系,为世界文明做出新的贡献。

# 初版后记

“古之学者为己，今之学者为人。”为己之学，重在完善自己，不急功利；为人之学，好为人师，急于功利。我接触儒家的政治法律思想，掐指算来，已不下十四五个年头了，其间也出版过几本自以为可以敝帚自珍的专论，但那都是写自己可写的和要写的东西，不像这次是作为“中华儒学文化系列”的一种来写，写什么是由总体设计中规定的，不能由自己信手开无轨电车。所以，从酝酿写作提纲时起，我就有种担心，怕它落个“为人之学”的下场。现今稿子脱手，我也没有如释重负的感觉。

由于陈德述先生的厚爱，推荐我成为一名作者。出版社的编辑很敬业，屡屡催稿。但我却发现这样的书不好写。

我原也想多糅进一些历史掌故、现实事例，把文笔搞得生动再生动些，使可读性强些再强些，让读者茶余饭后轻松轻松。为此，我还搜罗了一大堆剪报，准备按需要拼装。但我心里不踏实，隐隐有种戏弄读者的负罪感。我想，这种题目的书，写得再可读，也敌不过言情的和武打的，哪里能与它们争读者。但如果确有那么几个读者，想了解一下历史，增加一些知识，甚至相信了古人说的“读史可以明智”，或钟情于唐太宗的名句“以史为鉴，可以知兴替”，毅然决然掏出几个辛苦钱，买上一本，可带回家一看，见尽是些断烂朝报，那还不把作者骂死呀。这岂不是让人更感到学界“斯文扫地”、假货太多了吗？以后还有哪个敢相信此类“文化丛书”呢！

于是,我决定采取现在的写法,试图在12万字的规格之内,尽量全面地原汁原味地把儒家的治国之术作个通俗易懂的介绍,尽量增加文字的内涵和信息量。我决定不再去祈求拥有几万、十几万的读者,而执着于使每一个读者能从中得到更多的关于儒家政治箴言和治国之术的正确的信息。

通过这本书的写作,我算是尝到了写丛书的苦头,那是要在写作的全部进程中想着读者、关注读者、贴近读者、了解读者的,全不像写自己的学术专著,不必考虑读者,只顾写自己的研究心得。这确实很累,压力很大,而且写完后也享受不到那种犹如新生儿呱呱落地的幸福感。但这本小书终于被逼出来了,我谢谢一切“逼”我的好心的朋友。

俞荣根

于重庆歌乐山麓耘耕舍

1994年11月27日

# 修订后记

这则“后记”原本应该由李娟博士来写。她是这个重版本推动者，“西南政法大学荣休教授文库”中这一子项目的实质性负责人。本书的立项申请，中间大量反复的沟通工作，最后阶段的书稿校阅和所有出版方要求的规范化工作，都是由她一力承担并出色完成的。

在去年交稿时，我就提醒过她：你得写几句“后记”。她告诉我，怀了小宝宝，妊娠反应厉害。这消息令人欣喜，又让人牵挂。毕竟是高龄孕妇，保胎养神要紧。但她还是硬撑着把书稿的后续事宜处理完结。但“后记”这事却搁下来了。

7 月 11 日，李娟发来出版社责任编辑的“一审意见”。给出的“意见”非常专业，具体又细致。看得出来，这位责编用心审稿，认真负责，其敬业精神着实令我这老书生心生感佩！“意见”第一条就是希望补个“后记”。都说“孩子的生日，就是母亲的受难日”。当妈妈不易，当高龄妈妈更不易。其时，李娟生产才十几天，大热天的“坐月子”，喜乐忙乱，暑热苦痛备尝。商量结果，她说：“还是辛苦老师了。真不好意思！”

读者肯定以为我是李娟硕士阶段或攻读博士学位时的指导教师，最起码也是教过她本科的课任教员。坦白地说，都不是。她开始是蹭听过我的几节课，接着成为我的科研项目合作者，是我承担《中华大典·法律典·法律理论分典》编纂任务时的骨干成员之一。她古文底子不错,爱学肯钻,责任心强,敢于担当,挺有组织能力,还富有那种女性特有的亲和力。记得那年暑期,她竟能把远在南京读研的本科同学拉来重庆协助编大典。还说,“我知道他也喜爱古文”。李娟将大典编辑组视为学习的第二课堂,与编辑组内的师生和睦相处,情谊不浅。这便是我们的师生关系的由来。

《法律理论分典》告竣后,我就退休了。这么多年了,包括她去北欧求学那几年,她一直恭执弟子之礼,难得一片真心实意。去年她又主动替我申请“西南政法大学荣休教授文库”项目,挺着大肚子承担种种劳心劳力事,我真担心把她累坏了。

拙稿修订过程中,袁春兰、梁健、秦涛、谢全发、段晓彦等或提供资料,或完善注释,顺致谢忱!

法律出版社是法律人的出版社。我们一向以能在法律出版社出书而自豪。说来惭愧,本人才浅,从事法律史教学和研究 20 年后,方被法律出版社审查认可了一本书稿,名曰《道统与法统》。此后,虽也有拙著在法律出版社出版,但都是部门和单位打包推出的教材或系列书。这一册也同样,是作为学校的“西南政法大学荣休教授文库”项目中的一册捆绑出版的。然而,没想到的是,出版社的质量把关如此严格,责任编辑的审读这般认真。可见,在丛书、系列书中想做“南郭先生”,那是不可能的。人信而后才有自信。小书得以过关,从大概率上看,不至于给“西南政法大学荣休教授文库”丢份了。

谢谢“西南政法大学荣休教授文库”！谢谢学校！谢谢责编！谢谢我们的法律出版社!

俞荣根

于海南双栖居

2020 年 7 月 15 日

图书在版编目(CIP)数据

王道政治：儒学政治智慧与治国之术：重订本 / 俞荣根著. —— 北京：法律出版社, 2020
（西南政法大学荣休教授文库）
ISBN 978-7-5197-4862-3

Ⅰ. ①王… Ⅱ. ①俞… Ⅲ. ①儒家—政治文化—中国 Ⅳ. ①D092.2②B222.05

中国版本图书馆CIP数据核字(2020)第157491号

王道政治——儒学政治智慧与治国之术（重订本）
WANGDAO ZHENGZHI—RUXUE ZHENGZHI ZHIHUI YU ZHIGUO ZHISHU（CHONGDINGBEN）
俞荣根 著

责任编辑 高 山 张 康
装帧设计 汪奇峰

**开本** 710毫米×1000毫米 1/16
**版本** 2020年10月第1版
**出版** 法律出版社
**总发行** 中国法律图书有限公司
**印刷** 中煤（北京）印务有限公司

**印张** 15.5 **字数** 224千
**印次** 2020年10月第1次印刷
**编辑统筹** 学术·对外出版分社
**经销** 新华书店
**责任印制** 陶 松

法律出版社/北京市丰台区莲花池西里7号(100073)
网址/www.lawpress.com.cn
投稿邮箱/info@lawpress.com.cn
举报维权邮箱/jbwq@lawpress.com.cn
销售热线/400-660-8393
咨询电话/010-63939796

中国法律图书有限公司/北京市丰台区莲花池西里7号(100073)
全国各地中法图分、子公司销售电话：
统一销售客服/400-660-8393/6393
第一法律书店/010-83938432/8433 西安分公司/029-85330678 重庆分公司/023-67453036
上海分公司/021-62071639/1636 深圳分公司/0755-83072995

**书号：** ISBN 978-7-5197-4862-3 **定价：** 75.00元
(如有缺页或倒装，中国法律图书有限公司负责退换)